Irene Dische FROMME LÜGEN

Die Andere Bibliothek
Herausgegeben
von Hans Magnus Enzensberger

Irene Dische

FROMME LÜGEN

Sieben Erzählungen

Aus dem Amerikanischen
von Otto Bayer und Monika Elwenspoek

Eichborn Verlag
Frankfurt am Main 1989

Dieses Buch erschien zuerst als sechsundfünfzigster Band in der ANDEREN BIBLIOTHEK, herausgegeben von Hans Magnus Enzensberger. Jeder Band der ANDEREN BIBLIOTHEK wird in limitierter Auflage hergestellt. Gedruckt wird in der Tradition Gutenbergs vom Original-Bleisatz in der Nördlinger Buchdruck-Werkstatt von Franz Greno — auf eigens gefertigtem holz- und säurefreiem Papier. Die Bindearbeiten besorgt die Buchbinderei Lachenmaier in Reutlingen.

Die hier vorliegende Erfolgsausgabe unterscheidet sich ausstattungstechnisch deutlich vom Erstdruck. Sie wurde unter Verwendung des Original-Satzbildes auf modernen Produktionsanlagen hergestellt.

Irene Dische hat die Erzählungen dieses Buches in amerikanischer Sprache geschrieben. Sie erschienen in der Übersetzung von Otto Bayer und Monika Elwenspoek in der ANDEREN BIBLIOTHEK erstmals in gedruckter Form.

Der Schutzumschlag entstand unter Verwendung des Gemäldes Møntsamleren (Der Münzsammler), 1904, von Vilhelm Hammershøi, Nasjonalgalleriet Oslo.

Druck: Fuldaer Verlagsanstalt GmbH.
Bindung: Buchbinderei Fleischmann, Fulda.
ISBN 3-8218-4401-9.

EINE JÜDIN FÜR CHARLES ALLEN

Charles wird erkannt

Als der unauffällige dunkelhaarige Buchhalter aus Oregon auf dem Frankfurter Flughafen zum erstenmal deutschen Beton betrat, tat er folgendes: er tippte sich mit Zeige- und Mittelfinger der rechten Hand an die Stirn, ließ sie zum Brustbein hinuntergleiten und streifte dann kurz zuerst die linke, dann die rechte Schulter.

Sofort begann der Ärger. Als er sein Gepäck holte und sich nach einem Anschlußflug nach Berlin erkundigte, gafften die Leute. Ein Fehler, deutsch zu sprechen! Er war sofort erkannt. Der Angestellte am Flugschalter hatte seinen Paß gesehen. Seine Vorurteile spielten verrückt. »Oh, Sie sind gar kein Deutscher. Aber Sie sprechen so gut Deutsch. Woher sprechen Sie so gut Deutsch?«

»Gar nicht gut, viele Fehler, meine Eltern waren deutsch.« Der Mann mit dem Namen Charles Allen im Paß hatte Mühe zu lügen.

»Aha«, hakte der Angestellte nach, »und wann haben Ihre Eltern Deutschland verlassen?«

»Neunzehnhundertfünfundfünfzig.«

»Die Maschine nach Berlin geht von Flugsteig 4«, sagte der Mann, der sich zum Narren gehalten fühlte.

»Ihr Deutsch ist einwandfrei. Wann ist Ihre Familie denn aus Deutschland weggegangen?!« fragte Allens Sitznachbar auf dem Flug nach Berlin. Der Amerikaner sah an ihm vorbei zum Fenster hinaus, auf die Wolken, und antwortete: »Neunzehnhundertfünfzig.«

»Sie sagen, Sie sind Amerikaner — und ich sage, unmöglich! *Die* lernen eine fremde Sprache nie«, rief der Taxifahrer mit einem irritierten Ruck am Lenkrad.

Und so ging es weiter. »Meine Eltern waren Deutsche«, erklärte Mr. Allen mit seiner tiefen, unsicheren Stimme. Dann wurden die Frager mißtrauisch. Charles Allen hatte den Eindruck, daß nur Höflichkeit sie davon abhielt, über ihn herzufallen und ihn in blutige Fetzen zu reißen: »Wann sind Sie aus Deutschland weggegangen?« knurrten sie.

»Neunzehnhundertfünfundvierzig«, sagte Charles Allen zum Taxifahrer. Das hieß, daß seine Eltern gute Volksgenossen waren, die wußten, wann man sich zu verabschieden hat. Die Antwort »Neunzehnhundertfünfundfünfzig« bedeutete, daß sie lediglich unpatriotische Opportunisten waren, die der Heimat aus wirtschaftlichen Gründen den Rücken gekehrt hatten, arme Tröpfe, wenn man an die derzeitige Dollarschwäche und die niedrigen 2% Inflationsrate hier dachte. Aber nicht alle ließen sich etwas vormachen. Während der Taxifahrer geistesabwesend den Kurfürstendamm entlang zur Pension Irene fuhr, meinte er: »Ihr Deutsch ist viel zu gut für einen Amerikaner. Da müssen Sie aber sehr gescheit sein!«

Und durch Intelligenz hat man sich ja schon immer verraten.

Charles gibt sich gute Ratschläge

Stell dich nicht gescheit an. Lies die Zeitung allein im altbackenen Frühstücksraum deiner Pension. Rede nur wenn nötig mit der Wirtin, die deinen Paß gesehen hat. Sprich Englisch, auch mit dem anderen Dauergast, Herrn Nadler, der nur Deutsch versteht. Bemühe dich, ein akzentfreies Englisch zu sprechen. Das »R« gehört unter den Gaumen, nicht rasselnd in den Rachen. Lächle oft. Wasch dich hinter den Ohren, putz deine Schuhe. Bekenne dich zu nichts.

Vielleicht weil er nicht daheim in Athens, in Oregon war, hatten die Dodgers drei Spiele hintereinander verloren, und die Yankees sahen täglich besser aus. Mitteleuropa stöhnte unter der Hitze. Es vergingen zwei Wochen, in denen er sich nicht um die Geschäfte kümmerte, die ihn nach Berlin geführt hatten.

Statt dessen lebte er das Leben in seiner Pension. Er nahm alle Mahlzeiten mit Herrn Nadler ein, seinem Zimmernachbarn. Essen war ihm eine lästige Pflicht, wenn es nichts Süßes war. Und wenn er brav seinen Teller leergegessen hatte, gönnte er sich zur Belohnung eine Sinnenfreude: er legte sich aufs Bett und las die Sportseiten einer amerikanischen Zeitung.

Jeden Nachmittag traute er sich ein paar Stunden nach draußen, in zwei Drittel seiner Nationalfarben gehüllt: weiße Schuhe, blaue Hose, blaue Krawatte, cremefarbener Regenmantel. Er suchte nur Orte und Restaurants auf, die in seinem Reiseführer standen. In der Hosentasche trug er einen amtlichen Bescheid mit sich herum, als könnte er sich eventuell doch einmal um sein Anliegen kümmern. Die spitzen Ecken des Umschlags piekten ihn in die Leisten. Wenn er hinfaßte, funkelten die alten Berliner Frauen ihn an.

Spät abends kam er nach Hause und sah sich im Aufenthaltsraum die uninteressante deutsche Sportschau an, bis er müde genug zum Schlafen war. So verbrachte er die letzten Tage des Sommers.

Dann änderte sich in der ehemaligen Hauptstadt das Klima. Ein ewiger Dunst näßte den Sommer, bis die satten Farben verliefen wie auf billigem Tuch und den Tagen nur metallisches Grau und Rostrot blieb, wie getrocknetes Blut. Der Regen prasselte auf die Dachziegel. Eines Morgens kam die Pensionswirtin schlechtgelaunt in den Frühstücksraum, weil die Butterportiönchen teurer geworden waren. Sie schrie in das Hörgerät, das sich von Herrn Nadlers Ohr herunterzwirbelte: »Wenn Sie nur noch mal jung wären, Herr Nadler. Sie sind ein Mann von Ehre. Sie haben schon einmal versucht, Ihr Vaterland vor dem Großkapital zu retten. Sie würden bestimmt etwas tun!«

Herr Nadler machte ein verstörtes Gesicht und sagte leise: »Selbstverständlich, Frau ... Frau ...«

Die Worte der Wirtin schreckten Charles Allen aus seiner Lethargie. Er wischte sich die Krümel vom Mund und fühlte nach dem Brief in seiner Tasche. Die Wirtin vergaß Herrn Nadler und sah dem Amerikaner zu, wie er an seine Hose faßte.

Die Pflicht

Wenn es nach dem Brief ging, war Charles Allen ein Erbe. Das Erbe bestand aus mehreren Bankkonten, auf denen nur Pfennige lagen, und einem An- und Verkauf mit Namen »Schöne Heimat«. Der Wert des Warenbestands war nicht ermittelt worden, und der Laden war geschlossen. Der Bescheid belehrte Charles Allen über seine Pflichten. Er mußte binnen sechs Monaten, bis Anfang November, über die Annahme der Erbschaft entscheiden. Der Name des Erblassers war irgendwo mitten im Text begraben. Er lautete »Johannes Allerhand«.

Als Charles ihn zum erstenmal gelesen hatte, war es ihm, als bimmelten Glöckchen an einer Tür, die der Wind aufgestoßen hatte. Aber niemand trat ein. Später besann er sich, daß mit »Johannes Allerhand« sein Vater gemeint war.

Charles Allen erinnerte sich an einen dicken Mann mit grobem Gesicht und beginnender Glatze, der stolz vor einem Studebaker stand. Zu der Erinnerung gehörten auch ein paar gesprochene Sätze, die alle von einem Antiquitätengeschäft handelten, das die Nazis im Herbst

1938 in einer sogenannten Kristallnacht niedergebrannt hatten. In Charles' Erinnerung hatte sein Vater nie von etwas anderem gesprochen.

Jedenfalls kam es seiner Mutter, Irma Allen, so vor. Charles wußte noch, wie sie immer geklagt hatte, sie habe schon lange vor seiner Geburt ihr möglichstes versucht, ihn von dem Thema abzubringen. 1939 hatte sie zwei Koffer gepackt und ihn in Bremerhaven aufs Schiff geschleppt. Sie nannte ihn »Johannes«, als sie an Bord gingen, und »John«, als sie wieder von Bord gingen. Von New York aus scheuchte sie ihn per Greyhound quer übers Land und entschied sich endlich für ein Städtchen namens Athens in Oregon, weil die Gegend so schön war.

Doch auch ein Holzhaus mit fünf Zimmern, ein amerikanischer Paß, ein in Amerika geborener Sohn und ein Kellnerjob in Joey's Barbecue konnten den zum John gewandelten Johannes nicht umkrempeln. Seine Frau gab nicht auf. Sie lockte ihn ins Bürgermeisteramt, um den Namen Allerhand in Allen abzuändern. Sie ließ sie alle taufen, und nachdem sie ein paar Sonntage in der Kirche gewesen war, glaubte sie allmählich an das, was sie praktizierte.

So sehr nun der erwachsene Sohn auch sein Gedächtnis bemühte, er fand den Vater nur am äußersten Rand seiner Kindheitserinnerungen. An Charles' viertem Geburtstag hatte John Allen gesagt, es gebe in ganz Amerika keine Spielzeugeisenbahn, die mit der guten deutschen Ware vergleichbar wäre. Zu Weihnachten wünschte er sich sein Geschäft zurück. Als Charles mit fünf eine Treppe hinunterfiel, hob John Allen ihn auf und tröstete ihn, indem er ihm wieder einmal von dem »Unglück« erzählte, das ihn um sein Geschäft gebracht hatte.

Eines Sonntagmorgens hörte John Allen auf der Heimfahrt von der Messe im Autoradio die Nachricht: die deutsche Regierung wolle ehemalige Staatsbürger, die im Dritten Reich Besitz verloren hätten, entschädigen. John Allen parkte den Studebaker und sagte: »Ich gehe zu Fuß. Ich kann nicht fahren, wenn ich aufgeregt bin.«

Er ließ seine Familie im Auto sitzen, lief nach Hause und packte seinen alten Koffer. Am nächsten Morgen reiste er nach Deutschland ab. Er sollte zu Charles' erstem Schultag wieder in Athens sein. Er schrieb ihnen nicht einmal.

Seine Frau sprang bei Joey's für ihn ein, bis der Wirt die Geduld mit ihr verlor, weil sie nie lächelte. Dann fing sie als Haushälterin bei einem Schwesternorden namens »Unbefleckte Empfängnis« an, wo man nicht sprechen durfte. Wenn Charles in der Schule sprechen hörte, waren es für ihn fremde Geräusche. Sein Englisch verlor nie den deutschen Akzent.

Irma Allen starb am selben Tag, an dem ihr Sohn die Fahrprüfung bestand. Sie wurde auf dem Klosterfriedhof begraben, während er das erste Spiel der Baseballmeisterschaft verpaßte. Charles lernte zwei Jahre lang Buchführung und übernahm die Verwaltung der Klosterfinanzen. Keiner stellte ihm je Fragen, niemand zog seine Familiengeschichte je in Zweifel. Als aus Deutschland die Nachricht vom Tod seines Vaters kam, fragte der Briefträger, ob er die Marken haben dürfe.

Charles riß sie zusammen mit einem Teil des Absenders ab. Er dachte: »Was soll's — die Erbschaft kann ein anderer haben.«

Aber sein Jahresurlaub war wieder einmal fällig. In den letzten zwei Jahren hatte er darauf verzichtet, auch nur einen freien Tag zu nehmen. Diesmal sagte die Mutter Oberin: »Sie müssen einmal ausspannen.« Charles gehorchte. Er ging in ein Reisebüro, und da ihm kein anderes Reiseziel einfiel, buchte er dreißig Tage Berlin.

Am achtundzwanzigsten Tag seines ersten Urlaubs fühlte Charles Allen sich mit Berlin schon ganz vertraut. Er hatte alle Sehenswürdigkeiten der Stadt abgeklappert und fast alle süßen Sachen probiert, die in den besseren Cafés angeboten wurden. Sein achtundzwanzigster Morgen in der Pension unterschied sich nicht von den vorherigen siebenundzwanzig, bis die Pensionswirtin es plötzlich so mit Herrn Nadlers Ehre hatte.

Der alte Herr Nadler war der Wirtin ganzer Trost. Ihn umgab so etwas Beständiges in einer sich wandelnden Welt. Er hatte das Muskelspiel des alten Kriegers, der morgens vor dem Frühstück Liegestütz machte, und er hielt sich jederzeit und überall so aufrecht wie ein Ladestock. Sein Äußeres war stets so blütenweiß und frischgestärkt, wie die Wirtin es sich von ihrer Tischwäsche gewünscht hätte.

Charles hatte eine schlechte Körperhaltung und ein unterentwickeltes Ehrgefühl. Das englische Wort für Ehre haßte er regelrecht, *honour,* ohne ›h‹ gesprochen, das kam ihm vor wie von den Franzosen verstümmeltes Englisch. Das Deutsche, dachte er gern, hatte wenigstens verläßliche, eindeutige Silben. Die Pensionswirtin verschluckte die ihren vor Empörung, als sie sich wegen der Butterpreise an ihre Gäste wandte und Herrn Nadler pries, weil er für sein Land gekämpft hatte, statt die Leute betrügen zu wollen. Sie fand Geld zwar notwendig, aber so eklig wie Fäkalien.

Als Charles Allen ihre Worte hörte, fühlte er sich plötzlich zur Eile gedrängt. Er rannte aus dem Frühstückszimmer und ließ ein einwandfreies halbes Stück Butter im Stich.

Charles Allen ging nicht gern einkaufen. Antiquitäten langweilten ihn, und Schäbigkeit war ihm in jeder Form verhaßt. Er hätte den Laden links liegenlassen, wenn er ihn nicht geerbt hätte. Die Fassade stieß ihn ab, Ruß bedeckte das Schaufenster, Rost überwucherte und verbog das metallene Schild mit den Worten: »Schöne Heimat«. Schwaches Licht schien im Hintergrund, und die Tür stand einen Spalt offen.

Charles trat ein wie ein Angestellter, der nichts anderes im Sinn hat, als sein Geschäft ganz schnell und unpersönlich zu erledigen. Ein großer, bulliger Mann kam durch einSammelsurium von Antiquitäten langsam auf ihn zu. Im Näherkommen rief er: »Esther, Kundschaft!« Charles hatte keine Zeit, das abzustreiten. Eine kleine Frau stürzte herbei, ein wirres Bild von Rot und Schwarz. Er hielt den Kopf abgewendet, auch als sie ihn ansprach. »Wollen Sie kaufen oder verkaufen? Wir haben eigentlich zu.«

Charles sah den Mann an, der darauf die Achseln zuckte. »Da ist die Chefin.« Er trug einen Maßanzug, und sein rundes Gesicht glänzte frischrasiert. »Ich bin nur der Baruch, der Verkäufer, ich habe hier nichts zu sagen. Hören wir ihn uns doch mal an, Esther. Vielleicht hat er etwas Lohnendes zu verkaufen, man kann nie wissen.«

Charles Allen kramte seinen amtlichen Brief hervor, der laut knisterte, als er ihn auseinanderfaltete. »Ich komme deswegen«, sagte er zum Fußboden.

Die Frau würdigte den Brief keines Blickes. Sie sagte: »Aha. Allerhands Sohn. Braver Sohn. Kommt sich holen, was sein ist. Fieser Sohn!« Sie schnippte mit den Fingern und wies zur Tür. Ihr Kompagnon warf den Kopf herum und schaute in die Richtung, in die sie zeigte.

Charles Allen schlängelte sich zur Tür und streifte

dabei einen Stapel Bücher, der langsam zu kippen anfing. Dann schrie sie mit heiserer Stimme: »Du verwöhntes jüdisches Ami-Aas!«

Charles ergreift die Flucht

Als Charles nach draußen hastete, verfing sein Jackett sich in der Tür, und eine Naht riß geräuschvoll. Seine Reise ging allmählich aus dem Leim. Er lief. Er war nicht sehr schnell. An der nächsten Ecke zog ihn eine Hand am Arm. »Warten Sie doch mal einen Moment!« Sie war es, die Frau namens Esther. Jetzt mußte er sie ansehen. Ihr schwarzes Haar reichte bis zur Taille, und ein schiefer roter Mund beherrschte das blasse Gesicht. Er hatte das Gefühl, ohne es eigentlich zu denken, daß sie zu alt war, um hübsch zu sein, weit über Dreißig. Ein silberner Davidstern glänzte in ihrem Dekolleté.

»Nun nehmen Sie sich so ein bißchen Unfreundlichkeit doch nicht gleich zu Herzen. Wer ist denn heutzutage nicht verwöhnt? Der Krieg ist vorbei. Der hat die Leute bescheiden gemacht. Ich bin auch verwöhnt. Eine verwöhnte deutsche Jüdin. Jetzt sind wir also quitt. Und obendrein bin ich ein Biest. Weil man mich wie ein Biest behandelt hat. Nehmen Sie's mir also nicht übel. Wissen Sie, ich habe alles für Allerhand getan. Über fünfzehn Jahre lang. Ich habe aus seinem Laden was *gemacht,* und jetzt wo er tot ist, kommen zum Dank seine Verwandten und halten die Hand auf. Es geht ja hier nicht um ein normales Geschäft, das ist alles sehr kompliziert — und es ist der einzige Job, in dem jemand wie ich es in Deutschland zu etwas bringen kann.«

»Sie haben ja recht«, jaulte Charles an der Straßenecke. »Behalten Sie den Laden, das ist nur fair. Ein amerikanisches Ideal, Fair play, daran glaube ich.« Er legte die Hand aufs Herz. »Eigentlich wollte ich gar nicht kommen. Morgen fliege ich wieder nach Oregon. Entschuldigen Sie, daß ich Sie belästigt habe. Ich wußte das wirklich nicht. Ich werde —«

Seine Entschuldigung entwaffnete sie. »Nein, Sie sind nicht wie Ihr Vater.«

Sie war auch nicht wie seine Mutter.

Er hatte noch nie mit einer Frau gesprochen, die sich Farbe ins Gesicht tat. Er hätte nicht sagen können, wozu das gut war, außer daß man ihr Gesicht darunter nicht mehr sah. Er stellte fest, daß ihre roten Lippen die weißen Zähne hervorhoben, aber in einem Winkel sah die Schminke durch eine große Narbe verschmiert aus. Sie war stämmig gebaut. Nein, sie war nicht Charles Allens Typ, obwohl er mit Frauen noch keine Erfahrungen gemacht hatte und mit seinen sechsunddreißig Jahren längst nicht mehr damit rechnete. Aber er hatte seine Grundsätze: er bevorzugte Blondinen.

»Ich bin Geschäftsfrau«, fuhr sie fort, »reden wir also Tacheles. Sie wollen etwas — jeder will etwas! Und ich will auch etwas. Ehrlich währt am längsten.«

Sie trat dicht vor ihn hin. »Und Sie sollen die Erbschaft nicht ausschlagen, auch wenn es Ihnen so am einfachsten vorkommt. Sie sollten sie annehmen und mich weiter das Geschäft führen lassen, wie ich es immer getan habe. Sonst fällt die Schöne Heimat an den Staat. Sie können unmöglich Ihr Erbe dem deutschen Staat schenken wollen, das wäre wirklich grotesk.«

»Ich schenke es Ihnen«, sagte er und wollte sich zurückziehen.

»Na, das klingt schon besser.« Plötzlich lächelte sie ihn an. »Wollen Sie nicht mal Ihren Vater besuchen?«

Charles geht seinen Vater besuchen

»Sie können mich Frau Becker nennen.«

»Ich bin Mr. Allen.«

»Unsinn. Sie heißen Allerhand.«

»Allen. Charles Allen. Vielleicht ein geänderter Name, aber ich hatte nie einen anderen. Sie sind Esther, ja? Esther Becker.«

»Sie können Esther zu mir sagen, wenn Ihnen mein Name zu schwierig ist. Ihr in eurem freien Land, ihr habt ja keinen Sinn fürs Private. Sie haben bestimmt noch nie so etwas wie mein Auto gesehen, Charles, nicht einmal in Amerika.«

Charles Allen hatte noch nie auf Autos geachtet, jetzt gab er sich Mühe. Der schwarze Mercedes hatte Telefon, eine Bar und lederne Schalensitze. »80000«, sagte sie. Ihr Fahrstil war ungeschickt, sie beschleunigte ruckartig und hielt das Lenkrad mit beiden Händen fest. Charles sah den Davidstern um ihren Busen baumeln. »Was gucken Sie so?« protestierte sie und griff sich hastig an den Hals, um die Jacke zusammenzuziehen. »Es ist feige, einen so zu mustern. Wie ein Grenzer. Mustern Sie sich erst mal selber.«

Und an der nächsten Ampel sah sie ihn mit herablassender Kürze einmal von oben bis unten an, als genüge das vollauf, um sein kurzes, schwarzes Haar, sein ganz nettes Gesicht, den korrekt-langweiligen Anzug, den er immer trug, die dezente Krawatte, den schmalen Ledergürtel und die glänzenden Schuhe an seinen Plattfüßen zu erfassen. »Es gibt zwei Sorten Juden auf der Welt«, fuhr sie fort. »Die aggressiven wie mich und die passiven, intelligenten, die nur auf die Prügel warten. Wie Sie.

Ihr Vater war der einzige Mensch, den ich kannte, der eine Mischung aus beiden war. Er sah nicht aus wie ein Tyrann, war aber einer, ein sentimentaler Tyrann. Er hat immer geflennt. Die Menschheit, Deutschland — der Schwarzwald! der Rhein! — Dabei waren seine eigenen Gefühle das einzige, was ihn wirklich rührte. — Hören Sie mir überhaupt zu?«

»Ja.«

»Als er hier ankam, war er nur einer von vielen mit großer Nase und geändertem Namen, die aufkreuzten, um Wiedergutmachungsgelder zu kassieren. Er hat aber mit seinem Geld nichts Vernünftiges angefangen. Er hat es restlos ausgegeben, um den Laden zurückzukaufen, den er vor dem Krieg besessen hatte. Er wollte Souvenirs verkaufen — Flaschen mit Berliner Luft, Spielzeugbären und Trödel. Hören Sie noch zu?«

»Ja.«

»Die Bevölkerung war gedemütigt und halbverhungert, nur die Besatzungssoldaten hatten Geld. Aber dann hatte er Glück. Er stieß auf andere Sachen zum Kaufen und Verkaufen. Als Ausländer durfte er ja zwischen den Zonen hin- und herfahren. Er wurde Spezialist für Nazibeute. Ist das nicht die pure Ironie? Niemand stellte ihm Fragen, er durfte Wertsachen besitzen, als das sonst noch keiner durfte.

Nie haben die Deutschen die Juden mehr gehaßt als nach dem Krieg. Damals sah es so aus, als ob das auserwählte Volk die Erde geerbt hätte: moralische Überlegenheit — und Geld.

Allerhand verdiente also viel Geld, war aber trotzdem nicht glücklich. Er bekam allmählich ein schlechtes Gewissen, weil er reich war und meinte, er müsse etwas tun für sein Geld. Nach dem Bau der Mauer machte er die zu seiner Angelegenheit. So schrumpfte sein Reichtum zusammen, und als wir uns kennenlernten, pfiff er wieder auf dem letzten Loch.«

Sie fuhren vom Stadtzentrum weg nach Westen, bis sie den Wagen am Rande eines Wäldchens aus uralten, hohen Bäumen anhielt. Ein Eisengitter umgab eine Waldlichtung. Nachdem sie durch eine bescheidene Eingangspforte gegangen waren, sah Charles die Grabsteine, graue Platten auf dem Waldboden. Schwarze Wolken von Staren stoben durch die Baumwipfel.

Johannes Allerhands Grab hatte nur ein Holzschild. Sein Sohn stand davor und fühlte die Kälte in seine

Schuhe sickern. Er rückte näher an Esther heran, und ihn überfiel eine andere Empfindung: er bemerkte, wie klein sie war, wie rund und warm, er nahm ihre weibliche Stimme wahr, ihr weiches Haar. Zuerst bemerkte das alles nur sein Körper, sein Verstand bekam einfach nichts davon mit. Als dieser endlich auch in die Empfindung eingeweiht wurde, kam ihm der letzte Rest seiner sowieso schon bescheidenen Konversationsgabe auch noch abhanden.

»Man kann sagen, hier liegt ein schlechter Vater begraben. Das war er nicht nur für Sie, das war er auch für andere«, sagte sie, wobei sie mit solcher Fröhlichkeit sprach, daß Charles sich fragte, ob ihr der Tod nicht ziemlich gleichgültig war. Er war froh, daß er etwas an ihr auszusetzen fand. »Als ich jung war, hat er sich um mich gekümmert. Und als er älter wurde, habe ich mich um ihn gekümmert. Es war nicht leicht. Er war sehr launisch. Wenn er ärgerlich war, redete er einfach nicht, und sein Schweigen konnte Wochen dauern, dann Monate, das war eine furchtbare Strafe. Mit den Jahren wurde er immer mehr wie der alte jüdische Gott: humorlos, allwissend und grausam. Ich konnte ihn mir gar nicht krank vorstellen. Er war es nie. Ich habe nie eine Verletzung an ihm gesehen. Ich habe immer gewitzelt, daß er gar kein Blut hat.

Von Ihnen hat er überhaupt nie gesprochen. Daß er einen Sohn hat, habe ich erst nach seinem Tod erfahren. Im Handelsregister waren Sie als Mitbesitzer aufgeführt. Er muß vor dreißig Jahren an Sie gedacht haben, als er zum ersten Mal wieder nach Deutschland kam. Aber danach — schlagen Sie sich alle Illusionen aus dem Kopf, falls Sie welche haben — hat er Sie vergessen.«

Esther von innen — eine rätselhafte Landschaft

Kaum war Allerhand unter der Erde, da schien sie schon vergessen zu haben, daß er tot war. Sie konnte sich bei der Beerdigung kaum amüsieren — der Rabbi war teuer, er stellte ihnen seinen Feindschaftstarif in Rechnung, und er machte seine Sache lustlos. Die fünf anwesenden Freunde des Verstorbenen waren über seinen Tod eher entsetzt als traurig, obwohl sie reichlich Tränen vergossen und laut mit dem Rabbi beteten. Das Wetter war gerade richtig: der Boden war aufgetaut, so daß Esther nicht befürchten mußte, die Totengräber hätten es schwer, das Grab auszuheben. Und es war nicht so schön, daß man einen Tod besonders schmerzlich empfunden hätte. Aber der Winter war endgültig vorbei, die Luft war klar und windig, und die Krokusse brachen allmählich aus der Erde. Esther hatte für die Natur nie viel übrig gehabt, aber ein schöner Tag entging ihr nicht; Allerhand freute sich gewiß daran, wo immer er war.

Der Leichenschmaus war ganz vergnüglich. Etliche Leute, die Allerhand zu Lebzeiten auf die Nerven gegangen waren, kamen in Esthers Wohnung, um da herumzusitzen und Bier zu trinken, Salzbrezeln und Kuchen zu essen und liebevolle Witze über den Verstorbenen zu machen, bis sie lachten oder weinten. Esthers Tränen rannen schwarz von Maskara, als hätte sich Friedhofserde in ihren Augen festgesetzt. Ihr Weinen war nicht von den üblichen Nebenerscheinungen begleitet. Gerade wenn sie über irgendetwas, das Babyface Baruch ihr zugeflüstert hatte, losgackern wollte oder eine Anekdote zu erzählen anfing oder sich ein Stück Kuchen in den Mund steckte, stürzten ihr plötzlich diese schwarzen Tränen übers Gesicht. Das Weiß ihrer Augen wurde nach und nach rosa, dann rot, und sie wischte sich immerzu die Nässe vom Gesicht und schimpfte: »Verdammt, warum *weine* ich bloß!«

Als es klingelte, erstarrten die Gäste. Jemand stellte die Tanzmusik im Radio ab. Esther hatte den Verdacht, daß es Allerhand war, der wiederkam, nur ein dummer Scherz das Ganze, aber sie fand den Mut, die Tür zu öffnen. Bei dem Anblick mußte sie kichern: Frau Bilka, die Vermieterin, so dick, daß sie den Türrahmen ausfüllte, hielt einen Strauß roter Rosen an das schwarze Kleid gedrückt, das sie zu der Gelegenheit angezogen hatte. »Ich wollte Ihnen meine Aufwartung machen«, sagte die blonde Vogelscheuche, als ob die altmodische Formulierung an sich schon eine wichtige Zutat zur Tröstung wäre.

»Wir brauchen Ihre Aufwartung nicht, Frau Bilka,« sagte Esther. »Wahrhaftig nicht. Lieber wär's uns, Sie würden Ihren Hund nicht solchen Krach machen lassen, wenn er morgens seinen Darm putzt. Und nächsten Winter den Schnee etwas pünktlicher vom Gehweg räumen, bevor er hartgefroren ist. Das wär mal eine richtige Aufwartung. Aber danke fürs Kommen, und machen Sie sich einen schönen Tag, wie ich auch.« Sie schloß die Tür. Drinnen wiederholte sie vor allen, was sie gesagt hatte. »Die Frau hat Johannes gehaßt. Warum soll ich jetzt so tun, als wär ich die Güte selbst?« Sie lachte schallend, und damit konnte die Party weitergehen.

Danach wurden die Feierlichkeiten nicht mehr gestört, schon gar nicht dadurch, daß man von Allerhands Tod gesprochen hätte. Keiner sagte auch nur: »Warum hat er das getan! Es lief doch alles gut für ihn auf seine alten Tage. Und auf so grausige Weise, daß sich seinen besten Freunden der Magen umdreht, wenn sie nur daran denken!«

Die Jüdin erklärt die Juden

Sie verließen den Friedhof bei Dunkelheit. Auf dem hell erleuchteten Kurfürstendamm sagte Charles, er wolle jetzt wieder in sein Hotel, aber sie hielt ihn zurück. »Noch nicht. Wir müssen miteinander reden. Ich lade Sie ein.« Und sie klammerte ihre kleine Hand um seinen Arm und dirigierte ihn zu einem der großen Cafés, wo die Alten ihren Bedarf an Rokoko stillten. Unter der Decke hingen Kronleuchter und langsam dahinziehende Rauchwolken, und unten saßen die alten Frauen über ihre Kaffees und Kuchen gebeugt, die grauen Köpfe adrett wie Grabsteine.

Charles bestellte Apfelstrudel mit Vanillesoße und widmete sich dem Gebäck wie ein Mönch dem Gebet. Er hörte Esther gar nicht zu, die, nachdem sie ihren Mantel über die Stuhllehne gehängt und sich für den billigsten Kuchen auf der Karte entschieden hatte, zu einem Monolog über die Tugenden des Sparens anhob. Sie war schon weit gekommen, als ihr die Geistesabwesenheit ihres Begleiters auffiel. »Baruch sagt, ich bin ein Finanzgenie«, rief sie laut.

»Ja.«

»Aber das ist nur eine Sache der Energie. Und des Instinkts. Man muß einfach wissen, was man wann kauft. Und ob ein Risiko sich lohnt. Vorigen Monat, nachdem Johannes gestorben war, habe ich 30000 Paar Schuhe aus Bangkok gekauft; das hat mich getröstet. Sie kosteten nur 1.85 Mark das Paar. Unsere Frauen haben zwei Wochen gebraucht, die thailändischen Etiketts abzukratzen. Dann haben wir sie an einen Großhändler weiterverkauft, für 4.85 Mark das Paar. Das war für uns ein Reingewinn von 90000 Mark. Jetzt stehen sie für 29.95 Mark in den Geschäften, dem Preis kann kein Kunde widerstehen. Natürlich muß ich Unsummen an Steuern bezahlen. Klar?«

»Ja.«

»Sie essen Kuchen wie diese alten Hennen hier.« Sie lachte ärgerlich. Da schob er seinen Teller weg und schämte sich.

Sie konsultierte die Speisekarte. »Acht Mark fünfzig für unsern schäbigen Kaffee und Kuchen. Und diese Bedienung hat auch keinen Pfennig Trinkgeld verdient. Aber ich werd's aufrunden. Ich gebe ihr zwanzig

Pfennig. Nein, fünfundzwanzig, das ist eine runde Summe, ja, 8.75 Mark.« Sie wühlte in ihrem Portemonnaie. Charles reichte ihr Kleingeld.

»Das genügt, obwohl sie es ja gar nicht verdient«, sagte Esther. »Diese Cafés machen mich schrecklich nervös, mit all den alten Nazis, die hier herumsitzen und es sich gut gehen lassen.«

Die Bedienung kam an den Tisch, und Esther winkte ab. »Lassen Sie mich zu Ende reden, ohne daß uns jemand unterbricht.« Die Bedienung ging. »Hören Sie mir jetzt zu«, forderte sie ihn auf, »tun Sie mal so, als ob Sie ein Mann wären.«

Er versuchte es; er gab sich betont interessiert, setzte eine Miene auf, wie er sie von den geheimnisvollen schönen Helden im Kino kannte, wenn sie einem blonden Engel zuhörten, der von seinem letzten Tennismatch in Southampton erzählt. Dann aber dachte er irritiert, Esther ist ja gar nicht blond und viel zu alt, um das Interesse eines Filmhelden zu wecken, und sie hat eine häßliche Narbe. Trotzdem machte sie Eindruck auf ihn.

Die Bedienung war nicht beeindruckt. Sie belagerte ihren Tisch. Andere Gäste warteten auf Platz. Sie hatte straffe gelbe Locken und einen sarkastischen Ausdruck im Gesicht. Esther sagte sehr laut: »Diese Arier sind einfach nicht imstande sich vorzustellen, was man als Jüdin in Deutschland zu leiden hat.«

Die Bedienung wandte sich ab und machte sich am Nachbartisch zu schaffen. »Es ist immer noch eine Erbsünde, in Deutschland Jude zu sein, und das kann auch keine Taufe abwaschen«, blieb Esthers Stimme ihr im Nacken.

»Meine Eltern hatten Freunde in Berlin, die sie bis 1943 versteckt haben. Mein Vater hatte auf dem Dachboden eines Bürohauses nichts Besseres zu tun, als seine Frau zu schwängern. Dann bekam er Angst vor den Konsequenzen und schickte sie weg, in einen

Teppich gewickelt, im Kofferraum eines Diplomatenwagens. Sie landete im Elsaß, wo sie Leute kannte. Die versteckten sie in einer Scheune. Sie besuchten sie nachts. Der Bauer wußte nichts davon.

Als ihre Bekannten nicht mehr kamen, schlich sie aus ihrem Versteck und suchte sich Nahrung, wo sie etwas fand. Sie verfluchte das Kind, das in ihrem Bauch wuchs. Ihr graute vor meiner Geburt, weil sie fürchtete, mein erster Schrei würde dem Bauern verraten, daß sie sich in seiner Scheune versteckt hielt. Seitdem hat sie mich immer gehaßt.«

Die Bedienung starrte von weitem zu ihnen her.

»Wunderbar«, sagte Charles.

»Was ist wunderbar?« fragte sie.

Er schüttelte den Kopf. »Entschuldigung, ich meine, Sie sind so ehrlich. Bei so etwas. Das wundert mich.«

»Dann bringen Sie mich jetzt nach Hause.«

Zu früh zum Zubettgehen

Er sagte sich, es könne nicht schaden, sie nach Hause zu bringen. Sie redeten nicht beim Gehen, und seine Gedanken flatterten wie Vögel auf der Stange, die sich um einen Platz balgen: Die Dodgers haben heute gegen die Orioles gewonnen; ein kleiner Spaziergang kann nicht schaden; es muß schon furchtbar spät sein, Zeit fürs Bett; die Straßenbeleuchtung macht ihr schwarzes Haar silbern und ihr bleiches Gesicht schwarz; mit dem verschmierten Mund.

Sie waren bei ihrer Wohnung angekommen.

»Kommen Sie mit rauf«, sagte sie.

»Besser nicht. Das Hotel schließt um Mitternacht ab.«

»Dann ist noch viel Zeit.« Sie hantierte mit den Schlüsseln. »Eine Pension also, kein Hotel. Sie reisen wohl zum Spartarif.«

»Überhaupt nicht. 749 Dollar, alles inklusive. Das ist teuer. Da ist es sogar nach Las Vegas billiger, in den besten Hotels.«

Sie kamen an eine Tür mit Bronzeschild, auf dem »Becker« stand.

»Sie sind genau wie ich, daß Sie Zahlen wie 749 Dollar im Kopf behalten. So was mag ich.« Sie stieß die Tür auf. »Willkommen bei Esther.«

»Was für eine Wohnung!« mußte er zugeben. Pflanzen füllten sie aus, sie wucherten von der hohen Decke herunter, an eigenen Borden entlang bis zum Fußboden. Und es waren keine gewöhnlichen Schnittblumen wie Rosen, Tulpen oder Margeriten. Nein, sie war anspruchsvoll: Geißblatt und Weinreben voller Trauben rankten sich um ein Gitter. Fuchsien standen in Reihe, Amaryllis in großen Töpfen. In einer Ecke breitete sich Flieder aus. Unter dem Weinlaub standen ein Tisch und vier Stühle. Den Teppich darunter bildete ein Rasen. »Plastik«, sagte Esther, »ist meine Leidenschaft.

Scheußlich, nicht? Wir Juden haben keinen Geschmack. Ich habe mal in einem Artikel gelesen, warum. Es kommt daher, daß wir über Generationen ständig herumziehen mußten. Da bekommt man keine Beziehung zu Möbeln. Sie brennen zu leicht. Ich habe nur das Nötigste. Schmuck und Münzen, so was mögen wir. Und Plastikblumen muß man nicht gießen.« Sie führte ihn über einen langen Flur in eine makellose Küche. »Hier ist Ihr Vater gestorben.

Er hat nie etwas gegessen, ohne daß ich ihm sagte: Iß! Eines Tages habe ich gesagt: ›Hans, komm mit zu mir nach Hause, du brauchst ein Spiegelei mit Bratkartoffeln.‹ Er setzt sich an den Küchentisch, ich decke auf, Messer und Gabel, Teller, sein Glas. Ich stelle Salz und Pfeffer hin. Dann brate ich ihm ein Ei, mit dem Rücken zu ihm. Ich denke gerade, vielleicht müssen es ja keine Bratkartoffeln sein, Toast tut's auch, der ist billiger, und wie ich mich umdrehe, liegt er mit dem Gesicht auf dem Teller.«

Sie lächelte höflich. Die Narbe an ihrer Oberlippe dehnte sich. »Was ist das für eine Narbe?« fragte er. »An Ihrem Mund?«

»Ich war zwanzig, als ich ihn kennenlernte. Er war wie ein Vater zu mir, aber ein eifersüchtiger Vater — kein Mann war gut genug für mich. So hatte er gewissermaßen die besten fünfzehn Jahre meines Lebens für sich. Und dann war er weg.

Ich ärgere mich, weiter nichts. Traurig bin ich nicht, nein, warum sollte ich traurig sein. Ich komme immer wieder auf die Beine. Wen habe ich hier denn schon? Ein paar Freunde wie Baruch. Eine Mutter, die mich schon vor meiner Geburt gehaßt hat.

Meine Mutter ist inzwischen auch halbtot. Ich habe eine halbtote Mutter in einem Heim für Halbtote. Am Sabbat habe ich sie immer besucht, obwohl diese Besuche das Anstrengendste waren, was ich die ganze Woche zu tun hatte. Gute Judenkinder besuchen am Sabbat immer ihre Eltern und hoffen, daß sie bald sterben. Das ist alte Tradition. Meine Mutter ist geistesgestört. Ihr Gedächtnis ist ein schwarzes Loch, das alles aufsaugt. Nur was ich ihr als Tochter angeblich schulde, spuckt es wieder aus. Dafür, daß sie mich in ihrem Bauch versteckt hat. Daß sie mich überhaupt ausgetragen hat. Ich soll ihr für ihre Körperfunktionen dankbar sein.«

Sie setzte die Führung fort. »Hier ist mein Schlafzimmer. Sie können es ruhig sehen, warum nicht?«

Ihr Schlafzimmer

In ihrem Schlafzimmer stand ein Bett.

Für eine männliche Jungfrau ist das Bett einer Frau ein Monument von überwältigender Erhabenheit. Sein

Herz rast. Er traut sich nicht, seine Nase zu gebrauchen und fremdartige, unvorstellbar betörende Düfte einzuatmen, also hechelt er durch den Mund. Im Augenwinkel ein Kleiderschrank. Dann verfängt sich sein Blick in den Kissen und Decken wie ein Hase im Brombeergestrüpp.

»Jetzt zeige ich Ihnen noch das Gästezimmer«, sagte Esther ruhig.

Das Gästezimmer

»Wollen Sie nicht einfach hier schlafen heute nacht?«

Er antwortete nicht.

»Das ist doch bequemer, als in diese billige Pension zurückzugehen. Es ist eigentlich ein Dienstmädchenzimmer. Meist habe ich ja Untermieter. Ich suche gerade wieder einen. Viel verdient man nicht damit, für das Risiko und den Ärger, er kann die Küche benutzen und die Toilette im Flur, nur nicht das Bad. Und es ist möbliert. Nicht mit meinen Sachen. Mit denen Ihres Vaters.«

Möbliert hieß, vollgestopft mit schimmerndem Ebenholz. Hier konnte man kaum drei Schritte gehen; allenfalls gelang es einem, einen Schrank zu öffnen, sich vor den Frisiertisch mit den drei Spiegeln zu setzen, der die Möbel verdreifachte, oder sich auf das altertümliche Bett zu legen. Eine ganze Wand wurde von einem Schattenriß eingenommen. Auf dem weißen Papier kniete eine schwarze Frau, den Kopf zurückgeworfen, und der Teufel riß an ihren langen Haaren. In der anderen Hand schwang der Teufel eine Peitsche.

»Dein Vater hat behauptet, ich hätte dafür Modell gestanden«, sagte Esther. Dann warf sie ihm eine Kußhand zu.

Er hörte sie nebenan im Bad das Wasser aufdrehen. Charles entspannte sich, zog die Schuhe aus und setzte sich aufrecht aufs Bett. Im Bad gurgelte das Wasser, ein Glas klapperte, der Schrank wurde auf- und zugemacht. Er lehnte sich vorsichtig ans Kopfteil und schlief ein.

Charles braucht viel Glück

In Berlin grüßen die Portiersfrauen den Morgen, indem sie auf ihre Hinterhöfe treten und krähen: »Fertig wird man nie! Fertig wird man nie!« Wer dabei nicht weiterschlafen kann, muß den Radau der Tüchtigkeit ertragen, schreckliche Töne in jedem Beruf, aber die Portiersfrau hat dafür die machtvollsten Instrumente zur Verfügung: Mülltonne und Schlauch, Besen und trockenen Husten.

Charles Allen erwachte mit Erinnerungen an Esther in Nase, Ohren und Armen. Er stand auf und betrachtete seine drei Spiegelbilder. Das linke zeigte seine markante Nase mit den gebogenen Nüstern; das mittlere spiegelte einen Mann, den sein Mund und die schwarzbewimperten Augen verlegen machten, als verlangten sie mit ihrer Größe nach einer Aufmerksamkeit, an der ihm nichts lag; im rechten sah man etwas Ungekämmtes im zerknautschten Anzug.

Er fuhr sich mit den Fingern durchs Haar und strich den Anzug glatt. Dann nickte er dem ausgepeitschten Mädchen und dem Christus am Kreuz freundlich zu und ging in die Küche.

»Fertig zum Frühstück?« rief eine mütterliche Stimme. »Ich mache dir ein Spiegelei.«

Sie war freundlich, sie war fürsorglich, sie war fraulich. Die drei F, die das Weib machen, überlegte Charles, als er die Gabel ins Eigelb stieß.

»Du kannst ein paar Tage hier bei mir wohnen, bis wir das Geschäftliche geregelt haben«, sagte sie, als er fertig war. »Da kommst du billiger weg. Holen wir deinen Koffer.«

Charles Allen war einverstanden. »Achtzig Mark am Tag kann ich sparen«, versuchte er ihr Interesse an Geld zu teilen. Er fand es schön, sich nach hinten zu lehnen, damit sie den Tisch abwischen konnte.

»Vierzig Mark kannst du sparen. Vierzig Mark kostet es hier bei mir, mit Frühstück.«

Es war Sabbat. Die Schöne Heimat hatte geschlossen. Ab Mittag war dann alles zu bis Montag. »Früher hat es mich immer bedrückt, daß ich achtundvierzig Stunden nicht einkaufen gehen oder Geschäfte machen konnte«, sagte Esther. »Das war meine Sonntagstrübsal. Dann merkte ich, daß es viele Geschäfte gibt, die sich rund um die Uhr abwickeln lassen.«

Trotzdem verging der Tag recht angenehm. Esther verwöhnte ihn. Sie ließ ihn seine Zeitung lesen, gab ihm regelmäßig zu essen; räumte hinter ihm auf; und was das Beste war: Sie wollte nicht immerzu mit ihm reden.

Abends fuhr sie ihn zur Pension Irene, wo die Wirtin sich aufregte, sie habe die ganze letzte Nacht gewartet, um Herrn Allen einzulassen, und dann sei er gar nicht gekommen. Sie wundere sich, daß er zwei Tage vor der Zeit ausziehe, denn bezahlen müsse er sowieso dafür.

Charles Allen bezahlte. Während die Wirtin die Scheine zum zweiten Mal nachzählte, begann sie von den Amerikanern zu schwärmen und erinnerte sich an John Kennedy mit seiner Jugendlichkeit und Ehrlichkeit. Sie holte Herrn Nadler, und sie standen an der Tür wie eine Ehrenwache, als Charles Allen mit seinem Koffer davonstapfte. Am Fuß der Treppe drehte Charles sich noch einmal um, und Herr Nadler knurrte: »Viel Glück.«

Wozu sollte ich Glück brauchen, fragte sich Charles. Er rechnete sich aus, daß er bei Esther nur halb soviel bezahlen mußte wie in einem Hotel, und daß er es sich dann leisten konnte, doppelt so lange zu bleiben. Er sagte sich, das sei ein Grund zum Bleiben.

Er saß auf dem schmalen Bett und las die Zeitung, als Esther hereinkam, um ihm gute Nacht zu sagen. Sie setzte sich neben ihn und sagte: »Am Montag können wir einen Vertrag machen, dann kannst du mit angenehmen Erinnerungen nach Hause fahren.« Sie legte ihm die Hand, den Handteller nach oben, aufs Knie. Er erstarrte. Sie lachte und stand auf.

Viel später ging sie geräuschvoll vor seiner Tür auf dem Flur hin und her; ihre Schritte waren wie der Trommelwirbel vor dem Salto.

Charles leidet

Am Montag, nach einem langen, idyllischen Wochenende, saß Charles in seinem Zimmer vor dem Spiegel und dachte über die Zukunft nach. Er hörte sich schon, wie er der Mutter Oberin seinen merkwürdigen Gemütszustand erklärte. »Die Entscheidung über mein Erbe war doch etwas kompliziert.« Ein verwegener Satz. Er hörte die Mutter Oberin fröhlich lachen und »Climb Every Mountain« anstimmen.

Er sah sein Gesicht schamrot werden. Er wußte, daß er viel zu feige war, sich ihr zu offenbaren. Aber was zu offenbaren, um Himmels willen? Das Wort wand sich in seinem Mund: Fleischeslust.

Mit jeder Minute, die Charles in Esthers Nähe war, zerbröckelten Tabus in seiner Seele. Er hatte schon das größte von allen Tabus gebrochen — er hatte Neugier empfunden. Jetzt wollte er gern seine Neugier befriedigen, indem er Esther ergründete. Auf diese Weise hoffte er etwas von ihr zu haben. Es kam ihm gar nicht in den Sinn, daß er dazu vielleicht die hohe Warte katholischer Jungfräulichkeit räumen müßte.

An diesem Morgen erhaschte er aber nur einen kurzen Blick auf sie, als sie auf dem Weg ins Bad an ihm vorbeieilte. Er postierte sich vor der Tür und lauschte. Als sie nach einer halben Ewigkeit wieder herauskam, trug sie ein schwarzes Kostüm und hatte ihr mädchenhaftes Gesicht unter der schwarzen Haarfülle sorgfältig zurechtgemacht. Sie rannte ihn fast um, und dann blaffte sie ihn an: »Was treibst du dich hier herum? Ich kann es nicht leiden, wenn jemand mich im Schlaf oder kurz nach dem Aufstehen sieht. Ich hasse aufgedunsene verschlafene Gesichter. Hör bitte auf, mich so anzustarren.«

Später kam sie und sagte ihm, er solle ein Bad nehmen. »Du kannst dich ruhig schön machen für deinen letzten Tag in Berlin.« Diese Augenblicke in ihrem Allerheiligsten, umgeben vom stattlichen Aufgebot ihrer Kosmetika, sollten für ihn die glücklichsten an diesem Tag sein.

Bis sie dann klopfte, damit er sich beeilte, hatte sie ein Frühstück mit allem Drum und Dran hingezaubert. Er nahm das Bild in sich auf, wie sie im gelben Licht der Küche vor dem alten Herd stand. Er merkte sich genau, wie sie mit dem Topflappen die Herdklappe öffnete, wie sie zurückspringen und dann blinzeln und sich eine Serviette greifen mußte, damit ihr die Wimperntusche nicht zerlief, bevor sie die Brötchen herausnahm und mit Butter bestrich. »Iß Honig, das ist gut für deine Potenz«, sagte sie.

Es gefiel ihr anscheinend, wie er alles mit sich machen ließ, wie er gierig ihre gebutterten Brötchen aß. Sie zog den Augenblick sichtlich in die Länge, als sie den Löffel in den Honig tauchte und ihn drehte, damit es nicht tropfte. Als sie ihm dann den Löffel in den Mund schob, sagte sie: »Dieses Frühstück ist die Quintessenz einer netten Bekanntschaft. Ich finde es eigentlich schade, daß du abreist.«

Er schluckte einmal und sagte: »Ich glaube, ich bleibe noch ein paar Tage hier und denke über den Laden nach. Es eilt ja nicht. Ich habe bis 9. November Zeit, mich zu entscheiden.« Er leckte sich den Honig von den Lippen und erschrak, als sie den klebrigen Löffel auf den Tisch fallen ließ.

»Ja, gut«, sagte sie. »Jetzt willst du wohl doch nicht mehr so großzügig sein mit deinem Laden. ›Behalten Sie ihn‹, hast du gesagt. Weil du Angst vor mir hattest. Und kaum bin ich nett zu dir, willst du ihn selbst behalten. Ja, gut, du kannst bei mir wohnen bleiben, wenn du willst. Bis zum 9. November. Aber dann bist du hier nur Mieter, verstanden? Nichts Besseres. Kein Freund, kein Sunnyboy, den ich bemuttern muß. Zahl Miete, und du kannst bleiben. Aber über den Laden kannst du auch ohne mich nachdenken. Ich gehe jetzt. Du kannst hier auf mich warten.«

Er folgte ihr aus der Küche und sah sie in der Wohnung herumwirbeln. Sie schloß die Tür zu ihrem Zimmer ab, zur Küche, sogar zum Bad, und zeigte ihm die Gästetoilette, die er benutzen könne. Sie wolle ihn nicht an ihre persönlichen Sachen lassen, sagte sie und betonte das »persönlich« so, daß es seine Träume zerschnitt wie ein Messer. Er begleitete sie zur Tür und wartete verzagt darauf, ihren hochhackigen Stiefel auf die erste Stufe klacken zu hören und sie langsam durchs Treppenhaus entschwinden zu sehen, zuerst ihren Körper, der sich mehr und mehr verkürzte, dann nur noch ihren Mittelscheitel.

Er wartete auf ihre Rückkehr. Er wartete zu Hause, dann wartete er in einem Café. Er streute Zucker auf den Tisch: »fff«, die drei F, die das Weib machen. Als die Bedienung kam, wischte er ihn hastig auf den Fußboden. Dann saß er wieder in Esthers Wohnung auf seinem Bett und las die Baseballergebnisse in der *Tribune*. Du kannst hier auf mich warten. »Warten«, formten seine Lippen, und dann verbittert: »Viel Glück«. Im Geiste hörte er sich schreien: »Ich kann nicht warten!« Er verstand nicht, warum sein Warten sie nicht zur Rückkehr zwang.

Er merkte, daß er sich nicht mehr daran erinnern konnte, wie sie aussah. Er formulierte einen Eintrag in die Fahndungsliste:

»Esther Becker:

Haarfarbe: Schwarz, wie Milliarden andere Leute auf der Welt.

Gesichtsform: Oval, alles andere als ›vollkommen‹ an den Wangen und unterm Kinn.

Augenfarbe: Dick schwarz getuscht. Augenbrauen nicht vorhanden, ersetzt durch zwei Farbstriche.

Mund: Ein abnormer Mund: Mundwinkel links oben durch eine Narbe verschandelt. Sie hat die Angewohnheit, vor dem Lächeln immer die Lippen zu spitzen, und sie hat perfekte weiße Zähne, reif für Hollywood.

Hände: Spatzengröße, läßt sie beim Reden flattern. Jeder Finger mit eigenem Ring, außer Ringfinger. Kann offenbar ihre Fingernägel nicht lang wachsen lassen.«

Er schrieb »Rumpf:«, schrieb nichts dahinter und fuhr fort:

»*Füße:* Größe 36, genau mein Alter!«

Er las sein Werk noch einmal durch, stellte fest, daß er ihre Augenfarbe nicht wußte, tadelte sich für seine schlampigen Recherchen und stellte den Fernseher an.

Spät abends legte Charles 40 Mark auf den Plastiktisch im Wohnzimmer, unter die Weinranken, und versuchte zu schlafen. Viel später hörte er sie zurückkommen. Er horchte, wie sie über den Flur ging, hörte mit Interesse und genau, wie sie die Toilette benutzte, wie sie auf dem Weg ins Schlafzimmer die Lichter ausknipste und ihre Tür zuklappte.

Er schlief ein und erwachte mit der Erleichterung, die auf eine Krankheit folgt. Er lachte, als die Portiersfrau in ihrer Frühaufsteherwut die Mülleimerdeckel knallte, und sagte bei sich: »Fertig wird man wirklich nie!« Er zog die Vorhänge auf, sah den blauen Himmel und ging frohlockend auf die Suche nach Esther. Aber sie war schon fort.

Die Wohnung war unerbittlich.

Charles Allen war mit Gefühlen langsam vollgesogen wie ein Schwamm. Plötzlich war sein Leiden zu Ende. Er wurde aggressiv. Sie konnte ihm nicht verbieten, sie zu suchen.

Charles findet, was er sucht

Esther zu finden, war nicht schwer. Die Schöne Heimat lag nur ein paar Straßenecken weiter. Dort fand er den Gegenstand seiner Bemühungen in eigener Person. Sie stand gebückt, so daß er durch die Glastür nur ihr Hinterteil und die Rückseite ihrer Stiefel sah.

Er sprach sie schon an, bevor er über die Schwelle war. »Ich möchte die Bücher sehen, deswegen bin ich hier. Ich bin Buchhalter. Ich sehe sie mir nur an und werde niemanden stören.« Und die ganze Zeit grinste er vor Freude.

Charles wird ins Geschäftsleben eingeweiht

»Was führt Sie denn nun in Ihren eigenen Laden?« fragte Baruch, der gerade eine schwere silberne Menora polierte. »Die letzte Erwerbung Ihres Vaters. Es fragen nicht viele nach einer siebenarmigen Menora aus dem Elsaß, obwohl sie ein seltenes Stück ist, 19. Jahrhundert. Ich werde sie Pfarrer Renard anbieten, speziell als Leuchter für Votivkerzen; das beste Geschäft sind die christlichen Artikel, brillantbesetzte Rosenkränze, antike Kruzifixe, Weihrauchfässer, Pyxiden und Reliquien. Renard nimmt alles. Wir bekommen viel aus Italien, wo die Kirchen nicht abgeschlossen werden.«

Er hielt die Menora hoch. »Der Laden lebt von . . .«

»Der Laden lebt von Kerzen und Möbeln«, unterbrach ihn Esther. »Wir kaufen und verkaufen.« Sie holte verstaubte Ordner aus einem verschlossenen Hängeschrank. »Wir haben ostdeutsche Kerzen in Westberlin eingeführt. Wir bekommen sie von einer Firma in Dresden und nennen sie ›Bethlehem-Kerzen‹. Die meisten Kerzen kommen ja aus alten Familienbetrieben in Hagen. Die sind unter Hitler großgeworden, mit Kerzen für die Feldgottesdienste der Wehrmachtspfarrer.«

»Das ist zu trocken, Esther«, wies Baruch sie zurecht, »du mußt ihm das farbiger erzählen, damit er seinen Spaß hat. An den Kerzen aus Fulda ist nichts auszusetzen, nur daß sie entweder zu prunkvoll oder zu albern sind, sehen überhaupt nicht mehr wie Kerzen aus. Da hatte Ihr Vater die Idee, schlichte weiße Kerzen aus kommunistischen Ländern zu importieren. Wenn Sie die Wahrheit wissen wollen. Johannes Allerhand hatte keinen Sinn für Humor, und er hatte immer ästhetische Bedenken.«

»Da ging es gar nicht um Humor oder Ästhetik«, verbesserte Esther ihn. Sie stapelte die Ordner auf einen Tisch. »Er wollte einen Beitrag zur Entspannung leisten. Hier, Charles, Sie wollten etwas zu tun haben. Viel Spaß.«

Baruch stellte die Menora hin und klopfte mit dem Zeigefinger auf den Tisch. »Das hier ist ein typisches Beispiel für Esthers ›Kaufen und Verkaufen‹. Ein Gallé-Tisch, gestern legal von den Dummen erworben. Ich habe ein Zeitungsinserat gesehen: ›Alter Tisch mit geschnitzter Landschaft.‹ Die Frau wollte hundert Mark dafür haben; ich habe sie auf fünfundsiebzig runtergehandelt. Verkaufen werden wir den für fünftausend.«

»Er interessiert sich für die Bücher, Baruch, nicht für deine Fabeln.«

Sie ließen Charles mit dem Stapel Ordner allein. Er hörte sie im Büro über Baruchs Geschwätzigkeit streiten.

Die ersten Einträge waren aus dem Jahr 1956 und zeigten, daß Johannes Allerhand den Laden bar bezahlt hatte.

1956 war offenbar ein schlechtes Jahr gewesen; der Laden hatte sich so gerade getragen.

1957 war genauso schlecht.

1958 war ebenfalls schlecht. Der Wirtschaftsaufschwung der Sechziger war an der Schönen Heimat vorbeigegangen. Das Scheitern des Geschäfts war genau aufgezeichnet. »Dieser Laden hat ja gar kein Geld gebracht!« staunte Charles.

»Wir machen das zum Vergnügen.« Esther nahm ihm die Bücher ab und legte sie in den Schrank zurück. »Es gibt noch andere Verdienstquellen«, fügte sie hinzu.

Sie schloß den Schrank ab. »Sind Sie ganz sicher, daß Sie Allerhands Sohn sind?«

Esther von innen — eine rätselhafte Landschaft

Johannes Allerhand folgte Esther die vier Treppen hoch und blieb immer weiter zurück. Sie fand es schlimm, daß sie soviel schneller war als er. »Beeil dich mal, ja?« rief sie von jedem Treppenabsatz. Sie konnte ein Stück seiner sich langsam bewegenden Schulter und seinen Filzhut sehen. Er keuchte. Er war zu dick, und er war zu alt. Als er oben ankam, hatte sie die Wohnungstür schon zugeknallt, und er mußte klingeln. Sie ließ sich viel Zeit, ehe sie die Tür wieder öffnete. »Ich habe schon angefangen, Essen zu machen«, sagte sie, »obwohl du eigentlich nichts essen solltest.« Sie ließ ihn ein und lächelte ungnädig.

»Das laß mich mal selber entscheiden«, erwiderte er. Er hatte immer noch ein Gemüt wie ein Ochse: sie war ihm nicht so wichtig, daß ihre Verachtung ihn gekümmert hätte. »Ich hätte nichts gegen ein paar Bratkartoffeln.« Er sah sie boshaft an. »Sei du mal ein liebes Mädchen und mach mir Bratkartoffeln. Mit Speck.«

Sie hatte keinen Speck. »Du bist alt und gräßlich«, antwortete sie. »Du solltest nie wieder was essen dürfen. Verhungern lassen sollte man dich, schon aus humanitären Gründen.«

Er fing an zu lachen, hörte wieder zu lachen auf und sagte: »Nein. Du machst mich krank. Langsam tut mir so einiges leid.«

»Soll ich dir aufzählen, was mir alles leid tut?« Sie setzte das Geplänkel jetzt nur noch widerwillig fort. Sie knöpfte ihm den Mantel auf. Sie hatte den Küchentisch schon für zwei gedeckt, und als sie sich von ihm abwandte, saß er an seinem Platz, Messer und Gabel erwartungsvoll in den Händen; sein Appetit rührte sie. Aber sie wollte ihm nicht seine Kartoffeln machen. Sie machte Spiegeleier; die Eier brutzelten, die Pfanne schepperte.

Sie drehte sich mit der Pfanne in der Hand um und wollte ihm die Eier auf den Teller tun, da sah sie, was er gemacht hatte: Er hatte sich das Messer ganz tief in den Mund gesteckt, das Heft auf den Tisch gestützt und den Kopf nach vorn fallen lassen. Das Messer hielt ihn aufrecht, aber vor ihren Augen kippte sein Kopf zur Seite und fiel auf den Teller.

»Du widerliches Dreckschwein, wie ich dich hasse«, sagte sie zu ihm.

Esther beginnt mit Charles' Erziehung

»Was Charles fehlt, ist gesunder Menschenverstand«, sagte Baruch. »Er hat nichts als Blabla im Hirn. Vielleicht solltest du ihm mal die Situation hier klarmachen.«

»Klarmachen?« fragte Esther.

»Mit ihm reden. Geh mit ihm spazieren.«

»Er ist zu schlecht angezogen. Ich möchte nicht mit ihm gesehen werden.«

Esther und Baruch machten sich an Charles zu schaffen, zogen ihn vom Stuhl hoch und maßen seine Taille. »Sie sind viel zu dünn«, sagte Esther. »Sie brauchen einen wärmeren Mantel. Sie können einen von diesen hier haben. Davon habe ich zweihundert gekauft.«

Charles stand kerzengerade. Der Mantel war ein schwarzer Nerz. »Und jetzt brauchen Sie noch einen Hut«, sagte sie. »Ich habe hier irgendwo einen schönen grauen Filzhut liegen.«

Später tat es ihm leid, daß er den Hut abgelehnt hatte. Esther ritt darauf herum, wie gut ein Mann mit Hut aussehe, besonders mit Filzhut, sie habe eine Schwäche dafür, sie könne einen Mann ohne Hut gar nicht ertragen, und dann noch nein zu sagen zu so einem schicken Modell, das könne sie ihm nicht verzeihen. Sie ging trotzdem mit ihm spazieren, denn er müsse einiges über seinen Vater erfahren, sagte sie. Er glaubte sie wolle ihm immer noch wegen dieses Huts eins auswischen, als sie ihn auf ein großes freies Gelände führte, wo der Wind ihm ungehindert in die Ohren blasen konnte. Zwei Kräne häuften Sand und Schotter auf. Auf der einen Seite war das Gelände von diesem ordinären grauen Ding voll frecher Graffiti begrenzt, das den Touristen so ans Herz geht — der Mauer. Die Touristen tragen alle Hüte, betonte sie. Sie wickelte sich ihren roten Schal um die Ohren. Sie trage diesen Wollschal immer, gestand sie, auch im Sommer, wenn es heiß sei. Er sei ein Talisman.

»Er war das einzige, was meine Mutter aus dem Elsaß gerettet hat. Sie hat ihn getragen, als sie sich in dieser Scheune versteckte. Sie hatte ihn bei meiner Geburt um. Vor ein paar Jahren habe ich ihn in ihrem Schrank gefunden. Sie wollte ihn mir nicht geben. Aber für wen ist meine Geburt wichtiger, für sie oder für mich? Außerdem muß man mir meinen Willen lassen.«

Der Wind rüttelte an den beiden Kränen, aber ihr Surren ging unbeirrt weiter und wirkte beruhigend. Endlich wechselte sie das Thema. »Da ist das Gestapo-Hauptquartier«, sagte sie, »wo Eichmann mit seinem Federhalter gespielt hat.«

Er war verlegen. Sie wollte sehen, wie er auf etwas reagierte, was ihm unter die Haut ging. Er versuchte es zu überspielen. »Na und?« rief er. Dann wurde er rot und meinte: »Die Mauer ist viel interessanter. So lustige Inschriften gibt's auf der ganzen Welt nicht mehr! Sehen Sie mal die da: ›Berlin ist der Arsch der Welt‹.« Während er so daherredete, wurde ihm klar, wie albern er wirken mußte. »Und die dort: ›Hochsprung verboten‹.«

Sie beobachtete ihn. Er kicherte, und sein Körper wankte, geschüttelt von den brausenden Stürmen seiner Scham. Er las weiter: »Humpty Dumpty Was Here.« »Ich glaube, mir geht es genau wie Humpty. Mich kriegt auch keiner mehr zusammen.«

Plötzlich wurden die Motoren der Kräne abgestellt. Der Tag wurde so still, wie er grau war, und die Scheinwerfer an den Wachtürmen jenseits der Mauer flammten auf. Charles überlief es kalt, als er sah, wie Esther ihn beobachtete. In seiner Panik drehte er sich zu ihr um und schlang ihr täppisch einen Arm um die Schulter, und als sie sich nicht entzog, legte er auch noch den anderen Arm um sie und zog sie fester an sich.

Die Umarmung

Aus Esthers Mantelkragen stieg Wärme auf und umschmeichelte Charles' Gesicht. Er zitterte und stützte sich auf ihre Schulter. Sein Gesicht versank in dem langen Haar, das ihren Hals umgab, und dem rauhen roten Schal, wo er einen Duft wahrnahm, den er als Damenparfüm erkannte. Er zerfiel nicht. Er merkte, wie seine Handflächen an einem weichen Material entlangstrichen und sein Körper sich an eine warme, nachgiebige Fläche preßte. Er verbrannte nicht und schmolz nicht zusammen, er war lediglich unentschlossen und zu seiner Verwunderung und Erleichterung ein wenig gelangweilt. Und sie? Sie nahm die Geste hin, ging nicht darauf ein und wies sie auch nicht zurück. Sie stand ganz still. Einen Moment später rief er seine Arme zurück, einen nach dem andern, Soldaten, die ohne Befehl zu einem Einsatz ausgerückt waren, lächelte sie an und sagte: »Entschuldigung.«

Esthers Lektion

Sie antwortete nicht, nachdem sie wieder frei war, sondern wühlte in ihrer Handtasche, bis sie ein Schmucketui fand. Darin lag ein zerfledderter Zeitungsausschnitt. Sie sagte: »Für mich ist das hier ein besonderer Ort. Hier bin ich zum zweiten Mal geboren worden.« Sie reichte Charles den Ausschnitt.

Darauf war ein junges Mädchen zu sehen, das gerade aus einem Loch unter der Mauer hervorkroch. Die Szene war nachts aufgenommen: Außerhalb des Blitzscheins der Fotografen war alles verschwommen. Im Vordergrund streckte eine massige Männergestalt mit Filzhut, die mit dem Rücken zum Fotografen stand, die Hand aus, um dem Mädchen auf den letzten Millimetern aus seinem Gefängnis zu helfen. Das Mädchen sah zu seinem Retter auf. Es war Esther.

»Wer ist das?« fragte Charles und zeigte auf den Mann.

»Dein Vater.«

Charles ist aus dem Gleichgewicht

Charles mochte nicht weiter spazierengehen. Er wollte nicht das neue Museum sehen, auch nicht das verrückte Café in der Stresemannstraße, und er wollte nicht hinterher zu einer Party bei reichen Leuten gehen. Er wollte nicht reden, er wollte nicht zuhören, er wollte nichts über Esther, Berlin oder seinen Vater hören.

Charles wollte nach Hause.

»Und wo ist zu Hause?«

»Setzen Sie mich bitte beim Geschäft ab. Ich möchte mir die Bücher nochmal ansehen, bevor ich nach Amerika zurückfliege.«

»Die Bücher werden dir nichts sagen. Ein Buchhalter ist nicht Gott, verstehst du? Und wir verpassen eine Party.«

Im Laden holte er sich die Ordner von 1963–67 heraus, aus der Zeit, als die Mauer aus Hohlblocksteinen gebaut wurde. Charles wußte von seinen Besichtigungen, daß Tunnelfluchten nicht mehr möglich waren, nachdem die DDR die Steine durch grauen Beton ersetzt hatte. Dadurch waren etliche Leute arbeitslos geworden, vielleicht auch sein Vater. Den Büchern entnahm er, daß Johannes Allerhand 1965 eine Geschäftsführerin in seine Dienste genommen hatte, mit Namen Esther Becker. Er hatte ihr DM 6000 pro Jahr bezahlt, »plus Provisionen«. Die Provisionen waren nicht aufgeführt.

Die Ware entsprach dem, was Baruch ihm geschildert hatte — Kirchenkerzen, gekauft bei einer Firma in Israel, die Exporte aus dem Ostblock organisierte, und mit Gewinn weiterverkauft an Kirchen im Westen. Ungewöhnliche Ausgaben fanden sich nicht bis 1967, als Allerhand einen Bürobedarfsladen aufgekauft und zwei Wochen später mit Verlust wieder verkauft hatte.

»Können Sie mir bitte den Kauf eines ganzen Bürobedarfsladens erklären?«

»Wir brauchten Bürosachen«, erklärte sie, »ohne Quittungen dafür vorlegen zu müssen. Also haben wir einen vollen Laden gekauft und einen leeren verkauft.«

»Ist es verboten, Büroartikel zu kaufen?«

»Ist Ihnen klar, daß wir mit Ihrem Blödsinn eine schöne Party verpassen?« sagte sie.

Er beachtete sie nicht. Sie sah, wie er ruhig und geduldig die Unterlagen durchblätterte. Seine Haltung weckte in Esther eine unangenehme Erinnerung.

Esther von innen — eine rätselhafte Landschaft

Früher oder später kommt in den meisten Beziehungen zwischen zwei Menschen der Augenblick, da die Macht den einen verläßt und auf den andern übergeht. So ging es mit Allerhand und der Frau, die er als Geschäftsführerin und Gehilfin eingestellt hatte. Eben noch hatte sie im Hinterzimmer ein antikes Teeservice ausgepackt, und er hatte mit ihr geschimpft, weil sie mit einer Tasse klirrte. Sie solle besser aufpassen. Es war ein dumpfer, heißer Sonntagabend im August. Ihr war kühl in einem Baumwollkleid, ihr Haar hing ihr in einem langen Zopf auf dem Rücken, während unter seinem teuren, gestärkten Hemd die Hitze brodelte. Sie wurden durch ein Klopfen an der Hintertür gestört.

Allerhand wollte nicht belästigt werden. »Pack die Schachtel da weg«, befahl er Esther. Dann schloß er die Tür auf.

Davor standen der unterwürfige Herr Feigl, der mißgestaltete Herr Rosen und der redselige, aber radebrechende Herr Rother. Seine Kollegen. Sie kamen in weichen Schuhen und teuren, hellen Leinenanzügen zögernd herein, sie spähten umher, sie räusperten sich, sie lächelten nicht ein einziges Mal und richteten einer nach dem andern ihre Botschaft aus, zuerst Herr Feigl mit rasselnder Stimme, dann Herr Rosen mit jiddischem Akzent und schließlich Herr Rother mit seiner abgehackten, falschen polnischen Silbenbetonung: Dem Herrn Direktor gefielen Allerhands Geschäftspraktiken nicht. Der Herr Direktor finde, Herr Allerhand bringe die Juden in Verruf. Die Schöne Heimat möge die Branche wechseln und etwas Lukratives, aber

Legales anfangen, wie Pelze oder Diamanten. Kerzen und Antiquitäten seien eine dürftige Fassade für einen sündhaften, politisch brisanten Handel.

Natürlich hätte Allerhand sie hinauswerfen sollen. Statt dessen versuchte er sich zu verteidigen. Er sagte, er leiste den Juden einen Dienst, vielleicht nicht den Juden mit den Juwelierläden und Pelzimporten, aber den anderen Juden, denen, die im Osten gestrandet seien und immer noch Hilfe brauchten.

Dann wurde Allerhand traurig. Welch eine Ironie, wie abstoßend und trivial das alles! Tränen stiegen in seine tiefliegenden schwarzen Augen, er ging geradewegs auf sie zu und sagte: »Bitte laßt mich jetzt allein mit meiner Enttäuschung.« Aber er versagte. Statt zu gehen, feixten sie nur und sagten: »Von einem konvertierten Juden sollen wir uns solche Fisimatenten gefallen lassen? Nein!«

Da ließ Herrn Allerhand seine Selbstgerechtigkeit im Stich. Er wandte sich ruckartig zu Esther um. Und dieses Umdrehen war eine Bitte um Hilfe, eine Preisgabe seiner Führungsrolle in ihrer Beziehung. Sie übernahm sie sofort.

»Das reicht wohl jetzt«, höhnte sie. »Ich habe zuviel gelitten für mein Judentum, um mich von ein paar frustrierten Ladenschwengeln piesacken zu lassen, die zufällig meinem Glauben angehören.« Und sie scheuchte sie vor sich her wie Schulkinder, bis sie die Tür hinter ihnen zumachen konnte.

Johannes Allerhand saß in seinem Laden und weinte, weinte um den Verlust seiner Würde. Esther stand mit dem Rücken zu ihm an der Tür und lauschte seinem Schluchzen, als ob es Kammermusik wäre.

Esther erklärt

»Büroartikel sind nützlich, wenn man Papiere fälschen will. Nicht nur Besitzurkunden, Quittungen, Verkaufsbelege und Beglaubigungen, sondern auch Visa und Reisedokumente für Leute, die so etwas brauchen. Können wir jetzt zu der Party gehen? Ich möchte gern zu meinen Freunden.«

Charles haßte Freunde. Aber Esther liebte sie offensichtlich. Der Gastgeber war eindeutig ein Freund. »Mach mir keine Schande, Schätzchen«, flüsterte er Esther zu, als sie seine protzige Villa betraten.

Henry Rosen feierte die Bar Mizwa seines Sohnes mit den anderen Rosens aus Tel Aviv, Caracas, Cincinatti und Johannesburg. Zu Ehren seines Sohnes hatte er auch all seine Geschäftskollegen eingeladen, darunter fast alle Christen, die er kannte. Als der alte Vater den Jungen fragte, welche Schulkameraden er zur Bar Mizwa einladen wolle, hatte dieser geantwortet: »Keinen, bitte.«

Rosen hatte vor, den ganzen Abend neben seinem Jungen in der Diele zu stehen und ihn mit den Worten vorzustellen: »Mein Sohn Lenny. Seine Lehrer halten nicht viel von ihm, aber das kommt daher, daß er sich keine Mühe gibt.« Lenny hielt den Kopf gesenkt. Er hörte seit Jahren nicht mehr zu, wenn sein Vater etwas sagte, aber die Diamanten, mit denen sein blaues Samtkäppi besetzt war, konnte man unmöglich ignorieren.

»Schande machen? Wenn du nicht willst, daß ich dir Schande mache, darfst du mich nicht einladen«, sagte Esther zu ihrem Gastgeber. »Aber du willst ja, daß ich dir Schande mache.«

Sie gingen zur Garderobe und warfen ihre Mäntel auf die Pelzberge. Charles hatte nicht gesehen, wie Esther sich umgezogen hatte. Er hielt ihren Aufzug zuerst für ein Kaninchenkostüm, weißes Kleid mit schwarzen Flecken, an den Aufschlägen so etwas wie Pfotenabdrücke und hinten ein Puschel, wie ein Kaninchenschwanz. Rosen erwartete offensichtlich etwas Ungewöhnliches. Er folgte Esther in die Garderobe, wartete, bis sie den Mantel abgelegt hatte, und seufzte erleichtert: »Schön, Esther, richtige Abendgarderobe.«

Sie fuhr ihn an: »Kritisier mich nicht.«

»Habe ich kritisiert?«

»Die Leute müssen mich so nehmen, wie ich bin. Oder sie sind es sowieso nicht wert, daß man sich mit ihnen abgibt.«

»Gehen wir Baruch suchen«, sagte sie zu Charles. »Das hier sind nicht meine Freunde.« Rosen lächelte und kehrte auf seinen Posten zurück. Die Menge teilte sich für Esther, und Charles hatte den Eindruck, daß die anderen Gäste sie kritisch musterten. Das muß ihr merkwürdiger Aufzug sein, dachte er, oder ihre wilde schwarze Mähne — oder daß sie *mich* an der Hand hinter sich herschleift.

»Da sind meine Freunde«, sagte sie, als sie die hinterste Ecke des Zimmers erreichten. Charles erkannte Baruchs dickes Gesicht hinter einem Couchtisch. Esther schob ihn ins Rampenlicht. »Darf ich vorstellen? Charles. Johannes' kleiner Sohn!«

»Hans' Sohn?« wurde gefragt.

»Er hatte einen Sohn?«

»Einen Konvertiten!« Esther drückte ihn in einen Sessel. Sie rückte den Kaninchenpuschel zurecht und quetschte sich neben ihn. Ihre Oberschenkel vibrierten, wenn sie sprach. »Charles muß euch von seiner Taufe erzählen ... nein, ist das komisch! ... Ich darf nicht zu lachen anfangen ... Ganz von vorn, Charles, wie es dem Priester so langweilig wurde, immer kleine Kinder zu taufen, und wie aufgekratzt er war, als er eine ganze Herde von jüdischen Lämmlein vor sich hatte ...«

Ein paar Gesichter musterten Charles Allen, und er antwortete tonlos: »Das war nichts weiter. Der Meßdiener sagte ›Auweia!‹ als er uns sah, und der Priester ging mit ihm hinaus, und ich hörte ihn schimpfen: ›Man sagt bei einer Taufe nicht ›Auweia!‹«

»Seitdem geniert er sich, daß er Jude ist«, sagte Esther. »Ich bin einmal deswegen beim Lügen erwischt worden. Das war bei so einem Klatschspiel im Hof — kennt ihr das Spiel? Man bildet einen Kreis, und ein Kind steht in der Mitte. Dann klatschen alle im Kreis in die Hände und bestürmen das Kind in der Mitte mit Fragen, und es muß darauf im Takt des Händeklatschens mit ›Ja‹ oder ›Nein‹ antworten. ›Liebst du die Farbe rot?‹ — ›Nimmt deine Mutter Parfüm?‹ — klapp, klapp. Der Witz dabei ist, daß man ganz banale Fragen stellt, und dann plötzlich so eine: ›Bist du verliebt in den und den?‹ — und das Kind in der Mitte wird rot. Leugnen ist zwecklos.«

»Spielen wir das doch jetzt mal!« rief einer. »Ja, Henrys Partys sind immer so langweilig«, meinte ein anderer. »Ich finde Spiele mit Lügen herrlich!« Man einigte sich: Baruch sollte in die Mitte.

Baruch sträubte sich. »Inge mag das nicht, oder?« Eine rundliche, aufreizende Fünfzigerin neben ihm erwiderte: »Inge mag das sogar sehr!«

»Baruch in die Mitte! Ich erzähle meine Geschichte nachher zu Ende«, sagte Esther. Charles fühlte, wie sie sich an ihn drückte, während sie ihm zuflüsterte: »Inge ist Protestantin!«

Baruch ließ sich auf dem gläsernen Couchtisch nieder. »Daß du mir aber ehrlich antwortest!« ermahnte ihn Inge; sie legte einen rasanten Rhythmus vor.

Die anderen beugten sich sensationslüstern in ihren Sesseln vor. Zwei eineiige Zwillinge aus der Sowjetunion klatschten wie wild am Takt vorbei. Sie verstehen noch kaum Deutsch, sagte Esther zu Charles. Sie seien die Ableger einer Litauerin, die von einem deutschen Soldaten vergewaltigt worden sei. In Erinnerung an ihren Vater habe sie ihnen nordische Namen gegeben: Volker und Frieder. Die beiden Bankerte waren in der Provinz aufgewachsen, unzertrennlich in Gedanken, Worten und Werken. Bei ihrer fünften

Festnahme wegen Ladendiebstahls in einem Devisenladen diagnostizierte ein Psychiater Kleptomanie, und die sowjetischen Beamten fragten sie, ob sie nicht Lust hätten, nach Israel auszuwandern. In Westberlin verpaßten sie ihren Anschlußflug nach Tel Aviv und blieben. Nach ihrer fünften Festnahme wegen Ladendiebstahls bei Karstadt wurden die Zwillinge dem Wohlfahrtsamt der Jüdischen Gemeinde gemeldet. Dort fanden sie einen Halt in Gestalt von Herrn Rosen, der ihnen in seinem Immobilienbüro Arbeit gab. Seitdem waren sie nicht mehr in die Klemme geraten.

Klapp, klapp!

»Warst du schon in Wilna?« fragte der erste Zwilling.

»Nein«, sagte Baruch.

»Warst du schon in Riga?« fragte der zweite.

»Blöde Frage«, antwortete Baruch.

»Heißt du wirklich Baruch?« rief Esther.

»Wenn man meiner Mutter glauben darf, ja«, antwortete das Opfer.

»Wirst du von der Polizei gesucht?« fragte ihr Nachbar, ein junger Mann namens Leon.

»Die hat mich noch nie gesucht!« versicherte Baruch.

»Liebst du Inge?« fragte Inge.

»Wenn nötig ja«, sagte Baruch und wuchtete sich vom Couchtisch. »Das ist ein Spiel für die schlechten Lügner unter uns. Und Leute, die keinen Appetit haben. Wie ich höre, ist das Buffet eröffnet. Entschuldigt mich.«

Die Zwillinge folgten ihm. »Sie folgen ihm überallhin. Er kann nicht mal allein zur Toilette gehen«, klagte Inge. »Was ist mit dir, Leon? Hast du keinen Hunger?«

Leon betrachtete seinen Bizeps, während er mit seinem Arm Pumpbewegungen machte. »Ohne Händeklatschen wüßte ich gern, was unser Konvertit hier bei uns zu suchen hat. Was er von Beruf ist. Und so weiter. Er sieht aus wie Jesus.«

»Ich bin Buchhalter«, sagte Charles Allen. Inge jubelte: »Ein Buchhalter! Wie ungewöhnlich! Und du, Leon, was bist du?«

»Ich bin Verbrecher«, antwortete der höfliche junge Mann.

So ging das Gespräch weiter, bis Baruch rot und zerzaust wiederkam. »Das ist mir eine schöne Feier«, sagte er. »Esther, du und dein Erbe, beeilt euch lieber, bevor das Buffet kahlgefressen ist.«

Charles wurde von Esthers drückendem Schenkel erlöst, nur um jetzt in aller Öffentlichkeit essen zu müssen, ein Tun, das ihn erröten machte, weniger von der Anstrengung als aus Peinlichkeit: öffentlich den Mund aufzumachen, öffentlich zu schmatzen und zu kauen und zu schlucken, mit nassen Lippen, hüpfendem Adamsapfel, und vor Esther und Leon, die ihm zuschauten.

»Und wie ging dein Klatschspiel zu Ende?« fragte Leon und versuchte in den Gesichtern der umstehenden Frauen zu lesen, wie er auf sie wirkte.

»Eine Rede, eine Rede!« rief Henry Rosen. »Ich will euch erzählen, wie ich von Israel nach Deutschland gekommen bin. Um euch zu erklären, warum ich auf diese Bar Mizwa so stolz bin. Ich bin nicht als Jude nach Deutschland zurückgekommen, sondern als Israeli. In Israel war ich bei der Luftwaffe als Kampfpilot. Ich war stark. Ich bin hergekommen, um mich umzusehen, und was ich sah, hat mir gefallen. Deutschland ist das Land der Möglichkeiten, das freieste Land Europas! Also beschloß ich zu bleiben. Als Gast aus Israel. Ich war immer bemüht, mich hier korrekt zu verhalten. Ich bin hundertfünfzig Prozent korrekt! Und dennoch war ich hier sehr erfolgreich und habe genug Geld verdient, um diese große Bar Mizwa auszurichten. Und ich *wollte* eine teure Party geben, weil man bei Geld nie weiß: Wie gewonnen, so zerronnen! Und zumindest wird Lenny sich immer daran erinnern können. Ich bin diesem Land dankbar, weil es mir die Möglichkeit gibt, Lenny eine so kostbare Erinnerung mitzugeben! So möchte ich heute abend diese Gelegenheit ergreifen, Deutschland zu danken!«

Er wirbelte herum und machte ein Zeichen in die Ecke, wo eine Band darauf wartete, das Deutschlandlied anzustimmen.

Henry Rosen drängte durch die Menge, schüttelte Hände, plusterte sich unter den Glückwünschen immer mehr auf und ließ seinen Sohn weiter in der Diele stehen, den Kopf gebeugt unter der tonnenschweren Last seines ganz besonderen blauen Samtkäppis.

»Esther! Mein Schatz! Ist das nicht wunderbar?« Rosen hatte sich zu ihnen durchgekämpft. »Und du bist so schön. Ich hätte dich vielleicht doch heiraten sollen. Welch eine Schönheit! Und jetzt hast du einen neuen Freund, wer ist das, er sieht nett aus, ein bißchen jung für dich, stell mich ihm doch mal vor.«

»Charles, das ist Henry, mein altes Herzleiden.«

»Da hast du recht. Herzleiden. Das ist es. Ich leide immer noch.«

»Wenn du nur schöne Zähne hättest, Henry. Ich könnte nie einen Mann mit so schlechten Zähnen nehmen. Schlechte Zähne, schlechte Knochen. Ich würde mich nie von dir küssen lassen.«

Henry Rosen sah aus wie vor den Kopf geschlagen. »Das hat mir noch niemand gesagt«, meinte er, indem er mit dem Zeigefinger an seine braunen Schneidezähne tippte. »Noch keine Frau. Nicht einmal Wanda.« Er ging mit Tränen in den Augen fort. Die Band spielte einen gemäßigten Foxtrott.

»Den Schluß deiner blöden Geschichte, Esther«, verlangte Leon.

»Laß sie in Ruhe, Leon«, sagte Baruch, der mit Inge vorbeitanzte.

»Wir feiern heute unsern eigenen Jahrestag«, sagte Inge. »Mein fünftes Jahr als Wohlfahrtsempfängerin.«

Baruch ließ sie los, und sie tanzte ohne ihn weiter, und während sie ihre Beine bewegte, bewegte sie den Mund — sie erzählte ihnen allen ihre Geschichte, wie sie kurze Zeit als Sekretärin gearbeitet hatte, sich dann beim Skifahren am Rücken verletzte und, da sie nicht mehr als Sekretärin arbeiten konnte, darauf wartete, daß ihr das Arbeitsamt eine annehmbare Alternative bot. Baruch hörte aus der Kulisse zu, mit flammendem Blick. Als sie fertig war, faßte er sie um die Taille, stemmte sie über seinen Kopf und sagte: »Nach dem nuklearen Holocaust wird meine Inge mit den Ratten überleben.«

Türkische Kellner brachten zuckrigen Negev-Wein in Champagnergläsern, die Band machte eine Pause. Esthers Freunde versammelten sich wieder um den Couchtisch, und diesmal setzte Esther sich direkt auf Charles' Schoß, legte ihm die Arme um den Hals und lehnte ihren Kopf an seine Schulter. Sie schloß die Augen. Charles spürte ihren Atem an seinem Hals. Er sah an ihr vorbei, versuchte zu ignorieren, was mit ihm geschah, und verfolgte den Streit zwischen Inge und Baruch, ob sie sich liebten. Esther regte sich auf seinem Schoß. »Ich bin eben an dich gewöhnt«, widersprach Baruch, »das ist alles. Ich habe mich an die Fernsehsendungen gewöhnt, die du gern siehst, und an deine Bratkartoffeln.«

»Und ich bin deine Selbstgefälligkeit gewöhnt, und deinen schlechten Charakter«, sagte Inge.

»Esther, wach auf und erzähl deine Geschichte zu Ende!« rief Leon von der anderen Seite des Couchtischs. »Wie sie dich beim Lügen erwischt haben. Ich bin ganz wild auf Geschichten von ertappten Lügnern.«

»Nein, erzähl die Geschichte bitte nicht zu Ende, ich kann sie nicht noch einmal hören«, flehte Baruch.

Esther setzte sich auf Charles Schoß zurecht.

Sie erzählte ihre Geschichte zu Ende.

»Also, wir haben dieses Klatschspiel dauernd gespielt, als ich Kind war. Ich fand es herrlich. Aber eines Tages hatte ich Angst davor, weil ich gerade bis über beide Ohren in einen kleinen Jungen namens Fabian verliebt war. Als ich in die Mitte kam, graute mir deshalb vor der Frage: ›Bist du verliebt in Fabian?‹ Aber sie fragten statt dessen, klapp, klapp, ›Waren deine Eltern Nazis?‹«

»Und du hast zu heulen angefangen«, höhnte Baruch.

Esther ignorierte ihn. »Und ich fing zu heulen an. Meine Mutter hörte mich von oben und kam runter, und die Kinder fragten sie, was denn los sei, warum ich heulte, und sie sagte: ›Ach, sie ist immer so empfindlich, das arme Kind.‹ Sie nahm mich mit nach oben, alle dachten, sie würde mich trösten, aber als wir oben waren, hat sie mich windelweich gehauen.«

»O Esther«, jammerte Baruch, »du mit deinen langweiligen Geschichten! Beim zehntletzten Mal habe ich schon zu Gott gebetet, er möge mir die Folter ersparen, sie noch einmal anhören zu müssen. Aber Gott läßt mich leiden. Ich war in Auschwitz, ist das noch nicht genug? Ich sollte mir solche Geschichten nicht anhören müssen! Die Deutschen benehmen sich anständig gegenüber den Juden. Was willst du mehr?« Er legte sich seine beiden großen Hände auf den Bauch. »Sieh dir das an! Sauerbraten, Knödel, Torte, Bier. Und was deine Mutter angeht: Die habe ich noch nie gesehen. Gibt es sie überhaupt? Ist sie ein Monster?«

Esther verläßt eine Party

»Nicht diese Vase!«

»Paß auf, der Garderobenständer!«

»Wie peinlich!«

»Hilf mir mal mit den Mänteln, das sind ja Hunderte ...«

»Nein, welche Schande für mich!«

Ein Verführungsversuch

»Blind, taub und dumm. Jetzt weiß ich, warum er sich an Inge herangemacht hat. Typen wie er sind an allem Ärger schuld. Manchmal hasse ich Baruch so, daß ich denke, er hat sein KZ verdient. Er würde für einen Groschen sein eigenes Volk verkaufen, er ist nur an Geld interessiert und völlig gefühllos — wenn der kein Untermensch ist, wer dann?«

Sie saß auf dem Randstein, die Füße auf der Straße. Charles lief um sie herum und machte sich Sorgen darüber, was irgendwelche Passanten denken oder, schlimmer noch, sagen könnten. Er sprach kein Wort mit ihr, und nach einer Weile stand sie ganz plötzlich auf und ging weg. Er sah sie weggehen, dann rannte er in Panik hinter ihr her.

Sie redete nicht mit ihm, erlaubte ihm aber, neben ihr herzugehen. Kurz darauf spürte er, wie sich ihre Hand in seine Armbeuge schlich. Das war nicht gefährlich, es war ja nur eine Hand, nicht so schlimm wie vorhin der Schenkel, trotzdem wurde er ein kribbliges Gefühl in seinem Arm nicht los. Er war hocherfreut, daß sie ihm nicht davonlief, zugleich konnte er aber kaum den Wunsch unterdrücken, sie abzuschütteln. Sie bogen in ihre Straße ein, und sie drückte sich an ihn. Dann kamen sie an ihre Tür, und er nutzte im Treppenhaus die Gelegenheit, sich ihrem Griff zu entwinden. Ihr Arm zuckte an seiner Seite.

Er war vor ihr im Gästezimmer. Sie folgte ihm, hatte unterwegs schon ihren Mantel abgeworfen, näherte sich ihm in ihrem Karnickelkostüm und stellte ihn beim Frisiertisch. Der Spiegel sah seinen Nerzmantel von hinten, ihr schrittweises Näherkommen. Sie hatte etwas in der Hand. Dann half sie ihm aus dem Mantel, den sie achtlos aufs Bett warf — in seiner Verzweiflung dachte er: Zumindest ist das Bett voll mit Mänteln belegt, niemand kann von mir erwarten, daß ich mich darauf setze oder lege — und dann schob sie ihm etwas auf den Kopf.

»Dreh dich um, setz dich und sieh dich an«, sagte sie.

Er tat wie geheißen und sah einen dunkelhäutigen jungen Mann im blauen Anzug mit einem weißen Käppi auf dem Kopf. Im Hintergrund eine Frau in Weiß, an ihrem Busen ein glitzernder Davidstern. Fasziniert sah er, wie ihre Arme sich um seinen Oberkörper schlangen und ihre Wange sich zu der seinen herabneigte. Er sah im Spiegel, wie sie sich zu ihm herunterbeugte und er, von dem Bild getrieben, darauf einging: ein jüdischer Liebhaber.

Das Bild erwies sich als flüchtig. Kaum hatte er den Kopf gedreht, war es verschwunden. Charles entwand sich kurz dem Kuß, um sein Spiegelbild wieder zu suchen, aber das Käppi fiel ihm vom Kopf, und er fand im Spiegel nur sein vertrautes Bild.

Esther glitt an ihm hinunter, umfaßte seine Knie und drückte ihren Kopf in seinen Schoß. Er war entsetzlich verlegen. Er schüttelte sie ab, indem er aufstand, und entschuldigte sich: »Bedaure, ich bevorzuge Blondinen. Ich kann nichts dafür.«

Sie stand ebenfalls auf und sagte: »Ich bin auch mehr für Blond. Macht nichts. Es war nur so eine Idee. Das Käppi kannst du behalten.«

Charles fand, daß sie ganz fröhlich aussah. Er beschloß, den Zwischenfall zu vergessen. Sie ging rasch hinaus. Als er am Wohnzimmertisch vorbeikam, legte er einen Fünfzigmarkschein darauf; er dachte, die zehn Mark extra würden sie glücklich machen. Er wollte sie glücklich machen.

Esther putzt

Am nächsten Morgen vollführten ihre Schritte auf dem Flur ein wütendes Schlagzeugsolo, dann erschien sie an seiner Tür, brabbelte etwas von dreckig und faul; sie habe es endgültig satt. Sie verschwand.

»Guck dir bloß mal an, wie das Bad aussieht, wenn ich es nicht abschließe!« rief sie. Er trottete hinter ihr her, angelockt von ihrer betörenden Kosmetiksammlung. Sie scheuerte das Waschbecken aus. »Ich habe noch nie so eine Schweinerei gesehen!« Dann den Fußboden. Sie wirbelte mit ihrem Schwamm herum, bis sie an ein Bord stieß und all die wunderschönen Frauen auf den Fläschchen und Döschen umkippten und durch die Gegend flogen. Er wollte ihr helfen und hob eine Schachtel auf. Aber sie entriß sie ihm, bevor er noch einen Blick darauf werfen konnte, und schrie: »Raus hier!«

Er ging in sein Zimmer zurück, setzte sich aufs Bett und nahm sich noch einmal die alte *Herald Tribune* vor. Als sie ihm nachgestürzt kam, tat er, als bemerke er sie nicht.

»Der schlimmste Dreck kommt von den Münzen«, sagte sie und legte ein nasses Zehnpfennigstück auf den Tisch. »Ist dir schon mal aufgefallen, was man von nassen Münzen für schwarze Finger kriegt?«

Esther von innen — eine seltsame Landschaft

An Wochentagen war die Uferpromenade am See nicht von Familien überlaufen, und da nahm Allerhand, der sich dazu bekannte, Kinder nicht ausstehen zu können, seine Gehilfin mit dorthin zu einem Spaziergang.

»Ist das nicht herrlich? Man sollte dankbar sein für so einen schönen Tag«, sagte Johannes Allerhand und meinte damit die Natur ebenso wie seine Begleiterin. Sie war dreißig Jahre jünger als er, aber er hatte es sich nicht nehmen lassen, sich mit einer Decke und dem Picknickkorb abzuschleppen, und sie bot ihm ihre Hilfe nicht an, um ihn nicht zu verärgern.

»Die Bäume, der Himmel, das Wasser — Deutschland!«

Auf dem Wasser trieb ein Ölfilm. Das hielt Badelustige nicht davon ab, sich überall an dem sumpfigen Ufer ihrer Kleider zu entledigen und nackt ins Wasser zu springen, als wären sie von denselben Gefühlen übermannt wie Allerhand. Die beiden wandten sich vom See weg auf einen Waldweg. Bald verließen sie den Weg und stapften durchs Unterholz, Johannes Allerhand voran, bis sie auf eine sonnenbeschienene kleine Lichtung kamen. Allerhand breitete die Decke aus. »Nur zu, leg dich hin.«

Er legte Hut und Hemd ab und stand mit dem breiten Rücken und dem kahlen Hinterkopf zu ihr, das Kinn hochgereckt, die Augen geschlossen. »Und ich dachte, ich sei zu alt für solche Gefühle.« Er ging von Baum zu Baum und befühlte die Rinde in Kniehöhe.

Als er die Kerbe im Holz gefunden hatte, kam er zu Esther zurück, öffnete den Picknickkorb und nahm eine Kinderschaufel heraus. Er fing unter dem markierten Baum an zu graben. Er strengte sich nicht besonders an, arbeitete aber auch nicht spielerisch wie ein Kind; er grub mit gerunzelter Stirn, bis das Plastikschäufelchen auf Metall stieß. Dann holte er eine gewöhnliche Blechdose aus der Erde.

Esther sah ihm nicht mehr zu, sie war eingeschlafen. Er rieb den Schmutz von der Dose, öffnete sie, holte einen Packen bundesrepublikanische Pässe heraus und blätterte vergnügt darin. Er machte das Loch wieder zu, kratzte ein bißchen auf der Erde herum, kehrte dann zu seinem Korb zurück und nahm eine Flasche Wein heraus. Er setzte sich zu Esthers Füßen auf die

Decke und trank gierig. Esther beobachtete ihn durch halbgeschlossene Lider. Sie lächelte.

»Die Natur macht mir Appetit«, sagte er. Er kniete sich hin, legte die Hände auf ihre Waden, ließ sie nach unten gleiten und streifte ihr die Schuhe von den Füßen.

Die Mutter gibt es wirklich

Charles' Augen hatten einen unersättlichen Appetit. Er sah die kleinen Schweißtröpfchen auf ihrer Stirn und Oberlippe. Er beobachtete alle Wirkungen, die Sprechen, Schlucken und Atmen auf ihrem entstellten Mund und ihren hübschen Zähnen hervorbrachten.

»Was hieltest du davon, wieder nach Amerika zu fliegen?« rief sie. »Damit mir dieses Chaos erspart bleibt, und dein ewiges Glotzen.«

»Ja, ich könnte jederzeit nach Oregon zurück«, antwortete er, während er sich einprägte, wie ihr das Haar über die Schulter fiel. »Meine Stelle kriege ich sofort wieder.«

»Und der Laden?«

»Den kannst du behalten.«

»So geht das nicht. Du mußt ihn mir schon überschreiben. Aber das können wir machen, wir brauchen nur ein Blatt Papier, und du schreibst darauf: Ich, Charles Allen, verkaufe mein Erbe an Esther Becker für die Summe von DM 1,–. Wir unterschreiben beide, und fertig.«

»Ich mag nicht einmal etwas unterschreiben.«

»Was willst du denn überhaupt? Den Sportteil lesen, klar. Essen, Schlafen, regelmäßiger Stuhlgang. Reif für den Schlachthof«, sagte sie. »Die Nazis hätten dich am Spieß geröstet! Paß auf, ich setze den Vertrag auf, du mußt nur noch unterschreiben. Komm heute vormittag mal mit mir. Das hast du dir ja immer gewünscht. Glotz dich satt. Glotz mich an und unterschreib.«

Sie kaufte eine *Herald Tribune* und schlug sie für ihn bei den Baseballergebnissen auf. Er saß neben ihr im Auto und las. Er konnte aus dem Auto steigen, ohne die Zeitung wegzulegen, die Höhe des Bordsteins abschätzen, ohne seine Zeile zu verlieren, und Esther die Tür aufhalten, ohne den Blick vom Text zu reißen. »Hier wohnt meine Mutter«, sagte Esther. Jetzt sah er auf. Sie waren in einem Altersheim.

Esthers Mutter gab es also wirklich: Sie war klein, hielt sich aufrecht und trug ein piekfeines Kleid mit viel Spitzen und Bändern. »Wieder mal aufgeputzt wie ein Weihnachtsgeschenk«, sagte Esther, als sie sich von hinten näherte. »Eitel bis zum bitteren Ende.«

Ihre Mutter vernahm die Attacke, reagierte aber nicht darauf. Sie hatte einen Button am Revers stecken, auf dem »Frau Becker« stand. Sie blätterte in einer Zeitschrift und hörte damit auch nicht auf, als Esther von hinten an sie herantrat. Herr Brumm, Fräulein Gierlich und Frau Harzbach, die mit ihr am selben Tisch saßen, blätterten ebenfalls, obwohl sie mitten in einer heißen Diskussion über Lebensmittelpreise waren.

»Was regen Sie sich denn noch über Preise auf?« hänselte Esther sie. »Wo Sie doch gar nichts mehr kaufen müssen?« Es raschelten die Seiten von *Quick, Stern* und *Brigitte*.

»Früher war alles billiger«, sagte Fräulein Gierlich, »aber es war nicht so leicht zu haben. Kartoffeln kriegte man, aber Fleisch? Pro Person hundert Gramm die Woche. Das ißt ein Kind zu einer Mahlzeit. Krieg! Kein Fleisch im Krieg. Eine schreckliche Zeit, ich bin froh, daß die vorbei ist.«

»Ja, eine schreckliche Zeit, wie uns dieser Hitler an der Nase herumgeführt hat. Und hinterher noch schlimmer«, sagte Frau Harzbach.

»Aber vor dem Krieg hatten wir unsern eigenen Gemüsestand am Fehrbelliner Platz«, sagte Herr

Brumm, »da sind die hohen Tiere nach Feierabend zu uns gekommen. Und mußten Schlange stehen.«

»Aber Sie haben ja Besuch, Frau Becker. Drehen Sie mal den Kopf herum!« Frau Becker drehte langsam den Kopf, wie ein Schiff, das einen weiten Bogen beschreibt, und betrachtete die Gestalt, die neben ihr stand. »Ach, du bist es«, sagte sie, »wie nett. Meine Tochter«, wandte sie sich an die andern, »kommt mich besuchen.«

»Wir kennen Ihre Tochter. Fräulein Becker, stimmt's?« meinte Herr Brumm, der immer Stielaugen bekam, wenn er eine Frau unter Siebzig sah.

»Mit einem Freund, wie's aussieht.« Frau Harzbach zeigte auf Charles Allen. »Ein netter junger Mann. Sehen Sie, Frau Becker. Drehen Sie jetzt mal den Kopf zur anderen Seite.«

Frau Becker drehte den Kopf und stierte. Dann nickte sie in Charles' Richtung. »Ja, schon besser«, schnaufte sie.

Ja, schon besser

Ja, schon besser. Charles Allen fragte sich später, wie sie das meinte. Frau Becker zu fragen, war ihm nicht in den Sinn gekommen. Schon nach einer Minute hatte Esther es zwischen den Alten nicht mehr ausgehalten und sich wieder verabschiedet. Sie hatte ihre Mutter auf ein Wort unter vier Augen an einen anderen Tisch in der Halle gebeten.

Von weitem sah Charles sie einen Stift und etliche Papiere aus ihrer Tasche holen und sie ihrer Mutter zur Unterschrift zurechtlegen. Dann küßte Esther sie auf die Wange und ließ sie abrupt sitzen. Charles sah Esther zu ihm zurückkommen, während ihre Mutter sich im Hintergrund mit einiger Mühe wieder erhob und ihrer Tochter unschlüssig nachblickte. Charles winkte ihr zum Abschied. Er sah Frau Beckers überraschtes Gesicht, als sie ihren Stock von der rechten in die linke Hand nahm, um zurückzuwinken.

»Einer alten Frau zu winken, ist keine große Leistung für das Familienunternehmen. Wenn du mit mir was anfangen willst, dann hilf uns«, schalt Esther ihn. »Sogar meine Mutter hilft uns. Sie unterschreibt alles. Die Alten läßt man schön in Frieden. Sie sind zu ehrwürdig. Die ganze Generation. Man mag nicht in ihren Gedanken herumstochern.«

Esther plant den Nachmittag

In der Schönen Heimat sah Charles sich von Esther und Baruch mit einer Flasche Wein bedrängt. Beide erwähnten den Streit von letzter Nacht nicht mehr. Sie waren ganz damit beschäftigt, ihr Opfer weichzuklopfen. Sie füllten ihm das Glas. »Charles, du kannst uns bei der Statuette für Pfarrer Renard helfen«, sagte Esther.

»Wir haben schon überlegt, wer das für uns erledigen könnte«, sagte Baruch. »Prost, Charles, du bist ideal dafür. Pfarrer Renard ist nicht sehr neugierig, und die Statuette ist doch so schön. Stammt aus einer kleinen Kirche bei Versailles. Frieder und Volker haben eine Viertagestour nach Paris gemacht und sie dort entdeckt. Pfarrer Renard kauft am liebsten von Verstorbenen, darum haben wir ihm gesagt, sie stammt aus einem Nachlaß. Gib mal die Flasche rüber.«

»Er kann sie direkt zu St. Joseph bringen. Als Dr. Allerhand«, sagte Esther. »Trink, Baruch, das hält die fünf Sinne zusammen . . .«

»Ich bin kein Doktor«, sagte Charles. »Ich werde auch niemandem etwas vorspielen. Ich wüßte gar nicht wie.«

Baruchs Stimme wurde ganz leise, gekränkt. »Die ganze Zeit hatten wir niemanden, der uns deinen Vater hätte ersetzen können, einen, der weiß, wie man sich in der Kirche benimmt. Mich haben sie in der Schule auch vermöbelt, Esther, weil ich mich über die Katholiken lustig gemacht habe.« Er schlug ein Kreuzzeichen und sang: »Domino ist arg dummmm ... Spiritus ist auch im Rummm ... Waldemar spielt Dominooo ...«

»Ihm etwas vorspielen — nein! Aber ich kann dem Pfarrer die Hand schütteln und eine Kniebeuge machen, wenn ihr das meint.« Charles wurde weich.

Es war ein simples Spiel: Baruch sollte mit Esthers Mercedes den Chauffeur spielen, Esther auf die Schachtel schreiben: »Aus dem Nachlaß Stella Sandelholz«. Charles mußte sich die Hände waschen und vor dem Spiegel üben: »Charles Allen mit der bestellten Statuette. Mein Vater kann sie leider nicht persönlich bringen, da er verstorben ist.«

Er würde nichts über die Statuette sagen, da er auf keinen Fall lügen wollte. Während Charles seine knochigen zwei linken Hände bürstete, sah er in den Spiegel und dachte an die Yankees, die ihren zweitbesten Schlagmann verkauft hatten; das würden sie noch bitter bereuen. Wenig später hupte ein Auto vor dem Laden. Der Mercedes war da, mit Baruch in Chauffeurslivree. Der Hals quoll ihm aus dem Kragen. Er rannte ums Auto, um Charles die Fondtür aufzuhalten.

Pfarrer Renards Kirche war ein Notbau aus rotem Backstein, den Rom in den späten Vierzigern hingestellt hatte, in den »Hungerjahren«, als auch die Nahrung für die Seele knapp war. Früher war der Kirchturm einmal ein Wachstumssymbol für die Umgebung gewesen, meilenweit zu sehen. Jetzt beeinträchtigte er nur noch einen Häuserblock weit die Skyline.

Aber ein Mercedes machte Eindruck. Türkenkinder scharten sich darum und bestaunten den Stern. Baruch parkte auf dem Gehsteig, und der Auflauf vergrößerte sich. Er stieg aus und sagte zu den Kindern: »Laßt die Finger davon, sonst erschieße ich eure Mütter beim Abendbrot.«

Die Kinder wichen zurück.

Die Kirche war leer, blaues Licht drang durch die modernen Buntglasscheiben, und Kerzen flackerten an den Kreuzwegstationen rund ums Kirchenschiff. Der Amerikaner bekreuzigte sich. Baruch tippte sich an die Schläfen.

Das Pfarrbüro hätte Teil einer beliebigen kleinen Verwaltung sein können. Eine ältere Frau zählte und sortierte Geldmünzen. »Wenn ich mich verzähle, bin ich meinen Job los«, sagte sie.

Pfarrer Renard sah die Rechnungen durch. Er war ein Bilderbuchpfarrer: sanfter Blick, fein geschnittenes Gesicht und so uneitel, daß man sein Äußeres kaum hätte beschreiben können. »Sie sind also Dr. Allerhand. Johannes Allerhands Sohn.« Er sprach die Worte so gewichtig aus, als ob sie ihn trösten sollten.

»Die Schöne Heimat beliefert uns nun schon seit zehn Jahren, und wir sind sehr zufrieden. Hohe Qualität zu vernünftigen Preisen. Ein wenig unbürokratisch mit den Unterlagen, fast wie im Discountladen. Aber immer wieder mal ein bemerkenswertes Stück, eine Ikone, Tefillin — wir sind sehr ökumenisch in unseren Interessen — ein Kruzifix, dies und jenes eben. Wir haben die schönste Kirche in ganz Berlin. Und nun diese Madonna. Lassen Sie mal sehen.«

Er wartete in einer Art Habachtstellung, in der er auch die Beichte hörte, die Glieder ganz steif, um keinen Freudentanz aufzuführen. Charles Allen packte die Statuette aus. Die Madonna war gedrungen, ein Schleier umrahmte ihr schwarzes Haar, ihr Teint war bläulich-weiß. Charles fand, daß sie fast aussah wie seine Jüdin. »Wunderschön«, flüsterte der Pfarrer und zückte seine Brieftasche. »Die ist für mich privat.«

Verbrüderung

Beim Blackjack an Baruchs Gallé-Tisch verkündete Esther, sie habe einen Entschluß gefaßt. »Bald haben wir wieder Weihnachten«, sagte sie, »und ich möchte raus aus dem Kerzengeschäft.« Sie teilte aus.

Charles Allen ordnete seine Karten. Er hatte ein aufregendes Blatt. »Fang an, Esther«, bat er.

»Ich habe für Weihnachten immer so gute Ideen«, jammerte Henry Rosen. »Voriges Jahr Eigentumswohnungen: Schenken Sie Ihrer Liebsten, was sie schon immer gern haben wollte, ein Zimmer für sich! Und heute hatte ich plötzlich eine Idee für den allerchristlichsten Anlaß überhaupt: den Jahrestag eines Pogroms.

Die Jüdische Gemeinde hat einen neuen Vorsteher. Der würde für seine Mitglieder zu gern einen spektakulären Auftritt organisieren, etwas Erhebendes, das Aufsehen macht. Warum nicht Kerzen? Ein Kerzenumzug zum Gedenken an die Kristallnacht. Toll.«

Die anderen hatten ihre Karten noch nicht aufgenommen. Charles wurde ungeduldig. »Ich habe so ein gutes Blatt. Will einer spielen?« fragte er.

»Aber Henry«, meinte Esther, »wenn die Jüdische Gemeinde Kerzen braucht, kann ich sie ihr gern liefern. Wir ordern nach und machen ihr einen Freundschaftspreis. Nachdem sie die ganzen Jahre mit Johannes auf so schlechtem Fuß gestanden hat.«

»Esther, spielst du?« drängte Charles.

»Was soll ich?« blaffte Esther. »Du bist doch ein Idiot. Dein Vater hat in der Kristallnacht alles verloren, was er hatte — und du verlierst jetzt dein gutes Blatt. Wir müssen nämlich gehen.« Sie warf ihre Karten auf den Tisch. Charles Allen schob das Spiel zusammen und mußte sich beeilen, um die anderen wieder einzuholen.

Es war warm für Ende Oktober, ein rechter Abend, um mit offenen Fenstern und aufgedrehtem Radio durch die Stadt zu fahren. Es war aber auch ein rechter Abend, um Radio und Scheinwerfer abzustellen und leise in den Hof einer Lagerhalle einzubiegen. Es kamen noch mehr Autos mit abgestellten Radios und ohne Licht.

Sie warteten. Charles verstand Baruchs strenges, ernstes Gebaren nicht. Als eine Klapperkiste mit sechs kichernden Türkinnen in Kopftüchern vorfuhr, stieg Baruch aus dem Mercedes und fuhr sich mit dem Finger über den Hals. Ihr Schweigen hatte danach etwas Gezwungenes, als spielten sie nur Schweigen, während man fast hörte, wie sie im Kopf weiter gluckten.

Die Stille endete, als ein Laster auf den Hof rumpelte. Baruch stolperte rückwärts im Hof umher und wies den Fahrer ein. Endlich stiegen alle aus, auch Charles. Er stand in der Mitte der Kette, die von dem Wagen dicke Bündel ablud, sie von Hand zu Hand weiterreichte und zu Esthers Füßen deponierte. Sie und Inge rissen die dicken Plastikhüllen auf und zogen weiche, dunkle Pelzmäntel heraus. Sie hielten sie sich kurz unter die Nasen und an die Wangen und gaben sie an die sechs Türkinnen weiter, die auf Klappstühlen im Kreis saßen und mit flinken Fingern die Etiketts heraustrennten.

Charles' lange Nacht

Nach diesem ersten Verbrechen seines Lebens wollte Charles Allen gern einen Orangensaft trinken und dann schlafengehen. Esther erfüllte ihm den ersten Wunsch. »Wenn du willst, darfst du dich in mich verlieben. Ich bin nämlich einsam.«

»Ich verliebe mich sowenig, wie ich mich verrechne.«

»Und wenn ich mir die Haare blond färbe?«

Als er zur Zeitung griff, verließ sie das Gästezimmer. Er ließ die Zeitung sinken und starrte auf die Tür. Wenn er den Kopf drehte, konnte er die hohe weiße Tür mit der Messingklinke als weißes Licht im Fenster gespiegelt sehen und zugleich als Triptychon im Spiegel über dem Frisiertisch. Fern wie ein Ton von ganz hinten im Orchester hörte er Esther in ihrem Zimmer ankommen.

Jetzt zieht sie den Reißverschluß an ihrem Kleid auf, dachte er, mit der einen Hand über die Schulter greifend, während die andere das Kleid am Rücken geradezog, den Bauch herausgedrückt — das hatte er bei seiner Mutter gesehen — dann glitt ihr das Kleid von den Schultern, über die Knie hinunter, und sie stieg heraus, im weißen Slip. Als nächstes schlug sie ihre Bettdecke zurück. Charles las seine Zeitung.

Jetzt stellte er sie sich schlafend vor. Charles hatte schon Frauen im Schlaf gesehen. In aller Öffentlichkeit, auf Parkbänken, an Busbahnhöfen, im Schwimmbad schlossen sie die Augen, sie hatten kein Schamgefühl. Er hatte seine Mutter schlafend in ihrem Bett gesehen, und es hatte ihn schockiert.

Die Orioles hatten einen mittelmäßigen Spieler eingekauft; aber was tat's!

Charles ließ die Zeitung auf den Boden fallen. Er ging über den Flur und durch Esthers Plastikgewächshaus, dann näherte er sich ihrer Schlafzimmertür. Er drückte sie auf und guckte. Das Licht der Straßenlaterne drang durch die langen weißen Vorhänge und schien auf ihren Kopf. Sie lag auf der Seite und schlief, das schwarze Haar wie ein Nest auf dem Kissen, eine Hand zur Faust geballt neben ihrer Wange. Sie sah sehr jung aus. Dann zog er sich zurück. Er hatte noch etwas anderes gesehen. Auf ihrem Nachttisch stand ein Glas Wasser, und darin lag schimmernd ein Satz weißer Zähne.

So kam es, daß Charles seine Nachmittage bei Esthers seniler Mutter zubrachte

Von nun an belagerte der Winter die Stadt. Die toten Linden- und Eichenblätter wurden auf Faulhaufen geharkt, die feuchte Luft hatte einen sengenden chemischen Geruch, die Tage flackerten in trübem Licht, das schon vom frühen Nachmittag an gedimmt wurde.

Die Presse meldete den Raub einer Wagenladung Pelzmäntel; der Fahrer war von zwei türkischen Arbeitern, die ihn an seiner gewohnten Tankstelle bedient hatten, betäubt worden. Er hatte sie vorher noch nie gesehen und würde sie wahrscheinlich auch nie wiedersehen. Dem Vorfall wurde lediglich ein Absatz gewidmet. Esther schnitt den Artikel aus und legte ihn Charles auf den Frisiertisch. Sie behandelte ihn als Untermieter und Freund. Ihre anzügliche Art — wie sie ihm auf die Schulter klopfte oder seine Hand berührte, wenn sie ihm etwas erklärte — bereitete ihm kein Kopfzerbrechen mehr, seit Esther ihm gestanden hatte, daß ihr letzter Untermieter sein Vater gewesen war. Offenbar war es für sie nichts Besonderes, wenn ein Mann in ihrer Wohnung schlief.

Ende Oktober schrieb Charles an die Mutter Oberin des Ordens von der Unbefleckten Empfängnis in Athens, Oregon, und bat sie um Vergebung für seine verzögerte Rückkehr. Seine Entscheidung, ob er das Erbe annehmen wolle, mußte bis zur Kristallnacht getroffen sein. Das Zusammentreffen regte Esther auf, und immerzu giftete sie über die Beamten am Nachlaßgericht, die historisch unsensibel genug waren, einem Juden den 9. November als Termin für eine Entscheidung über seinen Besitz zuzumuten. Charles suchte die Gesellschaft eines Menschen, der ihm nicht dauernd in den Ohren lag. Esthers ewiges Gerede über die Juden begann ihn zu langweilen.

So kam es, daß Charles seine Nachmittage bei Esthers seniler Mutter im Altersheim verbrachte. Er dachte nie daran, ihr Blumen oder Pralinen mitzubringen, er kreuzte einfach auf und las seine Zeitung, während sie in ihren Zeitschriften blätterte. Gelegentlich redeten sie über Esther, die vollauf mit den Vorbereitungen zu einem Sonderverkauf von Bethlehem-Kerzen für die Weihnachtszeit beschäftigt war. Sie bot die Kerzen so billig an, daß die Kirchengemeinden ganz Berlins ihre

Bestellungen verdoppelten und verdreifachten. Esther unterschrieb nie Verträge, sie gab alles, was einer Unterschrift bedurfte, an ihre Mutter weiter, die mitmachte und Charles später anvertraute: »Ich bin zu alt, um mich mit ihr herumzustreiten; wir waren schon immer in allem verschiedener Meinung.« Bei Gelegenheit setzte auch Charles einmal seinen Namen auf ein Blatt, ohne nach dem Warum zu fragen; es schien ihm ein geringer Preis für seine Unfähigkeit, über das Schicksal des Ladens zu entscheiden. Und der Umfang dieses Kerzenhandels beeindruckte ihn. Nur die Jüdische Gemeinde hatte mit dem Kauf der Bethlehem-Kerzen gezögert.

Es interessierte Charles nicht, als Herr Rosen bei der Bar Mizwa eines anderen Jungen aus der Gemeinde dem neuen Rabbi die Sache mit den »Sonderkerzen« für das Gedenken an die Kristallnacht unterbreitete. Eine Band aus Tel Aviv war soeben auf die Bühne gekommen, und der Rabbi drehte den Kopf hin und her, um den Rock'n Roll aus den Ohren zu bekommen. Er verstand Rosens Unterton trotz der Dezibel: Der neue Rabbi könne mit einer großen Gedenkfeier stadtweit Eindruck machen. Kerzen aus dem Heiligen Land statt Kerzen aus einer alten Nazifabrik in Hagen, Kerzen in den Händen Tausender auf einem Marsch durch die Berliner Innenstadt, endend vor dem Jüdischen Gemeindezentrum.

Der Gedanke gefiel Rabbi Schwarz, aber seine Schläue ließ ihn zögern. Herr Rosen war so frustriert, weil er das Geschäft einfach nicht zum Abschluß brachte, daß er eine Menora aus dem 19. Jahrhundert, elsässischer Herkunft, zum Sonderpreis als Zugabe anbot. Da konnte das Gemeindeoberhaupt nicht mehr widerstehen. Die Gemeinde brauchte eine eindrucksvolle Menora. Er war in New York aufgewachsen und sagte: »Machen Sie mir ein vernünftiges Angebot für die Menora, und das Geschäft mit den Kerzen ist gemacht.«

Aber Esther wollte die Menora nicht verkaufen. »Sie kommt aus meinen Geburtsort. Die verkaufe ich nicht.«

»Sie gehört dir doch gar nicht, oder?« wandte Baruch ein. »Sie gehört Hans' Sohn.«

»Erst wenn er das Erbe angenommen hat. Bis dahin entscheidet der Geschäftsführer, was mit der Ware geschieht.«

Rosen war von der Bar Mizwa direkt in den Laden gekommen. Er warf Esther alle möglichen Schimpfnamen an den Kopf, aber das Adjektiv, bei dem schließlich alle zustimmend nickten, hieß »undankbar«. Henry appellierte an Baruchs höhere Einsicht: »Rede du ihr das aus. Du bist ihr Freund.« Aber Baruch mochte Esthers Geschäftspolitik nicht in Frage stellen und meinte, Charles solle entscheiden, was mit der Menora zu geschehen habe.

Charles hätte am liebsten achselzuckend gesagt: »Laßt Esther nur machen«, und nach seiner Zeitung gegriffen. Aber ihre Hartnäckigkeit machte ihn mißtrauisch. Die Menora war Johannes Allerhands letzter Ankauf für die Schöne Heimat gewesen. Hing sie etwa an seinem Vater? Charles ekelte sich bei dem Gedanken. »Schwarz kann sie haben«, sagte er. »Warum soll das Ding hier herumliegen? Für tausend Mark.«

»Der einzige zuverlässige Käufer für so etwas ist Pfarrer Renard«, kämpfte Esther. »Und diese Menora stammt frisch aus einem Museum. Interpol sucht danach.«

»An dieser Stelle werden sie im Traum nicht suchen«, sagte Baruch. »Außerdem müssen wir uns gut mit der Gemeinde stellen.«

»Aber tausend Mark sind zu wenig!« rief Esther. »Wir können zweieinhalb- bis dreitausend dafür bekommen. Sie wurde auf einer Auktion für fünfundneunzigtausend verkauft. Geld ist heutzutage alles, was mir geblieben ist«, fügte sie bitter hinzu.

»Tausend sind genug«, entschied Charles.

So gab Rosen die Menora an den Rabbi weiter, mitsamt der Ermahnung, es dürfe kein Aufsehen darum geben und Fragen müßten mit »kein Kommentar« beantwortet werden, bis die alte Tante, die sie ihm gegeben habe und fürchterlich gekränkt sein würde, nicht mehr unter den Lebenden sei. Rabbi Schwarz rechnete aus, daß er eine Kerze für jedes Gemeindemitglied und noch einmal so viele für Gäste brauchen werde, das Ganze multipliziert mit dem Faktor Optimismus, und so bestellte er 10000 Kerzen, insgesamt eine halbe Tonne.

Alles in allem orderte Esther zwei Tonnen Bethlehem-Kerzen, die mit Sondergenehmigung von einem korrupten Ostberliner Beamten aus Dresden antransportiert und in einem Lastwagen mit Hagener Kennzeichen über die Grenze geschafft wurden. Charles persönlich setzte sich neben den Fahrer in die Kabine, dirigierte ihn zu den verschiedenen Anlieferstellen in Berlin und kassierte die hohen Kaufsummen in bar. Nach Beendigung ihrer Runde händigte er dem Ostdeutschen einen Scheck der Schönen Heimat aus. Der Scheck, sagte Esther ihm später bei einer Flasche Champagner, sei nicht gedeckt. Das hätte Charles als Buchhalter wissen müssen. Der Scheck werde mit einem Riesenknall platzen, und die Kerzenfirma könne nichts machen, denn es sei in der DDR verboten, westliche Schecks anzunehmen. »Du steckst bis zum Hals drin«, lachte Esther, »im Geld.«

Es war der 8. November. Wenn Charles Allen sein Erbe bis zum nächsten Tag — Esther nannte ihn »Jahrestag unserer Demütigung« — nicht ausschlug, gehörte die Schöne Heimat ihm.

Charles ließ Esther und Baruch das Geld auf drei Stapel verteilen. Sie bestanden darauf, daß er seinen Anteil nehme, sie seien doch keine Gauner. Er ließ seinen Anteil sichtbar auf dem antiken Tisch liegen, auf dem er einmal aus den Geschäften seines Vaters schlau zu werden versucht hatte, und entschuldigte sich wohlerzogen wie ein Meßdiener. Charles mußte noch einiges in Erfahrung bringen.

Im Altersheim klappte Frau Becker ihre Illustrierte zu, zögerte und antwortete dann: »Den sie vorher hatte, der war viel zu alt für sie. Ich habe nie erfahren, wie er mit Vornamen hieß. Er hat mir immer Pralinen mitgebracht. Ich glaube, er wollte mich becircen. Im Osten brachte er mir Kaffee mit. Bei Kaffee konnte ich nicht nein sagen, wir hatten ja keinen. Aber die Pralinen solle er selbst behalten, habe ich ihm gesagt. Er war sehr dick. Und gestorben ist er. Das hat Esther mir erzählt.

Meine Tochter und ich reden eigentlich nicht miteinander, aber das hat sie so gewollt. Sie war nie ein gutes Kind. Es waren ja auch schwere Zeiten, als sie klein war. Mein Mann war so hilflos und ist nie darüber weggekommen. Man hat uns ja so gedemütigt. Hinterher war er gar kein Mann mehr. Ich mußte alles machen. Darüber spreche ich hier nie. Und mein Mann ist daran gestorben, am gebrochenen Herzen.«

»Ich weiß, Frau Becker«, sagte Charles, denn Esthers Worte fielen ihm wieder ein. »Ich weiß, wie schrecklich es damals in Deutschland für Sie als Juden war. Esther hat mir erzählt, daß Sie sich im Elsaß in einem Heuschober verstecken mußten. Schwanger und allein. Und so weiter. In Todesängsten, daß die Nazis Sie finden könnten, wenn das Baby schrie. Ich bin —« Er hielt inne. Sie war in ihrem Sessel hochgefahren, die Zeitschrift rutschte ihr vom Schoß, und sie sah ihn groß an. »Ich bin selber Jude«, sagte Charles Allen und machte dabei heimlich ein Kreuzzeichen, indem er die Hand verstohlen an die Stirn führte, als wollte er sich kratzen, und sie dann auf die Brust sinken ließ.

»Gehen Sie bitte«, sagte die alte Frau. »Diese Geschichte erzählt Esther also überall herum?« Sie bebte, und der Mund stand ihr offen. Charles flüchtete.

Letzter Einkaufstag vor der Kristallnacht

Als Charles Allen das Altersheim verließ, gingen gerade die Straßenlaternen an, und die Schaufenster begannen zu glitzern. Bald spiegelten sich darin die Blaulichter der Polizei. Er folgte ihnen bis zum Jüdischen Gemeindezentrum, wo soeben der Kristallnachtsumzug ankam. Es war eine beeindruckende Menge emotionsgeladener Menschen, nur nicht viele Juden darunter, denn die waren vor Angst zu Hause geblieben. Dafür waren ganze Schulklassen mit ihren Lehrern gekommen, Studentengruppen, diverse SPD-Ortsvereine und die gesamte christ-demokratische Führungsriege, ein jeder mit einer dicken weißen, hell brennenden Kerze in der Hand. Der Verkehr brach zusammen, und die hilflosen Fahrer verfluchten die Marschierer.

Der Zug kam vor dem Gemeindezentrum zum Stehen und löste sich in einen von der Polizei drangsalierten Haufen und eine Abordnung adrett gekleideter, ernster junger Männer auf, die Flugblätter über die Auschwitzlüge verteilten. Die Menge verstummte, als Rabbi Schwarz auf der Treppe des Jüdischen Gemeindezentrums erschien. Jeder wußte, daß er seine Eltern und alle Geschwister in Groß-Rosen verloren hatte. Er hob die große siebenarmige Menora mit ihren strahlenden Kerzen hoch über den Kopf. Hinter ihm auf dem Dach sah man die schwarzen Silhouetten der Polizeischarfschützen.

Esthers Geburt in eine Gegend voller Geheimnisse

Die Reporter waren schon an der Mauer, alarmiert von dem alten Mann, dessen Lebenswerk es war, vor einer Flucht die Reporter zu alarmieren. Die Reporter entlohnten den Alarmierer anständig; es war seine einzige Einnahmequelle, denn die Gerichte hatten dem peinlich hohen früheren Beamten die Pension versagt. Er hatte auch nicht immer Schmidt geheißen, aber jetzt kannte man ihn allenthalben als Mauer-Schmidt, und selbst wenn die Zeiten sich einmal wieder ändern sollten, wie er es sich oft erträumte, hätte er wahrscheinlich den neuen Namen beibehalten.

Die Reporter bezahlten ihn und fanden ihn ansonsten lästig. Er trieb sich dauernd an der Fluchtstätte herum, stolperte über ihre Gerätschaften und drängte sich bei den Honneurs vor. Diesmal war es nicht anders. Schmidt und drei Fotografen und ein Häuflein Einheimischer schauten zu, wie der schwergewichtige ältere Mann im grauen Filzhut, der weder in die Kameras blicken noch seinen Namen nennen wollte, an einer bestimmten Stelle der Mauer mit seiner Schaufel wie wild zu graben begann. Der Mann, in der Presse nur »der Unbekannte« genannt, wandte den Kameras beharrlich den Rücken zu, so daß sie nur einen Hut, einen kurzen Hals und einen großen dunklen Mantel aufs Bild bekamen.

Inzwischen wurde Schmidt, der unbedingt beim Graben helfen wollte, so zur Plage, daß die Fotografen sich nicht mehr konzentrieren konnten und kostbare Sekunden verloren, in denen sie sich so hätten umpostieren sollen, daß der unbekannte Mann auf ihren Bildern im Vordergrund blieb, und dann war Schmidt beleidigt und fing an, die Fäuste zu gebrauchen, wodurch sie nun den Augenblick ganz verpaßten, der den Höhepunkt dieser Fluchtaktion bilden sollte, nämlich wenn »Der Unbekannte« den Arm tief in den Tunnel streckte, einen Fuß gegen die Mauer stemmte und zog. Er zog und zog in dieser Haltung, als wollte er ganz Ostberlin durch den Tunnel ziehen.

Zum Glück gelang es den Fotografen, Schmidt rechtzeitig abzuschütteln und ein Bild zu schießen, gerade als er ein Mädchen mit rabenschwarzem Haar und einem Davidstern um den Hals herauszog. Sie trat hervor in die Freiheit und sah nur in die Augen ihres Retters, und in ihrem Gesicht standen eine derartige Verzagtheit und soviel Überraschung, daß die Öffentlichkeit sich keinen Reim darauf machen konnte und das Ganze auf die Pressefotografen schob.

Esther und Charles feiern Kristallnacht

Fröstelnd und verschreckt von der Kristallnachtsfeier eilte der arme Charles nach Hause. Von der Straße aus sah er das gelbe Licht in Esthers warmem Wohnzimmer und Esther, wie sie auf einer Leiter stand und Papiergirlanden ins Fenster hängte. Drinnen stimmte der Duft nach Lammbraten ihn so milde, daß er sich nicht wehrte, als Esther ihm die Arme um den Hals schlang und rief: »Darling, das müssen wir feiern! Verstehst du nicht? ... Wir haben uns ein Stückchen finanzielle Sicherheit gekauft. Mach dir keine Sorgen, die Ostdeutschen werden sich nicht unterstehen, zu klagen. Du und ich, wir beide haben Gäste. Wie ein normales Ehepaar. Du mußt mitspielen.«

Sie band ihm eine geblümte Schürze um, drückte ihm ein Geschirrtuch in die Hand und weihte ihn so fröhlich in die hohe Kunst des Abtrocknens ein, daß er nicht umhin konnte, sich zu fragen, ob er nicht endlich doch sein Glück gefunden hatte.

Um halb acht klingelte es. Esther fluchte: Es war zu früh, noch nichts war fertig. Aber es war keiner von den geladenen Gästen; es war Esthers Mutter in plumpen Schuhen und häßlichem Regenmantel und erbärmlich keuchend. Sie hatte eine Plastiktüte bei sich, auf der ein weißes Seehundbaby abgebildet war. Darunter stand: »Rettet die Seehunde«. Esther schlug sich an die Stirn und rief: »Auweia, welche Ehre!«

Frau Becker trat ein und wühlte schon auf dem Flur in ihrer Tüte. Sie holte ein steifes amtliches Papier hervor, eine Urkunde. Sie stellte sich mitten ins Wohnzimmer und hielt das Blatt zwischen ihrem gelben Daumen und Zeigefinger. Dann sah sie blinzelnd auf das Dokument und las laut vor: »Geburtsurkunde für Margret Becker, geboren am 12. März 1944 im Nordmark-Krankenhaus, Berlin. Keine Anomalien. Beruf des Vaters: Rechtsanwalt. Mitglied der NSDAP und der SS. Mutter: Hausfrau. Lesen Sie selbst.« Sie reichte die Urkunde listig und entschlossen Charles und fuhr fort: »Nach dem Krieg durfte er nicht mehr praktizieren, und ich habe uns als Putzfrau durchgebracht. Ich hatte ein schweres Leben und war nicht immer guter Dinge. Und dann bekommt Margret mit fünfzehn auf einmal diesen Tick. Behauptet, sie heißt Esther. Färbt sich ihr schönes Haar schwarz. Blonde Haare hatte sie, wie ein Engel. Man muß die Farbe wohl literweise drauftun, um sie so schwarz zu kriegen.« Sie warf ein Foto auf den Tisch unter der Laube. Es zeigte ein schlankes kleines Mädchen mit blonden Zöpfen, das bei einem bleichen, müde aussehenden Mann auf dem Schoß saß.

Esther musterte ihre Mutter kühl. Dann sprach sie zu Charles: »Das ist gar nicht meine richtige Mutter. Ich wollte dir das nicht sagen, weil du so ein Angsthase bist: Die Nazis haben meine richtige Mutter gefunden, kaum daß ich geboren war. Sie haben sie ermordet.

Das hier ist meine Stiefmutter, die mich immer gehaßt hat. Sie hat mich geschlagen. Sie hat mir die Zähne eingeschlagen, als ich zehn war.«

Die beiden Frauen bauten sich voreinander auf, als hätte Charles die Choreographie für sie geschrieben: Ihre Profile waren identisch. Die Augen blau.

Zum ersten Mal seit seiner Ankunft in Berlin ließ Charles Allen sich eine Gefühlsregung anmerken. Er hatte seine Stimme nicht mehr in der Gewalt, weil Wut ihm in die Kehle schoß, und er schrie: »Raus hier, und lassen Sie Esther in Ruhe!« Und er zeigte mit bleicher, zitternder Hand auf die Tür, ohne zu ahnen, wie lächerlich er in seiner Blümchenschürze aussah. Da verlor die alte Frau die Fassung. Als sie ging, schlug er majestätisch die Tür hinter ihr zu. Dann kam er entschlossen zurück und nahm das Kinderfoto vom Tisch.

Das kleine Mädchen war hübsch, aber hinter den lächelnden Lippen waren keine Zähne zu sehen. An der Oberlippe sah man eine entstellende Narbe.

Er legte das Bild achtlos hin und ging auf die Frau zu, die in den letzten Wochen seine Gastgeberin gewesen war, und im Gehen band er sich die Schürze ab. Die Wut war ihm inzwischen in die Lenden geschossen. Sie versuchte ihn abzuwehren. Sie stemmte ihre kleinen Hände gegen seine Brust und stieß. Trotz seiner Größe war er leicht gebaut, aber er war nicht aufzuhalten, die Energie in ihm verzehrte den Brennstoff von sechsunddreißig Jahren: er riß sie auseinander, ihre Kleider, ihre zusammengepreßten Arme und Beine, seine Bewegungen liefen auf dem Plastikrasen ab wie bei einem simplen Motor: Er vergewaltigte sie.

Charles wird erkannt

Als Pfarrer Renard am Morgen des 9. November seine Kirche aufschloß und hineinging, um seinen Weihrauchfässern, Hostienbehältern, Reliquien und Kruzifixen guten Morgen zu sagen, sah er den Teufel.

Der Priester hütete sich, den Namen des Herrn zu mißbrauchen, und ging wieder vor die Kirche, wo er sich schwer atmend an die Tür lehnte. Die Sauerstoffzufuhr weckte Zweifel in ihm, ob der Teufel sich denn wirklich die Mühe machen würde, in seine Kirche zu kommen. Aber eine andere Erklärung fand er nicht für dieses Wesen mit rotem Schwanz hinter seiner verschlossenen Tür. Außer daß es sich gestern abend, nach dem Kristallnachtsgottesdienst, in diebischer Absicht darin versteckt hatte und eingesperrt worden war, ein gewöhnlicher Dieb vielleicht, und für den roten Schwanz mußte es noch eine andere Erklärung geben. Pfarrer Renard hielt es somit für vertretbar, die Kronleuchter anzuknipsen und nachzusehen. Der Schwanz entpuppte sich als ein alter roter Wollschal, dessen eines Ende herunterbaumelte, während das andere unter dem Sitzfleisch eines Mannes klemmte, der an einen Koffer gelehnt in einer Kirchenbank saß und schlief. Als Pfarrer Renards Schritte sich nahten und es plötzlich hell wurde, schlug der Mann die Augen auf. Pfarrer Renard sah ihn sich genau an. »Ach!« rief er. »Sie sind es! Herr Allerhand! Wie unartig, hier zu übernachten. Genau wie Ihr Vater immer. Morgens habe ich ihm dann die Beichte abgenommen. Das war immer sehr interessant. Aber wozu der Koffer?«

Zu Pfarrer Renards Enttäuschung wußte Charles Allen aber nur Worte des Dankes, und dann ging der »Teufel« fort, den roten Schal um den Hals geschlungen, die Enden in den dünnen Regenmantel gestopft. Das Wetter war winterlich geworden. Der Priester blickte ihm nach und sah ihn nach ein paar Schritten stehenbleiben und sich ein seltsames weißes Käppi aufsetzen. Nach ein paar weiteren Schritten riß er sich das Käppi wieder vom Kopf und winkte damit ein Taxi herbei. Als er seinen Koffer in den Wagen wuchtete, fiel die Kappe auf die Straße. Pfarrer Renard rief: »Halt!« Das Taxi fuhr davon. Eine Straße weit rannte der Pfarrer, das nasse weiße Käppi in der Hand, hinter ihm her, aber vergebens. Er würde es ins Pfarrbüro bringen und sicher aufbewahren.

Als Pfarrer Renard die Bank des Schläfers abwischte, fand er dort eine Postkarte. Sie war ordentlich frankiert und an das Nachlaßgericht adressiert. Pfarrer Renard war nicht gern neugierig, aber er konnte nicht umhin, den kurzen Text zu lesen. Er war jedoch uninteressant, voller Verneinungen, etwas von einer Erbschaft, die er nicht annehme und von der er auch nichts mehr hören wolle. Der Priester fand, daß die Leichtfertigkeit, mit der dieser junge Mann mit seinem Eigentum umging, Strafe verdiente. Trotzdem warf er die Postkarte für ihn in den Briefkasten.

MR. LUSTGARTEN VERLIEBT SICH

Als das Dienstmädchen bei Mr. Lustgarten einzog, dachte er: »Hat nicht auch Goethe sich in eine junge Frau verliebt?« Es wurde ihm immer klarer, daß er sehr verliebt war. Seine Familie hatte Anna Kaminska unbesehen engagiert. Statt den weiten Weg von Boston und New Haven nach New York zu fahren (im Schnee), hatten seine Söhne bei der katholischen Pfarrgemeinde angerufen und den Pfarrer gefragt, ob er jemanden zur Pflege ihres alten Vaters wisse. Sie schilderten und entschuldigten ihn stolz — als einen alten Intellektuellen, der vor dem Krieg in Österreich mehrere dicke Bücher veröffentlicht und in New York an einer guten Adresse einen Party-Service aufgebaut habe. Nein, nein, er sei nicht katholisch, habe aber eine katholische Frau gehabt und ihr erlaubt, die Kinder in einem anderen Glauben zu erziehen als dem seinen. Nun sei er Witwer und ein bißchen tatterig, ohne mit seinem Gram (dem Trauma der unersetzlichen Mutter) zu hadern. Er brauche eine tüchtige und verläßliche Person, die bei ihm wohne und für das Nötigste sorge. Nein, keine Lebensgefährtin. Eine Haushälterin. Lustgartens Söhne riefen abwechselnd an. Die Kosten spielten keine Rolle. Er habe Geld, werde aber nicht zahlen; zahlen würden sie. (An eventuelle Nebenkosten oder Komplikationen dachten sie nicht.)

»Ich wüßte da schon jemand. Eine Seele von einer Frau«, erklärte der Pfarrer. »Ehrlich, pünktlich und so weiter. Einziges Problem: Sie ist Polin. Manche mögen das nicht. Es gibt plötzlich so viele Polen hier.«

»Hervorragend!« sagten Mr. Lustgartens Kinder ohne sich zu besinnen. »Er spricht nämlich manchmal Polnisch.«

Mr. Lustgarten war kurz vor der Jahrhundertwende irgendwo in Österreich-Ungarn geboren, wo die besseren Kleinstadtbürger gern so taten, als lebten sie in Preußen. Die Eltern des Jungen sprachen ein gepflegtes Deutsch, seine Kindermädchen ein ordinäres Polnisch, und er behandelte beide als ebenbürtig. Lustgarten ging von zu Hause weg, um zu studieren, und während seiner Abwesenheit löste sich Österreich-Ungarn in Luft auf.

In den folgenden zwanzig Jahren wechselte Lustgarten seine Wohnorte und Staatsbürgerschaften mit derselben Nonchalance, mit der er älter wurde. 1941 kam er mit einem halbleeren Koffer — eine Familie hatte er nicht mehr — im New Yorker Hafen an, aber er war in mehreren Berufen zu Hause, und das war sein Kapital; nie hatte er, wie andere Flüchtlinge aus Europa, Angst vor Amerika.

Das Alter traf ihn so unverhofft, als hätten die Dienstboten sich plötzlich aus dem Staub gemacht und seine Lebensgeister mitgehen lassen. Er verlor den Überblick über Zeit und Ereignisse. Dann entglitten die Sprachen seinem Gedächtnis in umgekehrter Reihenfolge, wie er sie erworben hatte: Englisch verflüchtigte sich zuerst, dann Portugiesisch, dann Französisch, dann Ukrainisch; klassisches Griechisch und Latein verließen ihn gleichzeitig; Deutsch hielt lange die Stellung, und als es fiel, blieb nur noch das von seinen Eltern so verachtete Polnisch.

»Das ist ja das Problem, wenigstens zum Teil«, räumten seine Söhne ein. »Denken Sie mal. Er redet wahllos mit jedem polnisch, im Laden, auf der Straße, sogar mit uns!« Sie waren alle in den USA geboren, ihre Mutter war in Brooklyn aufgewachsen. Sie teilten die amerikanische Aufgeschlossenheit für fremde Arbeitskräfte und die Angst vor fremden Sprachen.

Und so klingelte eines Wintermorgens Anna Kaminska an der Tür zu seiner zunehmend verwahrlosten

Wohnung am oberen Broadway und stellte sich ohne Umschweife vor. Sie hatte dreimal klingeln müssen, bevor die Tür zur Nachbarwohnung aufging und die Stimme einer alten Dame durch den Spalt piepste: »Wenn er aufmachen soll, müssen Sie vorher anrufen. Ans Telefon geht er — die Zelle ist unten an der Ecke.«

Mr. Lustgarten meldete sich am Telefon sehr energisch: »Hällouuu!« Aber an die Tür ging er nur zögernd. Was ihn so zaghaft machte, war nicht seine Gebrechlichkeit — er war schon immer sehr zart gewesen —, sondern sein schlechtes Gedächtnis. Der Anblick einer echten Dame entzückte ihn, und er legte den Kopf schief, um besser zu ihr aufsehen zu können. Zugleich erinnerte er sich, daß Tränensäcke, Falten und Krähenfüße seine eigenen hervorstechenden Gesichtszüge waren. Er erinnerte sich aber auch an den wachen Blick, den man ihm immer nachgesagt hatte, die weise Melancholie seines Lächelns. Sein flauschiges weißes Haar war stets wohlgepflegt, und er trug immer ein sauberes Hemd mit Schlips zur ausgeblichenen Hose und zu den altersschwachen Pantoffeln. Er sah sich noch immer als Gentleman. »Verzeihung, kenne ich Sie?« fragte er Anna Kaminska. Demnach ist er noch nicht ganz gaga, dachte seine Nachbarin, die durch den Türspalt spionierte; wie schön für ihn, daß er mal Besuch bekommt.

Er hatte sie zu Recht nicht erkannt. Mr. Lustgarten hieß sie willkommen, indem er sich umdrehte und über den Flur davonschlurfte. An dessen hinterem Ende flatterten Zeitungsblätter auf und ab wie Tauben im Schlag. Schneeflocken wirbelten in der Zugluft. »Darf ich das Fenster zumachen?« fragte Anna Kaminska, die ihm nachgekommen war.

»Ich wollte gerade den Müll rauswerfen«, erklärte Mr. Lustgarten.

Anna Kaminska blieb und zog in das kleine Dienstmädchenzimmer mit eigenem Bad am hinteren Ende von Mr. Lustgartens großer, chaotischer Wohnung. Der alte Herr nahm es wohl zur Kenntnis, erhob aber keine Einwände, als sie alle die alten Zeitungen in die Mülleimer warf. Später merkte er, daß sie die Plastikbestecke, die er seit Jahren gewissenhaft bei McDonalds mitgehen ließ, ebenso beseitigt hatte wie die Papiertüten, die er für bittere Notzeiten im Kleiderschrank hortete; doch er akzeptierte ihre Entscheidung als Äußerungsform weiblicher Metaphysik, obwohl er ökonomisch keinen Sinn darin sah. Es erfüllte ihn mit Respekt, daß sie ihn nie in ihrem Zimmer oder in der Küche duldete. Er liebte es geradezu, wie sie ihn wegscheuchte, wenn sie beim Kochen war — wie sie sich vor dem Herd oder am Spülbecken umdrehte, daß ihre bunten Nylonröcke flogen, und die roten Wangen aufblies und den roten Mund spitzte, um die lieblichen Worte zu sprechen: »Pan Lustgarten!« Dann machte er ein Gesicht wie ein unartiger kleiner Junge und zog sich verschmitzt zurück. Daß er sie aus der Ruhe gebracht hatte, hielt er für einen Vitalitätsbeweis. Außerdem zwang Anna Kaminska ihm keine einschneidenden Neuerungen auf. Anders als seine Kinder verlangte sie nicht, er solle sein Bett wieder aus dem Eßzimmer räumen. Statt dessen räumte sie den Eßtisch ins Schlafzimmer. Wie ehedem Mrs. Lustgarten, so hielt das polnische Mädchen die Wohnung in Ordnung, kochte ihm schlichte Mahlzeiten und brachte seine Wäsche in den Waschsalon. Als sie seine abgetragenen Pantoffeln fortwarf und ihm ein Paar neue von der gleichen Art kaufte, fand Mr. Lustgarten, Goethe würde seine Gefühle sehr gut verstehen.

Kurz, Mr. Lustgarten erkannte in Anna Kaminska — ihren Gesten und Taten — die Quintessenz der Weiblichkeit, nach der er sich stets gesehnt hatte. Es störte ihn nicht, daß sie viel größer und stärker war als er; wenn sie sich zum Essen an den Tisch setzten, waren sie gleich groß. Dann mußte er dem Drang widerstehen, ihr über das rote Haar zu streichen, das sie zu einem altmodischen Bouffant hochfrisiert hatte, für ihn jetzt die schönste Haarmode, die Frauen je getragen hatten. Er hätte ihr gern den sommersprossigen weißen Hals oder die sanften weißen Hände gestreichelt, aber schließlich war er ein Gentleman. In meinem Alter? lachte er stolz bei sich.

Zwar wußte Mr. Lustgarten über Anna Kaminska nur, was er sah und fühlte, aber er war weder neugierig noch mißtrauisch. Sie lebten zusammen, und was er wahrnahm, war ihr Dasein und sein Nicht-mehr-Alleinsein. Mr. Lustgarten rief nun nicht mehr seine Söhne an, um sich darüber zu beklagen, daß sie ihn so schamlos im Stich ließen. Und wenn Mr. Lustgartens Kinder jetzt anriefen, schien er immer ganz angenehm überrascht, ihre Stimmen zu hören. Früher hatte er alle ihre Fragen mit bitteren Bemerkungen beantwortet. Jetzt antwortete er: »Mir? Gut geht's mir, gut. Aber wie geht's *euch?*« Das beunruhigte seine Kinder. »Und was macht Mrs. Kaminska?« fragten sie scheinheilig.

»Ich weiß nicht, ob sie eine ›Mrs.‹ ist. Du meinst doch meine Freundin Anna?« erwiderte er, als wäre es eine abwegige Frage. »Nun, ich denke, ihr geht's auch gut. Sie scheint recht glücklich mit mir zu sein.«

Der Söhne Neugier verwandelte sich bald in tiefe Sorge. »Wie alt ist sie?« fragten sie beiläufig. »Wie sieht sie aus?«

»Sehr jung«, prahlte er, »sehr hübsch. Ein Rotschopf, wie man hier sagt. Leider zu jung für mich, neunzehn oder zwanzig, hat sie mir mal gesagt, ich weiß es nicht mehr. Ich bin ja doch ein sehr alter Mann. Ansonsten ...!« Und er kicherte voller Zufriedenheit. »Aber macht euch nur keine Sorgen. Denkt bloß nicht, ich hätte eine Liaison mit ihr.« Der Klang dieses Wortes gefiel ihm: Liaison.

Als sie eines Tages wieder anriefen, meinte er: »Ihr

braucht keine Angst zu haben, daß ich sie heirate. Das Erbe ist euch sicher.«

Kaum war ihm das eher unbedacht herausgerutscht, da fragte er sich auch schon: Warum eigentlich nicht? Du bist ein alter Mann, gib's zu! schalt er sich heftig. Goethe auch, versetzte er.

»Anna, Darling«, fühlte er später vor, als er ihr in die Küche nachwatschelte. »Sind sie eigentlich verheiratet? Ich frage nur aus Neugier.«

»Raus aus der Küche«, erwiderte sie. »Ja«, antwortete sie später, als er wieder fragte. Er hörte aus ihrem Ton keine Gefühle heraus. »Mein Mann ist in Polen.« Obwohl Mr. Lustgarten soeben erst ans Heiraten gedacht hatte, schockierte ihn dieses Hindernis zum Glück doch zutiefst. Er wurde jetzt zum erstenmal richtig neugierig auf sie, auf ihre Vergangenheit, ihre Gegenwart, ihre Pläne. Doch er war zu diskret, um ihr die eigentlich wichtigen Fragen direkt zu stellen. »Ihr Mann liebt Sie wahrscheinlich sehr«, sagte er. »Und Sie ihn auch!« Er wandte sich ab, bevor sie antworten konnte, denn er hatte Angst, sie »Ja« sagen zu hören.

Er begann ihr andere Fragen zu stellen, auf die er eher eine Antwort erhoffen konnte. »Wo waren Sie neulich nachmittags?« fragte er. »Eine Bluse kaufen«, antwortete sie.

»Wo gehen Sie hin, wenn Sie abends weggehen?« erkundigte er sich.

»In die Kirche«, sagte sie, »zur Messe. Letzte Woche hatten wir einen Basar.« Sie beantwortete seine Fragen prompt und mit einer Kürze, die er zuerst als Bescheidenheit auslegte — sie hielt sich eben nicht für interessant. Bald argwöhnte er andere Motive. Sie ließ ihn wissen, daß sie vor zwei Jahren und aus Gründen, die sie ihn nicht wissen ließ, aus Polen gekommen sei und dann im Flüchtlingsheim der Kirchengemeinde gewohnt und für den Pfarrer genäht und gewaschen habe. Sprach sie mit einem Hauch zuviel Ehrerbietung von diesem Pfarrer? grübelte Mr. Lustgarten. Der Pfarrer war in eine andere Gemeinde im Norden des Landes versetzt worden, so daß Anna Kaminska frei war und sich eine neue Arbeit suchen mußte. Mr. Lustgarten wagte nicht zu fragen, ob sie sonst noch Freunde in der Gemeinde habe.

»Wer ist Ihr Mann, Anna?«

»Tadeusz Kaminsky, Pan Lustgarten. Ein Chemiker.«

»Haben Sie Kinder?«

»Nein.«

»Nun, Sie sind noch jung, Sie könnten noch ... Gehen Sie heute abend wieder aus?«

»Nein. Aber wenn ich gehe, bin ich immer um zehn zurück.«

Nach und nach merkte Mr. Lustgarten, wann ihr Ton gereizt klang.

Mr. Lustgartens Kinder hatten sich gedacht, sie könnten dem polnischen Mädchen bei dem Preis, den sie zahlten, nötigenfalls auch befehlen, emotional auf Abstand von ihrem Vater zu bleiben, weshalb sie sich über seine Begeisterung für sie nicht allzusehr den Kopf zerbrachen. Allerdings erwähnten sie ihm gegenüber einmal die finanzielle Seite. Sehr viel Geld. Ein Dienstmädchen in ihrem Sold. Mr. Lustgarten überhörte das. »Sie ist nett zu mir, weil sie mit mir glücklich ist. Sie ist meine Freundin. Eine einsame junge Frau. Sie hatte wohl ein bißchen Ärger mit ihrem Mann.« Er sah es nicht so, daß sie bei ihm arbeitete. Was gab es da schon zu tun? Er war doch kein inkontinenter Alter!

Aber er begann ihr mehr und mehr zu mißtrauen. Ihre Abwesenheiten beschäftigten ihn. Es mußte da draußen jemanden geben, der sich für sie interessierte. Oder interessierte womöglich *sie* sich für jemanden, einen anderen Mann? Nicht auszudenken! Bald stellte Mr. Lustgarten sich mutig der Frage: Wenn seine Anna sich nun in einen anderen verliebte? Ihre weiße Haut, ihr rotes Haar, ihr weibliches Wesen mußten unweigerlich auch anderen Männern auffallen. Und sicher wußte sie das, denn unabänderlich zupfte sie, bevor sie allein fortging, ihre Frisur in vollendete Form, tupfte sich einen Tropfen Parfum hinter die entzückenden Ohren und strich ihre bunten Röcke glatt. Immer wenn er sie vor dem Spiegel stehen sah, tat ihm das Herz weh. Ihre Eitelkeit machte ihm Angst. Würde sie ihm denn freundlicherweise ihre Telefonnummer dalassen? Sie kam seinem Wunsch nach. Wenn er die Nummer nicht verlegte, rief er, kaum daß sie fort war, dort an. Es meldete sich die Pfarrgemeinde. »Das ist nur für Notfälle!« schalt Anna Kaminska ihn später. Er fand sie dann kalt und gefühllos. »Und rufen Sie bitte nicht sonntags an, die holen mich nämlich nicht aus einer vollen Messe heraus!«

An Sonntagen waren seine Leiden fast nicht zu ertragen.

Seine Kinder riefen ihn meist am Sonntagmorgen an (Billigtarif), und mit der Zeit meldete er sich am Telefon immer mißgelaunter. »Hällouuu!« »Was willst du?«

»Was ist denn los?« fragten sie ängstlich.

»Nichts!« schnauzte er. »Gar nichts ist los. Ich habe ein bißchen Ärger mit Leuten, die ihr nicht kennt.« Aber eines Sonntags ließ er vor lauter Qualen alle Vorsicht fahren, und er gestand: »Sie ist grausam.«

Nachdem ihre schlimmsten Befürchtungen sich so bestätigt hatten, riefen Mr. Lustgartens Kinder ihn der Reihe nach an und drangen in ihn: »Was macht sie mit dir?« Er wollte sich auf Einzelheiten jedoch nicht einlassen. So blieben ihnen nur bange Spekulationen. Nie hatten sie sich um ihren »armen alten Vater« soviel gesorgt. Man hatte natürlich schon gehört, zu welchen Scheußlichkeiten Dienstboten fähig waren, wenn ihre hochbetagten Herrschaften hilflos wurden. »Ich kann euch nicht sagen, was sie macht. Es tut mir zu weh, darüber zu reden«, sagte Mr. Lustgarten mit brechender Stimme. »Ja, ja, sie quält mich fürchterlich.«

Nach diesem Eingeständnis waren Mr. Lustgartens Kinder sich einig, daß es an der Zeit sei, einzugreifen. Sie versuchten den Pfarrer zu erreichen, der diese Mrs. Kaminska empfohlen hatte, aber vergebens, denn er hatte eine neue Telefonnummer irgendwo im Norden. Im Pfarramt wußte niemand Näheres über sie zu sagen, außer daß sie wohl eine dieser Polinnen sein müsse; davon gebe es recht viele. Mr. Lustgartens Kinder hielten Rat und kamen überein, den alten Herrn jeweils für eine Woche nach Boston und New Haven einzuladen, statt daß einer von ihnen den weiten Weg nach New York auf sich nahm (bei der Hitze).

Er brachte einen Koffer angeschleppt, der so überlegt gepackt war, daß es nur das Werk einer Frau sein konnte. »Sie war froh, daß ich wegfuhr!« weinte er. Nachdem er zwei Tage in Boston und drei Tage in New Haven ums Telefon geschlichen war und bei sich zu Hause angerufen hatte, um zu sehen, ob sie da war (meist war sie es; das Gespräch wurde auf Polnisch geführt), eilte er nach New York zurück, von wo er seinen Söhnen im ersten Telefongespräch mit leiderstickter Stimme klagte, wie sie ihn »behandelte« — es war Sonntagmorgen.

Mr. Lustgartens Kinder sahen, daß sie sich nun auf dem gefährlichen Boden der Fahrlässigkeit bewegten, und daß ihr Vater, während er ihnen jetzt nur lästig war, sie später im Traum verfolgen könnte. Sie hatten ihn ahnungslos einer skrupellosen jungen Opportunistin in die Hände gegeben, die schön und ohne Mitgefühl für das Alter war. Und obwohl es wirklich große Umstände machte, organisierten sie eine gemeinsame Reise nach New York (im freundlichen Altweibersommer). Sie kamen mit einem Aufgebot von drei vollklimatisierten viertürigen Limousinen, denen die

Sorge, was sie vorfinden mochten, immer mehr Tempo vorgab, hielten mit quietschenden Reifen in dem ärmlichen Viertel und brachten nicht die Geduld auf, legale Parkplätze zu suchen. Sie trafen sich in der Halle des Hauses, in dem ihr Vater wohnte, rafften all ihren Familiensinn zusammen und stürmten (Fahrstuhl außer Betrieb) die Treppe, ein Fähnlein der Gerechten: drei Söhne mit prallen Brieftaschen an den Hüften, die Klingel schrillte, die Nachbarin erschien mit ihrem »Sie müssen erst anrufen, auch wenn er nicht allein ist«, doch dann ging die Tür auf, und kein Zweifel, das war SIE:

Anna Kaminska, eine Frau von vielleicht fünfzig Jahren, zart gebaut trotz ihrer Korpulenz, mit sehr viel Weiß im Rot ihrer altmodischen Hochfrisur, einfältigem dickem Gesicht, stumpfen kleinen blauen Augen und einem Rosenkranz, der sich ihr wie ein Wurm durch die Finger wand. »Oh!« sagte sie erschrocken. Mr. Lustgarten kam mit geistesabwesender, durch und durch zufriedener Miene hinter ihr angeschlurft. »Oh, hällouuu!« sagte er und hieß sie willkommen, wie ein Fürst in seinem Palast. Anna Kaminska verschwand in die Küche, um Kaffee zu kochen und selbstgebackene kleine Kuchen zurechtzulegen, deckte den Eßtisch im Schlafzimmer und zog sich dann taktvoll in ihr eigenes kleines Zimmer zurück, wo sie ihr nacheinander ihre Aufwartung machten: Unter Kruzifixen und Weihwasser, frommen Büchern, getrockneten Blumen und Fotos von Neffen und Nichten und jungen Hunden, erschien sie ihnen scheu, fromm und weltabgewandt; aufopfernd und darum über die Maßen verdienstvoll.

Mr. Lustgartens Kinder waren zutiefst beschämt.

»Vater, du weißt ja nicht, was für ein Glück du hast!« schalten sie ihn ärgerlich. Von nun an duldeten sie kein ungutes Wort mehr über sie. Statt dessen erhöhten sie ihr Gehalt und segneten sie hinter ihrem Rücken.

Und als Mr. Lustgarten im Jahr darauf neunzig wurde, gaben sie in New Haven ein Diner für ihn, zu dem auch sie eingeladen wurde. Sie hießen sie, zu seiner Rechten Platz nehmen wie eine Braut, und da sie wußten, daß sie sich als gute Katholikin nie von ihrem fern in Polen lebenden Gatten scheiden lassen würde, fragten sie: »Dürfen wir Mama zu dir sagen?«

EIN KLEINER SELBSTMORDVERSUCH

Olga B. (Thema ihres Nachtclubsongs vom Sommer 1978 in Warschau: »Verlaß mich nie, proszę Pani Olga B.«) beobachtete Olga B., wie sie in der Dankschen Diele mit ihrer Gnädigen sprach.

Sie sah Frau Danks Hinterkopf, ein kleines hartes Objekt unter mahagonibraunem Haar, darin ein klaffender Scheitel, der in einen blankgeputzten Nacken überging, darunter ein roter Wollüberwurf, den Olga B., wie es ihre Pflicht war, gestern gewaschen hatte.

Olga B. sah, wie schön und gefaßt Olga B. aussah, trotz dieser Standpauke aus dem Hinterhalt. Sie war in Polen einmal etwas Besseres gewesen. Ihre Augen waren von undefinierbarer Farbe, blütenschillernd, Unheil ahnend. Ihr Haar: über dem linken Ohr aus der Fasson. Sie legte Hand an. Sogleich drehte Frau Dank sich um und sprach zum Spiegel: »Wo guckst du wieder hin, als wenn ich's nicht wüßte! Ich habe dich erwischt, auch wenn ich weg war!«

Olga B. hielt sich ihre Situation vor Augen: Frau Dank war naseweis und wahnverfolgt und alleswisserisch. Frau Dank gehörte zu den Gnädigen, die ihren Hausangestellten nachspionierten. »Dabei kann sie sich überhaupt nur eine einzige leisten«, dachte Olga B. indigniert. »Spielt sich auf und spioniert einem hinterher.«

Frau Dank wußte zu Hause wahrhaftig nichts Besseres zu tun, als kleinen Missetaten nachzuschnüffeln. Von Beruf war sie eine berühmte Künstlerin. Sie hatte Ausstellungen. Sie gab Interviews, wenn sie Preise bekommen hatte. Sie malte Bilder von berühmten Leuten; dann sah man sie auf anderer Leute Gemälden und Fotos. Zu Beginn ihrer Karriere im Hause Dank hatte Olga B. schon Olga B. als gefeierte Gehilfin der großen gefeierten Künstlerin, ihres Töchterchens Babette und ihres eckigen, teuer gekleideten Herrn Frederick Dank gesehen, der Hauptkassierer in der familieneigenen Bank war. So einfach war es dann doch nicht gewesen. Es wurde ruchbar, zumal Herr Dank in seiner Geistesabwesenheit mit jedem, einschließlich der »Hilfe«, darüber sprach, daß Herr Dank ein homosexueller Pechvogel war und sich betrogen fühlte, denn Frau Dank hatte mehr Glück in der Liebe, wohl weil sie so auf Reformkost schwor; mit diesem Fetisch vermochte sie die Kunstakademiestudenten in aufreibende Affairen zu verwickeln.

Wem Babette eigentlich ihre Existenz verdankte, wußte niemand, dennoch war sie ein fröhliches Kind. Babette war ein süßes Baby von gerade anderthalb Jahren, als des Kindermädchens jüngste Missetat durchschaut, angeprangert und zu bösem Zweck mißbraucht wurde.

»Liebe kleine Babette. Entschuldigen Sie, Frau Dank, Sie sind ja sicher eine große Künstlerin. Aber Babette braucht eine Mutter, wenn ich das sagen darf. Und die bin ich ihr. Es ist wahrlich meine Tragödie. Weil sie nicht mein Baby ist. Aber ich liebe sie als mein eigenes«, sagte Olga B. in der dunklen Diele des Dankschen Hauses zu Olga B. und Frau Dank, obwohl die Luft zum Schneiden war von ihrer Missetat.

O ja, Neugier war ein ekelhafter Zug an einer Gnädigen! Was mischte Frau Dank sich in Olga B.'s Privatleben mit Babette ein! Hatte sie das nötig?

Olga B. sah ihren Ausdruck beleidigter Unschuld mit Wohlgefallen. Ganz recht so. Olga B., die vollkommene Mutter: entsagende Wangenknochen, die Nase schön noch im Leiden, Lippen und Kinn und die ganze Gestalt darunter so geheimnisvoll und freigebig wie die polnische Erde, auch mit so ähnlichen Umrissen. Halskette leicht verrutscht. Sie legte Hand an.

Nicht so wie diese dünne, dickhäutige Frau Dank, die an ihrem Verfolgungswahn hängt wie alle Deutschen. Für die das Leben aus lauter Kränkungen besteht. Und da will sie eine Künstlerin sein und weiß doch gar nichts von der Welt!

Olga B. zeigte Babette die Welt.

Täglich setzte sie ihre Schutzbefohlene in den Sportwagen und unternahm einen langen Ausflug in die Einkaufsstraße. Dort jagten sie Sonderangebote. Einmal wöchentlich stiegen sie in die rumpelnde S-Bahn, die am Bahnhof Friedrichstraße hielt, und sprangen dort ganz kurz heraus, um im Intershop auf dem Bahnsteig Zigaretten und Spirituosen zu kaufen. Strenggenommen durften hier ja nur heimkehrende Besucher aus der andern deutschen Republik einkaufen. Aber von den Westberliner Zöllnern, die in der S-Bahn mitfuhren und nach Schmugglern schnüffelten, kontrollierte keiner je Babette oder den Beutel mit schmutzigen Windeln in ihrem Sportwagen. Es störte Babette nicht, daß ihr Kindermädchen diese Waren dann im Westen, Bahnhof Zoo, an Dritte weiterverkaufte. Die Kleine kam frisch und fröhlich zu Hause an und freute sich, ihre Mutter wiederzusehen. Nie widersprach sie, wenn Olga B. von den vielen schönen Blumen schwärmte, die sie im Park gesehen, den Enten, die sie gefüttert, den anderen Kindern, mit denen sie geschaukelt hätten. Und wenn Babette an langen Babysitterabenden unruhig war, nahm Olga B. sie oft ein bißchen mit an die frische Luft des Spielcasinos. Babette war ganz entzückt von dem Gedränge, dem surrenden Rouletterad, der kreiselnden Kugel, den vielen blinkenden Lämpchen. Nach solch einer Strapaze schlief sie nachts besonders fest. »Ich kann mit Kindern umgehen, sie fühlen sich wohl bei mir, und dann schlafen sie gut«, erklärte Olga B. ihrer Gnädigen.

Lange Zeit ahnte Frau Dank nicht, daß Olga B. sie

über Babette belog. Sie traute der jungen Polin höchstens zu, daß sie vielleicht heimlich rauchte, sich an herumliegendem Kleingeld vergriff, hinterrücks telefonierte und sich verbrecherisch um ihre Haushaltspflichten drückte. Die Danks wohnten in einer großen Villa, und da konnte man die Ecken, die Unterseiten bestimmter Möbel und das Innere von Schränken durchaus einmal vergessen. Man konnte über jeden der drei Telefonapparate unbemerkt nach Warschau anrufen (für 23 Pfennig pro fünf Sekunden, wie Frau Dank ermittelt hatte). Eine sehr lukrative Einnahmequelle war das Einkaufsgeld, wenn eine Gnädige nicht genau nachrechnete, wieviel die einzelnen Posten auf der detaillierten Liste ausmachten.

Olga B. machte das natürlich alles. Aber sie machte es so, daß Frau Dank ihr nichts nachweisen konnte, ohne das Gesicht zu verlieren. Olga B. entwickelte das Prinzip der völligen Unberechenbarkeit. Wenn sie Lust auf ein Schwätzchen mit ihrer besten Freundin Mariola in Warschau hatte, rief sie auf der Stelle an. Frau Dank konnte unmöglich den ganzen Tag von einem Apparat zum andern rennen und kontrollieren, ob ihre Hausangestellte vielleicht wieder telefonierte. Längere Gespräche mußten natürlich warten, bis Frau Dank aus dem Haus war. Frau Dank ahnte das und versuchte sich ihrerseits mit Unberechenbarkeit zu wehren. Doch Olga B. war schlau. Immer wenn Frau Dank sagte: »Ich bin bald zurück« — was heißen sollte, ich bin so schnell wieder zurück, daß du gar keine Zeit zum Telefonieren hast — zündete Olga B. sich in ihrem Dankschen Lieblingssessel eine Zigarette an und richtete sich auf ein langes Gespräch ein, weil sie wußte, daß Frau Dank lange nicht wiederkommen würde. Wenn Frau Dank aber sagte: »Ich bin den ganzen Nachmittag weg«, wußte Olga B., daß sie sich ungeheuer geschäftig geben mußte, denn meist stand Frau Dank dann plötzlich wieder in der Tür, um sie zu überraschen.

Beim Einkaufen verstand Olga B. es übrigens, Frau Danks Geld zu sparen. Wenn die Einkaufsliste recht lang war, kaufte sie preisgünstiges Filet oder alten Käse, puhlte die Preise ab und investierte die Differenz in Nagellack, Zigaretten oder Parfum für ihre eigenen Vorräte. Man wußte ja nie, wie lange es das alles noch gab.

Sie hatte ihre erstaunliche Ausbildung in Kapitalismus bereits zu Hause erhalten, wo ihr Vater, von Beruf Altenpfleger, einen schwunghaften Handel mit allem betrieb, was er seinen Kunden um deren Bequemlichkeit willen abnahm. Auf dem Gipfel des Erfolges hatte er einmal 136 Paar Herrenschuhe der Größen 44–48 im Schrank gehabt. Von ihrem Vater hatte sie auch gelernt, in welchem Ton man mit Höhergestellten sprach.

»Diese Arbeit ist meine Tragödie, Frau Dank«, setzte Olga B. von neuem an. »Ich liebe das Kind so sehr.«

So zurechtgewiesen, trat Frau Dank dann meist den Rückzug an. Anhänglichkeit rührte sie. Ihr Wahn galt nicht nur anderen, auch ihr selbst. Sie verdächtigte sich der Gleichgültigkeit und Nachlässigkeit gegenüber der armen Babette. Und sie verdächtigte sich des ungerechten Mißtrauens gegen Olga B. »Olga B. hat ein Herz, die diebische, treulose Olga B. hat vielleicht mehr Herz als ich, wenn sie so redet.«

»Aber ich erwische sie noch!« Und diesmal hatte Frau Dank sie erwischt.

An Olgas freiem Samstag hatte Frau Dank nämlich Babette, wenn auch schlechten Gewissens, mit zu Karstadt genommen, um ein paar dringend benötigte Sachen zu kaufen, schlechten Gewissens, weil sie die Kaufhausatmosphäre so verderblich fand, nicht nur die Luft, auch das Überangebot an Waren, die Übersättigung mit bunten Farben und fremden Leuten, den Lärm. Das mußte schädlich sein, ebenso schädlich wie Fernsehen. Kinder gehörten an die frische Luft. Aber es führte kein Weg an dieser Expedition vorbei. Sie hob Babette aus dem Sportwagen, nahm sie mutig an die Hand und machte sich auf den Weg zur Haushaltsabteilung. Zweiter Stock, stöhnte sie. Zweimal Rolltreppe, das arme Kind. Sie ging mit ihr zu den rotierenden Stufen, blieb stehen und erklärte ihr ausführlich, worum es sich hier handelte (»Die Treppe fährt, mein Schatz. Ganz gefährlich! Viel Aua!«) und wie man sich darauf verhielt (»Schön an Mamas Hand bleiben. Und schnell abspringen, wenn Mama es sagt«). Aber bevor sie die Lektion noch zum besseren Verständnis wiederholen konnte, hatte Babette sich von ihrer Hand gerissen und fuhr unter vergnügtem Quietschen ganz allein die Treppe hinauf, Frau Dank nichts wie hinterher, doch zwei alte Damen hatten sich irgendwie zwischen sie gedrängt. Sie gelangten nach oben. »Spring runter, Babette!« schrie Frau Dank aus Leibeskräften, aber da stieg Babette schon elegant und genau rechtzeitig ab, drehte sich um und wartete auf ihre schwergeprüfte Mutter.

»Olga, du bist die ganze Zeit mit Babette in die Kaufhäuser gegangen!« trieb Frau Dank ihre Perle Olga B. nun gallenbitter in die Enge, und polnische Arbeitskräfte waren ja dieses Jahr so billig.

»Sie glauben ja sowieso das, was Sie glauben wollen«, antwortete Olga B. dieses Mal. »Ich habe immer getan, was für Babette das Beste ist. Aber wenn Sie mich unbedingt für eine Lügnerin halten wollen, kann ich es Ihnen nicht ausreden.« In der Diele war es inzwischen zu dunkel, um Olga B. noch im Spiegel zu erkennen.

Und Olga B. sah plötzlich ganz klar ihre mißliche Lage. Die schöne Olga B. ohne festen Verdienst. Arbeitsstellen sind schwer zu kriegen in Berlin, man kann nicht allein von Schmuggelware leben. Die honigblonde Olga B. ohne ein Dancksches Dach über dem Kopf. Keine kostenlosen Anrufe nach Osten mehr. Immer selbst bezahlen für den Glitzerlack auf ihren

Nägeln, in einem halben Jahr würden ihre Vorräte verbraucht sein. Ein Gegenangriff war angezeigt.

»Ich war nur einmal mit Babette im Kaufhaus. Als Sie vergessen hatten, für Ihren Mann ein Geschenk zum Hochzeitstag zu kaufen«, sagte sie steif. Frechheit siegt. »Ich packe meine Sachen. Babette war nur die Viertelstunde in der Herrenabteilung, bis ich diese Sockenhalter gefunden hatte, Frau Dank. Ich packe heute, noch vor dem Abendessen.«

Erstaunlicherweise ließ Frau Dank sich nicht erweichen. »Gut, Olga«, sagte sie, als wäre es ihr wirklich egal.

Olga B. überlegte. Nachdem Frau Dank nun ihren Verfolgungswahn befriedigt hatte, würde sie empfänglich sein für einen Gefühlsausbruch bei Olga B., entweder einen Anfall selbstgerechten Zorns oder einen herzzerreißenden Akt der Zerknirschung. Ein Selbstmordversuch würde zeigen, daß der Hausangestellten himmelschreiendes Unrecht geschehen war. Olga B. mußte erst noch einen Augenblick darüber nachdenken, wie schlecht sie eigentlich behandelt worden war. Sie eilte ins Bad und suchte Olga B. im Spiegel. Sie sah sie dort im vertrauten Rampenlicht und fragte: Soll ich dir die Kehle durchschneiden? Olga B. mit durchschnittener Kehle, schön noch an der Schwelle des Todes. Olga B. zündete sich mit ruhiger Hand eine Zigarette an. Wenn aber niemand sie beizeiten fand? Die Villa hatte drei Badezimmer.

Trotz dieser Vorbehalte drückte Olga B. eine frische Rasierklinge aus dem Spender. Und ohne an sich selbst auch nur das kleinste Zögern zu bemerken, zog sie die Klinge über Olga B.'s nackten Hals.

An einer Stelle erschien ein winziger, ungleichmäßiger roter Strich, gleich einer amtlichen Unterschrift.

Entschuldige dich, auch wenn du nicht weißt, wofür, und alles wird vergessen sein, schlug Olga B. Olga B. vor — sie ist seelenlos, aber nicht herzlos; so ist das eben im privaten Sektor. Babette kann sowieso bald sprechen. Verlaß mich nie, sagte sie zu der bleichen, zitternden Schönheit. Für ein kleines Dienstmädchen ist die Welt sehr kalt da draußen im Westen. Und nun adieu, für eine Sekunde bloß. Und sie ging hinaus und sah Frau Dank, die ihr gerade entgegenkam, in der ausgestreckten Hand ein teures Parfum zur Entschuldigung.

DER GESCHMUGGELTE EHERING

Eine Geschichte in zwei Teilen, mit zwei Tafeln Schokolade, zwei Sorten Watte, zwei Familien — die eine russisch-jüdisch, die andere deutsch — zwei goldenen Ringen — der eine unecht, der andere echt — und sehr viel Ehrgeiz und Ernüchterung.

1

Eine russisch-jüdische Familie ist frisch in eine Sechzig-Quadratmeter-Wohnung in West-Berlin gezogen. Das Haus ist nagelneu, das heißt, die Wohnung ist klein, einfach und riecht nach Beton, der klassische »Neubau«. Der Ausdruck provoziert im wohlgenährten Gesicht eines jeden trendbewußten Berliners ein angewidertes Naserümpfen. Ureinwohner dieser Art würden nie in ein Haus ziehen, das nach dem Ersten Weltkrieg gebaut wurde, einer Zeit, da wirtschaftliche Zwänge die Vorliebe für Parkett und individuellen Stuck an hohen Decken aus dem Felde schlugen. Aber für Sascha Zinochky und seine Frau und Tochter ist »neu« ein Wort mit Heiligenschein.

Die Zinochkys zählen andächtig ihre Zimmer: zwei; sie verehren das glatte, graue Linoleum, lauschen dem Röhren des Ventilators im fensterlosen Bad und beobachten verzückt die Wandlung der elektrischen Heizspiralen von Grau nach Rot. Sie glauben an die Vollkommenheit des Fahrstuhls, obwohl sie ihn nie benutzen; die Zinochkys wohnen im Erdgeschoß.

Die Familie besitzt wenig, das aber jeweils dreifach: drei Teller, drei Tassen, drei Töpfe, und so weiter. Die Sowjetunion hat jedem Familienmitglied gestattet, einen Koffer mit Kleidung, zwei Bücher und insgesamt fünf Gramm Edelmetall außer Landes zu bringen. Voriges Jahr hat die Familie in der Ukraine eine umfangreiche Bibliothek, die Spielsachen ihrer Tochter, ihre Freunde und Verwandten und fast alle Wertsachen zurückgelassen. Das war der Preis, er war ihnen bekannt, und sie hatten ihn akzeptiert. Ihre Verwandten konnten ja nachkommen, und was die materiellen Güter betraf, bauten sie darauf, ihr Geld im Westen wiederzubekommen. Das einzige, was sie wirklich vermißten, waren ihre Eheringe.

Sascha Zinochky hatte relativ spät entdeckt, daß er einen Ehering brauchte, nämlich kurz vor seinem fünfundzwanzigsten Geburtstag bei einer Routineinspektion seines Lieblingsanblicks im Spiegel: Sascha nach dem Bad. Der untersetzte Doktor der Medizin mit dem hellen Teint und den kleinen Augen sah, daß seine roten Locken sich verändert hatten. Sie wurden allmählich dünner. Schon als Kind hatte er die Locken als seine Spezialität betrachtet. Wenn er etwas angestellt hatte, brachten die Locken seine Mutter immer wieder zur Besinnung. Oft schien ihm, daß die Verwandtschaft einzig zu dem Zweck zusammenkam, ihn in ihre Mitte zu stellen und die dichtgelockte rote Seide auf seinem Kopf zu bestaunen. Am Abend, bevor er die Sterblichkeit seiner Locken entdeckte, war er mit einer Krankenschwester ausgegangen, die wie er im Hospital von Sambor arbeitete.

Sie hieß Marya und war ein kleines, zartes Geschöpf mit großen braunen Augen und kastanienbraunem Haar, das sie zu einem Bienenkorb hochtoupiert hatte, wie es Anfang der Siebziger in Sambor Mode war. Sascha nahm ihre Reize kaum zur Kenntnis, er hatte sie nur eingeladen, um es einer anderen Krankenschwester zu zeigen, bei der er neulich abgeblitzt war. Er hatte einen netten Abend verlebt, nur auf den Eindruck bedacht, den er machte, sich aber nicht träumen lassen, welch ein Schock ihn auf der Rückseite dieser Nacht erwartete. Marya hatte seine Geistesabwesenheit zwar bemerkt, aber nicht gedeutet; sie war erst achtzehn.

Am folgenden Nachmittag ging er nach einem deftigen Mittagessen in der Kantine kurz auf Maryas Station und machte ihr, während sie gerade eine Bettpfanne leerte, einen Heiratsantrag. Sie kicherte und sagte: ja, aber nicht jetzt gleich, und genauso meinte sie es auch, denn sie war ein naives Mädchen und nahm immer klaglos hin, was andere für sie entschieden. Ihr »Ja« konnte indessen sein Unbehagen nicht lindern. Er wollte seinen neuen Status — »verheiratet« — im großen Stil dartun. So kaufte er die dicksten Eheringe, die es in ganz Kiew gab. Jeder wog zehn Gramm, war an den Seiten gekehlt und hatte eine breite, glattpolierte Fläche, in der er sein Spiegelbild sehen konnte.

Eine Zeitlang schwand Saschas Unbehagen. Er gewann seine Selbstsicherheit zurück. Die Haare wurden dünner, doch er hatte sein Leben diesem neuen Umstand angepaßt und war ein Ehemann geworden. Eines Tages entdeckte er dann, wie tief doch diese eine Falte an seiner Stirn geworden war; er beobachtete sie schon, seit sie sich in seinem neunzehnten Lebensjahr zum erstenmal gezeigt hatte, ein feiner Strich, eine niemals wahrgemachte Drohung bis vor kurzem, als sie scheinbar urplötzlich zu einer tiefen Furche wurde. Sein Unbehagen kehrte wieder. Er mußte sein Leben ändern.

Also bekamen sie ein Kind, ein Mädchen mit roten Locken, und Saschas Unrast schien für eine Zeit geheilt. Er nahm zu, was nur seine Rolle — »liebender Vater« — bestätigte. Doch dann war die Unrast wieder da. Marya hatte eine Figur bekommen wie eine Lastenträgerin: Sie war breit und stämmig, ihre Hände rauh. Ihr Haar war zu trocken zum Toupieren, und die Haut unter ihrem Kinn wurde schlaff. »Das kommt vom Schlangestehen und den vielen Sorgen«, entschuldigte sie sich bei ihrem Mann. Er nahm an ihrem Aussehen weniger Anstoß als an seinem. Gerade war er dreißig, da fand er die ersten weißen Härchen an seinen Schläfen. Jeden Morgen stand er, die Hände feucht vor Kummer und Ekel, ein paar Minuten länger vor dem Spiegel und riß sie aus.

Er war Facharzt, was in der Sowjetunion, wo 75 bis 80 Prozent aller Mediziner Frauen sind, zu den schlechter bezahlten Berufen gehört. Sein Spezialgebiet waren Geschlechtskrankheiten des Mannes, sein Gehalt betrug hundertzwanzig Rubel im Monat, soviel wie ein Paar teure Damenstiefel kostete. Dr. Zinochky hatte sein Einkommen aufzubessern gelernt. Er wußte, daß einige meldepflichtige Krankheiten seinen Patienten peinlich und ihren Gattinnen ein Ärgernis waren. Für eine kleine Zuwendung formulierte er die Diagnose um, für eine größere behandelte er den Patienten bei sich zu Hause. Sein ausgezeichneter Ruf reichte bis nach Kiew.

Manche Patienten bezahlten in anderer Währung. So arbeitete einer der Leidenden im Wohnungsamt; er besorgte dem Doktor eine sehr begehrte Wohnung, genau gegenüber einer Ladenzeile in Sambor. Aus dem Küchenfenster konnte Marya sehen, was die Lieferwagen brachten. Gleich nach denen, die den Lageristen bestochen hatten, wußten die Zinochkys so als erste in der Stadt, wann es Fleisch oder frisches Obst gab. Einmal sichteten sie eine Sendung Rosinen lange vor allen anderen. Sie fühlten sich aus Prinzip — Rosinen waren knapp — verpflichtet, die ganze Sendung aufzukaufen. Wochenlang aßen sie Rosinen. Danach kam es ihnen schon bei dem Wort Rosinen hoch.

Zu Silvester 1986 konnte Sascha keinen Sekt auftreiben. An diesem Abend brachte ihn seine Nüchternheit fast um. Wieder ein vertanes Jahr. Er fand die Zeit reif für einen Schritt, der so groß war, daß er den Schmerz seines vierzigsten Geburtstages nicht fühlen würde. Ein paar Wochen nach Neujahr stellte Sascha einen Ausreiseantrag nach Israel.

Sein Entschluß wurde in Sambor zum Tagesgespräch: Manche fanden ihn skandalös, andere sahen ihn politisch. »Ich dachte, Sie wären Ukrainer«, bemerkte eine Köchin in der Kantine, als sie ihm den Teller voll Kartoffeln lud. »Jude zu sein ist keine Nationalität — nur ein Ausreisevisum.« Er aß nicht mehr in der Kantine und brachte sich Brote von zu Hause mit. In der Schule warnten die Mitschüler seine Tochter, sie würde in die israelische Armee eingezogen werden und wahrscheinlich im Libanon fallen. Nur Marya war es sonderbar gleichgültig, was die Leute von ihnen dachten. Nachts hörte sie sich Saschas Klagelieder an, als hätte sie mit alledem nichts zu tun. Sie schlief wie ein Murmeltier. Einmal erzählte sie ihm einen Witz, den sie anscheinend schon jahrelang kannte und nie erzählenswert gefunden hatte:

Mosche stellt einen Ausreiseantrag und wird vom KGB vernommen.

»Mosche«, sagen sie, »du hast eine gute Arbeit, du hast eine hübsche Wohnung, Mosche, du hast genug zu essen, warum willst du hier weg?«

Mosche sagt: »Ich weiß es nicht mehr.« Aber er will seinen Antrag nicht zurückziehen. Also lädt das KGB ihn noch einmal vor.

»Mosche, so eine hübsche Wohnung hast du, und dein eigenes Auto, Mosche, warum willst du hier weg?«

Und Mosche weiß es nicht mehr. Aber er will seinen Antrag nicht zurückziehen. Ein drittes Mal bittet ihn das KGB zu einem Schwätzchen.

»Mosche, warum, warum willst du weg, wo du es hier doch so gut hast?«

»Ja«, antwortet Mosche, »ich habe es gut hier. Ich kann mich beim besten Willen nicht erinnern, warum ich hier weg wollte.«

»Scheißjuden«, sagt der KGB-Mann, »verfault bis in die Knochen.«

»Ach ja«, sagt Mosche, »gerade ist mir wieder eingefallen, warum ich weg wollte.«

Sascha lachte bei der Pointe, dann wurde er wütend. »Du erzählst Witze so fade, daß du's gar nicht verdienst, welche zu kennen«, sagte er. Viele Ehejahre waren vergangen, bevor ihm auffiel, daß seine Frau Jüdin war. Ihre Eltern waren gestorben, als sie noch ein Kind war, und sie hatte nur ihres Vaters Schwester und einen Bruder, die über so etwas nie gesprochen hatten. Laut ihrem Paß war sie ebenfalls Ukrainerin. Aber sie hatte von ihrer Tante allerhand jiddische Brocken aufgeschnappt. Am Silvesterabend hatte sie einen Vorschlag gemacht; wenn man sie ausreisen ließe, sollten sie nicht nach Israel fahren, sondern in Deutschland bleiben. Jemand habe ihr erzählt, die Jüdische Gemeinde in Berlin sei besonders hilfsbereit. Sie hatte den Kopf voller Informationen dieser Art, und Sascha wußte nicht, wie die da hineingekommen waren.

Sie stießen mit Fruchtsaft auf das Neue Jahr an, und Sascha sagte: »Schwöre mir, daß du kein Wort davon zu meinen Eltern sagst! Weißt du, wie mein Vater mich nennen wird? Einen Verräter.«

Seine Eltern wohnten in einem Dorf bei Sambor, wo er aufgewachsen war. Für Sascha schien die Richtigkeit seiner Entscheidung dadurch erwiesen, daß die Kunde seinen Eltern nie zu Ohren kam. Von erträglichen Sticheleien abgesehen, bekamen die Zinochkys keine Rückwirkungen zu spüren, und sie bekamen auch keine Antwort.

Etwa ein halbes Jahr nach seinem Ausreiseantrag wurde Dr. Zinochky aus dem Krankenhaus weggerufen, um die Opfer eines »Fabrikunfalls« zu versorgen. Polizei kam ihn holen. Die Fahrt wurde ziemlich lang; man brachte ihn nach Tschernobyl. Das war etwa drei Monate nach der Havarie, und unter den Aufräumungsmannschaften, die an den langen Abenden in der verlassenen Stadt nichts zu tun hatten, grassierten Geschlechtskrankheiten. Dr. Zinochky blieb einen Monat lang dort. Er trug keine Schutzkleidung und war über mögliche Strahlungsgefahren auch nicht informiert worden. Kurz nachdem man ihn in seine Heimatstadt zurückgebracht hatte, erhielten die Zinochkys die Nachricht, ihre Ausreisevisa lägen bereit, und sie hätten zwei Wochen Zeit zum Packen.

Es war ein schwüler Sommerabend, als Sascha Zinochky sein bestes Jackett anzog und seine Eltern in der Zweizimmer-Datscha besuchen ging, in der er aufgewachsen war. Sein Vater arbeitete gerade im Garten, seine Mutter machte Kirschmarmelade ein. Als sein Vater Saschas Gesicht sah, wußte er gleich, daß etwas nicht stimmte. Er borgte sich den Ärmel seines Sohnes, um sich den Schweiß vom Gesicht zu wischen, und führte Sascha ins Haus. Während Sascha Zinochky die Gründe für seine Ausreise in den Westen einzeln aufzählte, lächelte sein Vater nur bitter. Saschas Jackett hing über einem Stuhl; sein Vater nahm es hoch, befühlte das schlechte Tuch und knüllte es sich vor die Augen. Er sagte kein Wort.

»Er hält dich für einen Verräter«, sagte seine Mutter. Sie selbst hatte ihm seinen Entschluß auf der Stelle verziehen. Sie kündigte an, daß sie Sascha nach Deutschland folgen würden, sobald sie könnten.

Zwei Wochen später verließen Sascha und Marya mit ihrer achtjährigen Tochter die Sowjetunion. Die Eheringe, an denen Sascha soviel Trost gefunden hatte, überstiegen das Gewichtslimit um viele Gramm, und Sascha hatte Maryas Ring einschmelzen und zwei Fünfgrammringe daraus machen lassen, so daß nun beide je eine Hälfte trugen. In letzter Minute beschloß Marya jedoch, statt ihrer Hälfte die goldenen Ohrringe mitzunehmen, die Sascha ihr zur Verlobung geschenkt hatte.

Als sie an die ungarische Grenze kamen, wogen sowjetische Beamte die Ohrringe und fanden sie ein paar Milligramm schwerer als die erlaubten fünf Gramm. Sie kniffen unten ein Stück von den Ohrringen ab und ließen Marya den Rest behalten.

Sascha Zinochky ist das einzige Kind Iwan Zinochkys, von dem es in der Familie oft heißt: »Er ist verrückt.« Vor allem Iwans Frau Helena, Saschas Mutter, beklagt sich gern, daß ihr Mann verrückt sei. Die Klagen begannen, nachdem Sascha die Sowjetunion verlassen hatte und Helena ihm in den Westen folgen wollte. Ein Sohn, ein Leben, sagte sie. Wir müssen zusammenbleiben. Aber für Iwan kam es nicht in Frage, seine Datscha mit Obstgarten bei Sambor zu verlassen. Und schon gar nicht, nach Deutschland zu gehen. Er hatte im Zweiten Weltkrieg gegen die Deutschen gekämpft. Ein deutscher Soldat hatte ihn bei Stalingrad in den Rücken geschossen. Man hatte ihn vom Schlachtfeld getragen, und seitdem genießt er die Früchte seiner Verwundung — er bekommt eine Sonderrente, darf alle öffentlichen Verkehrsmittel (einschließlich Flugzeug) umsonst benutzen und erhält wöchentlich eine Extraration Fleisch. Wenn er sein Verwundetenabzeichen am Rock trägt, darf er sich an den Anfang jeder Schlange stellen. Warum sollte er hier weg?

»Dein Vater ist jetzt völlig verrückt geworden«, schrieb Helena ihrem Sohn.

»Lieber Vater, Du mußt Dich zusammennehmen, Du mußt es wagen und nach Berlin kommen«, schrieb Sascha Zinochky seinem Vater, der an seinem fünfundsiebzigsten Geburtstag von seinen Verwandten förmlich belagert wurde.

Der Konflikt wurde vorsichtig per Post ausgetragen, die man als ein öffentliches Medium ansah. »Du wirst im Westen nie Arbeit finden«, schrieb Iwan, »und wir sind alte Leute und werden verhungern.«

»Ich habe schon Arbeit«, schoß Sascha Zinochky zurück. »Und Marya auch, sie arbeitet als Krankenschwester. Wir legen bereits Geld beiseite, um euch zu unterstützen.«

Das war eine Halbwahrheit. Nur Marya arbeitet, aber nicht als Krankenschwester. Wahr ist, daß sie ihren Lebensstandard verbessert haben. Die Familie bekommt Sozialhilfe, die sich auf mehr als das Doppelte von dem beläuft, was sie in der Sowjetunion mit Ganztagsarbeit verdienten. Zusätzlich gibt die Jüdische Gemeinde ihnen Geld zu Pessah und Chanukka und hat Marya bei der Arbeitssuche geholfen; sie arbeitet bei mehreren Familien als Dienstmädchen. Da sie so eifrig und gründlich ist, kann sie sogar Spitzenlöhne verlangen.

Wahr ist, daß sie Geld beiseitelegen. Marya liefert jeden Pfennig bei ihrem Mann ab, der alles sicher in einem Schuhkarton verwahrt. Er spart, um sich ein Auto zu kaufen, und dann, um seinen Deutschunterricht zu bezahlen. Sascha wird den teuersten Deutschunterricht in der Stadt nehmen, denn er darf erst als Arzt arbeiten, wenn er fließend Deutsch spricht. Auf Maryas Deutsch kommt es nicht so an.

Während Marya für ihn arbeitet und seine Tochter in der Schule rasche Fortschritte macht, sieht er fern. Wenn Marya nicht pünktlich nach Hause kommt, ruft er nacheinander bei ihren Arbeitgebern an und fragt nach ihr. Oft macht sie noch auf Berlins Haupteinkaufsstraße, dem Kudamm, einen Schaufensterbummel.

Sie hat aber noch nie etwas für sich gekauft, nicht einmal Kleinigkeiten. Im Westen kann sie es sich nicht leisten, etwas spontan zu kaufen. Im Osten hat sie dauernd eingekauft; im Westen reden Mann und Frau wochenlang über alles, bevor sie es kaufen. Sie haben Monate gebraucht, um das Bett zu finden, das sie haben wollten.

Der Kauf eines Mahagoni-Schlafzimmers war ihr Einstieg in die Konsumwelt. Das Doppelbett hatte ein eingebautes Radio, Beleuchtung und einen Spiegel im Kopfteil. Der dazugehörige Schrank hatte sechs schimmernde Türen an geräuschlosen Scharnieren. Das Zimmer kostete sie die gesamte Einrichtungsbeihilfe vom Sozialamt.

Im Preis war die Lieferung inbegriffen. Nachdem der Lieferwagen vor- und wieder weggefahren war, sahen die Zinochkys ihren Fehler: das Zimmer war zu klein für Bett und Schrank zugleich. Die Möbel paßten nur hinein, wenn der Kleiderschrank gegenüber dem Bett stand. Dann reichte aber der Platz nicht mehr aus, um die mittleren vier Türen zu öffnen. Sie hatten allerdings sowieso nur Kleider für zwei Schrankteile.

Die Zinochkys ließen ihre Tochter in dem Bett schlafen und machten sich ein Lager aus Decken im Wohnzimmer. Sie überlegten, sich ein zweites Bett anzuschaffen.

»Der alte Narr!« nannte Sascha seinen Vater, als er von Iwan Zinochkys Entscheidung las, die Sowjetunion nicht zu verlassen. »Er hat ja keine Ahnung, wie es hier ist. Keine Ahnung vom Toilettenpapier, von der neuen Wohnanlage, von gar nichts!«

»Eigentlich hat er ja nur Angst vor der Ausreise, Sascha. Du hättest ihm das mit den Eheringen nicht erzählen dürfen«, erwiderte Marya.

Natürlich hatte er vor seinen Eltern darüber gestöhnt und gewütet, daß er gezwungen war, etwas so Kostbares zurückzulassen. »Gib ihn mir«, sagte seine Mutter. Sie packte den Ring, als wollte sie ihn nie mehr loslassen, und sagte: »Ich hebe ihn für dich auf, bis du drüben einen Freund gefunden hast, der herkommen und ihn holen kann. Das ist mein Rat.«

Und so geschah es eines Tages, ein halbes Jahr nach Sascha Zinochkys Ausreise aus der Sowjetunion, daß seine Mutter einen Brief von ihm bekam, in dem er sie bat, ein »kleines Andenken« ins Foyer des Hotels Metropol in Moskau zu bringen, wo eine »gute Freundin« aus Berlin es abholen werde.

2

Die Person, die Sascha Zinochky seine »gute Freundin« nennt, ist in Wirklichkeit eine von Maryas Arbeitgeberinnen, eine junge Hausfrau, die an ihrer Doktorarbeit in Literaturwissenschaft schreibt. Sie pflegt einen gehobenen Lebensstil und makellose linke Ansichten. Sie engagiert ihre Putzfrauen nur schweren Herzens, weil sie sich selbst nicht verwöhnen will, und freundet sich stets mit ihnen an. Dies führt bald zu beiderseitiger Ernüchterung und unweigerlichem Personalwechsel.

Marya hatte bei »Frau Elisabeth«, wie sie zu ihr sagt, erst vor kurzem angefangen und wurde bereits mit Mann und Tochter zum Abendessen gebeten. Marya lehnte ab, weil sie eine Arbeitgeberin nicht für eine passende Gastgeberin hielt.

Als die fünfte Einladung in strengem Ton ausgesprochen wurde, aus dem herauszuhören war, Marya wolle ihre Angehörigen vielleicht deshalb nicht mitbringen, weil mit ihnen etwas nicht stimme, nahm Marya eine Einladung zum Tee an.

Dieses Ereignis tat sich durch Länge hervor — die Zinochkys kamen um drei und blieben bis Mitternacht — sowie durch Mißverständnisse beim Essen. Frau Elisabeth lud Berge von Speisen auf den Tisch, aber nicht einmal nötigte sie ihre Gäste, zuzugreifen.

Nach den russischen Regeln der Gastfreundschaft muß der Gastgeber den Gast so lange zum Essen nötigen, bis dessen Wille gebrochen ist. Frau Elisabeth tat nichts dergleichen. Sie ahnte wohl, daß ihre Gäste sich nicht zu essen trauten, und war hin und her gerissen zwischen Knauserigkeit und dem Wunsch, ihre Freigebigkeit gewürdigt zu sehen. Beides zusammen führte dazu, daß sie ihnen Halbsätze wie »Nehmen Sie doch . . .« vorstotterte und dann in Schweigen versank.

Die Zinochkys aßen nicht mehr als die kleinen Kuchenportionen, die sie auf ihren Tellern bereits vorfanden. Ihre Tochter fand das bald langweilig und entschuldigte sich. Sie wanderte durch die Wohnung und nahm ohne Neid die Spielsachen für Erwachsene in Augenschein — Video, Bücher, Kunstgegenstände. Dann setzte sie sich mit einem Buch in die Ecke, während ihre Eltern über das Einkaufen in der Sowjetunion plauderten, ein Thema, das ihre Gastgeberin faszinierte, weil sie selbst eine eifrige Konsumentin war.

Die Zinochkys warteten offenbar darauf, daß sich irgendwann auch Frau Elisabeths Gatte zeigte. Nach fünf Stunden erwies es sich, daß er die ganze Zeit zu Hause gewesen war, ein verdrießlicher Banker, der in seinem Arbeitszimmer ein Fußballspiel hatte sehen wollen. Er trat ein, nickte und schmierte sich vor ihren verhungerten Blicken im Stehen ein Butterbrot, denn wenn er sich hinsetzte, fürchtete er mit ihnen reden zu müssen.

Nach seinem Abgang versuchte sie die Party aufzulösen, indem sie ausgiebig gähnte und »Also dann« sagte. Die Zinochkys taten es ihr gleich, gähnten und sagten »Also dann«, lächelten und blieben. Dann erzählten sie Frau Elisabeth von dem Ring.

Frau Elisabeth war über diesen Verlust zutiefst entsetzt. Sofort erbot sie sich, den zurückgelassenen Ring mitzubringen, wenn sie nächstes Mal in die Sowjetunion reise. Das heißt, sie war noch nie dorthin gereist, aber warum sollte sie nicht? »Ich nehme an, es ist ungesetzlich, aber was sind schon Gesetze? Mir können sie nichts anhaben, ich bin Bürgerin eines demokratischen Staates!« sagte sie. Seit sie auf dem Dachboden ihres Elternhauses den BDM-Mitgliedsausweis ihrer Mutter entdeckt hatte, bevorzugte Frau Elisabeth jüdische Dienstmädchen. Ihr fiel nichts ein, womit sie sonst den Teil der deutschen Schuld hätte abtragen können, den sie als den ihren betrachtete. Jetzt bot sich eine Gelegenheit.

In den nächsten Stunden schmiedeten sie Pläne, wie Frau Elisabeth den Ehering in Sicherheit bringen könne. Um Mitternacht stand sie auf und sagte: »Es war wunderschön.«

Der Ring wurde lange Zeit nicht wieder erwähnt, aber seit diesem Abend betrachtete Marya ihre Arbeitgeberin als eine Freundin. Ihre Arbeit wurde oberflächlicher. Sie ging regelmäßig zehn Minuten zu früh nach Hause, nahm aber Näharbeiten mit und erledigte sie in ihrer Freizeit; das war Freundschaft.

Als Frau Elisabeths Mutter sagte, sie wolle im Urlaub nach Leningrad fahren und die Eremitage besuchen, fragte die Tochter sie, ob sie nicht einen Abstecher nach Moskau machen und den Ehering der Zinochkys holen könnten. Sie sagte Frau Schmidt nicht, daß die Zinochkys Juden waren, aus Angst, sie würde dann ablehnen. Frau Elisabeth kannte ihre Mutter nicht sehr gut und legte angesichts des Geheimnisses vom Dachboden auch keinen Wert darauf.

Frau Schmidt willigte ein. Die Zinochkys wurden verständigt, und ihre Freude war wirklich rührend. Dann überlegte Frau Schmidt es sich anders: Sie habe keine Zeit, nach Moskau zu fahren, und außerdem gedenke sie nicht, für ein Dienstmädchen zu schmuggeln. Frau Elisabeth schimpfte mit ihr: »Dann geh doch und amüsier dich in deinen Museen.« Ihr blieb nichts anderes übrig, als allein zu fahren.

Sie plante das Verbrechen sehr gewissenhaft. Als sie hörte, die Züge seien in Rußland für den Preis unerhört luxuriös, beschloß sie, mit dem Zug zu fahren. Ihrer Erste-Klasse-Fahrkarte lag eine Zollerklärung zum Ausfüllen bei. Der Tourist sollte darin allen Schmuck angeben, den er in die Sowjetunion mitnehme. Ausdrücklich hieß es, daß alles Aufgeführte, aber kein Gramm darüber, wieder ausgeführt werden müsse. Zuwiderhandlungen würden von den Sowjetbehörden »streng bestraft«. Frau Elisabeth schrieb: »Ein schwerer Goldring.«

Anschließend fuhr Frau Elisabeth zu einem Billigkaufhaus und erstand einen großen Männerring aus goldfarbenem Plastik. Sie erwartete, daß die Verkäuferin ihre Absichten durchschaute: Diese Dame, würde sie sich sagen, ist zu vornehm, um falschen Schmuck zu tragen, erst recht mit diesem murmelgroßen Diamanten an der anderen Hand. Der Plastikring nahm Frau Elisabeths zarten Finger zur Hälfte ein. Gleich daneben trug sie den zierlichen Ehering, den sie sich selbst ausgesucht hatte. »Neben Gold sieht er unecht aus«, meinte die Verkäuferin. »Sie sollten ihn allein tragen.«

Frau Elisabeth legte ihren Ehering ab und trug den Plastikring allein. Es dauert eine Weile, bis man sich an einen neuen Ring gewöhnt, und sie wollte nicht durch unwillkürliches Zurechtschieben auffallen. Ihr Mann merkte nicht, daß sie einen fremden Herrenring statt ihres Eherings trug. Der neue Ring begann sogleich abzublättern und sein Gold zu verlieren. Sie drehte die abblätternde Seite nach innen. Sie wollte die 7,95 Mark nicht ein zweitesmal ausgeben.

Ihre Reisevorbereitungen traf sie vor aller Augen. Sie machte ein Testament, damit ihr Anwalt Bescheid wußte. Sie ließ ihre Impfungen erneuern, damit ihr Hausarzt Bescheid wußte. Sie wurde rührselig und kochte ihrem Mann seine Lieblingsgerichte und nahm ihm das Versprechen ab, sie in ihrer Abwesenheit nicht zu betrügen, weil so etwas das Vertrauen zwischen ihnen zerstören würde. Sie zweifelte nicht an der Treue ihres Mannes, denn in der Woche, für die sie die Reise geplant hatte, wurde die Fußballeuropameisterschaft ausgetragen; da entfernte er sich nie weit vom Fernseher.

Frau Elisabeth hielt letzten Rat mit den Zinochkys, diesmal in deren Wohnung. Marya backte drei verschiedene Kuchen und schaufelte ihrem Gast den Teller so voll, daß Frau Elisabeth zur Unhöflichkeit genötigt war und mehrere Gänge schroff zurückweisen mußte. Sascha tanzte buchstäblich vor Aufregung. Er hielt ein großes Paket im Arm, als er die Tür öffnete, und stellte es die ganze Zeit nicht ab, während er sie durch die Wohnung führte. Als sie sich zum Tee hinsetzten, schob er das Paket zwischen seine Beine.

Sie besprachen Frau Elisabeths Treff mit Saschas Eltern. Sie würde mit einem Foto von Sascha im Foyer des Moskauer Hotels Metropol stehen. Seine Eltern würden das Foto sehen, nicken, sich ohne ein weiteres Zeichen des Erkennens umdrehen und das Hotel verlassen. Sie würden im Eingang zu einer nahen U-Bahn-Station auf Frau Elisabeth warten. Zusammen würden sie in ein Restaurant gehen. Frau Elisabeth solle ihr Paradies in Berlin schildern, dabei das neue Bett nicht vergessen und das viele Geld, das sie verdienten.

Sascha gab ihr das Foto: Familie Zinochky beim Auspacken der Geschenke vor dem Weihnachtsbaum.

Als Frau Elisabeth sagte, sie müsse nun gehen, zog er das Paket zwischen den Füßen hervor, wuchtete es auf den Tisch und sagte: »Das ist für meine Eltern.«

Das Paket war so schwer, daß Frau Elisabeth es nicht fortbewegen konnte. Sie würde einen Gepäckträger bezahlen müssen, der es ihr nachtrug. Sie würde es nicht in den Zug und im Abteil nicht aus dem Gepäcknetz heben können. Eine solche Zumutung kam nicht in Frage. Sascha Zinochky war fassungslos. »Oh, bitte, bitte, nehmen Sie es mit!« rief er. »Dann sehen meine Eltern, wie es im Westen wirklich ist.«

Frau Elisabeth schlug einen Kompromiß vor. Sie wolle erst ihren eigenen Koffer packen. Dann würde sie von Saschas Geschenken noch soviel dazutun, wie hineinging. Die Zinochkys bestellten ihr ein Taxi und trugen das Paket für sie nach unten.

Zu Hause packte Frau Elisabeth ihre italienischen Jeans, die guten Pumps und das Schwarze ein. Dann machte sie das Zinochkysche Paket auf und fand ein Radio, einen Walkman, Nescafé, eine sehr billige Tafel Schokolade, »00«-Toilettenreiniger, Toilettenpapier und einen Beutel pastellfarbener Watteballchen. Sie nahm die Schokolade und die Watte und ließ den Rest da.

Die Reise nach Moskau zeichnete sich nicht durch Luxus aus. So etwas wie eine Erste Klasse gab es nicht, und Frau Elisabeth mußte ein Abteil mit zwei Polinnen teilen, die keiner der zivilisierten Sprachen mächtig waren. Das hielt sie nicht davon ab, unentwegt auf die Deutsche einzureden und all die Köstlichkeiten mit ihr zu teilen, die sie bei sich hatten.

Frau Elisabeth begann sich zu fragen, ob dies ein Vorgeschmack auf ein russisches Gefängnis sei — es gab keinen Kaffee, die Mahlzeiten wurden auf Blechtellern serviert, die Toiletten waren verdreckt, schlafen mußte man unter Fremden in einer Koje, man konnte nicht aussteigen und hatte nichts zu tun.

Als die Grenze näherkam, verstummten die Fahrgäste. Der Schaffner schritt auf dem Gang auf und ab. Die Reisenden reihten ihr Gepäck auf. Allmählich verfluchte Frau Elisabeth den falschen Schmuck an ihrer Hand und das amtliche Papier in ihrem Paß, das ihn als »schweren Goldring« bezeichnete. Das konnte sie jetzt nicht mehr ändern.

Als der Zug die ersten Büsche des Grenzbahnhofs passierte, regten sich auf den Bahnsteigen graue Mützen und Uniformen. Die Beamten gingen rasch am Zug entlang, als dieser hielt, und man hörte sie an den Enden eines jeden Waggons einsteigen und von Abteil zu Abteil gehen.

Frau Elisabeth hörte leise amtliche Stimmen und die Antworten der Fahrgäste. Die Polinnen kneteten ihre Finger. Endlich erschienen die Grenzbeamten an der Tür; sie hatten junge, bleiche, unschuldige Gesichter und bleiche Finger, die nicht unverschämt, eher zuvorkommend nach ihrem Paß griffen.

Sie versuchte auf dem unteren Bett, wo es eng war, gerade zu sitzen. Unmöglich. Trotzdem schlug sie die

Beine übereinander und wagte ein Lächeln. Weiße Zähne sind im Osten so rar wie Bluejeans. Aber sie nickten einander vielsagend zu und riefen etwas den Wagengang hinunter. Ihre Rufe wurden von anderen den Bahnsteig entlang bis zu einem Büro im Bahnhofsgebäude weitergegeben. Sie flippten ihren Paß aufs Waschbecken und winkten die Polinnen ins Nachbarabteil.

Jetzt war Frau Elisabeth ganz allein. Ihr Paß war ein bißchen seifig. Sie wischte ihn mit einem feuchten Tuch ab und betrachtete ihr Foto. Sie drückte es spontan an die Lippen, denn dies konnte ein Abschied sein. Dann legte sie den Paß wieder aufs Waschbecken, denn das war offenbar der geweihte Ort.

Nach einer Weile erschienen zwei höhere Beamte in Zivil an der Abteiltür. Sie boten ihr vier europäische Sprachen zur Auswahl an. Das überlasse ich Ihnen, antwortete sie, wobei ihre Hand erregt das Falschgold durch die Luft schwenkte. Französisch, Englisch, Deutsch, was Sie wollen! Sie nahmen ihren Paß vom Waschbecken, runzelten die Stirn, weil er wieder voll Seife war, und sagten, Deutsch sei ja wohl ihre Muttersprache.

Sie fragten sie nach ihrer Reise aus, mochten sich von ihrer Fröhlichkeit nicht anstecken lassen und befahlen ihr, sich wieder hinzusetzen, als sie aufstand und ihnen ihre Koffer im Gepäcknetz zeigen wollte. Sie durchwühlten die Koffer, holten alle Reiseführer heraus und studierten sie. Der ist nicht sehr gut, dumme Vorstellungen von unserem Land, sagten sie traurig bei jedem, bevor sie ihn wieder in den Koffer warfen. Sie prüften ihre Zollerklärung.

Schwerer Goldring?

Frau Elisabeth zitterte und streckte ihnen die Hand entgegen, als böte sie ihren Hals dem Schlächter dar.

Sie warfen hastig einen Blick darauf, als ob sie sich endlich ihres Tuns genierten, stempelten das Papier ab und wünschten ihr eine angenehme Reise.

Als Frau Elisabeth im Moskauer Hotel National ankam, rief sie als erstes zu Hause an, um ihrem Mann unter Tränen mitzuteilen, wie froh er sein könne, daß sie wohlauf sei und ihn bald, bald wiedersehen werde. Sie hörte im Hintergrund das Gebrüll der Fußballfans im Fernsehen, als er »Welch ein Glück« sagte.

Dann zog sie sich etwas Schwarzes an. Schwarz ist die Farbe der Trauer. Ich habe meine Unschuld im Schmuggel verloren. Schmuggeln macht nichts als Angst. Und Schwarz steht mir gut. Die Hotelhalle war voll von bedeutend aussehenden Männern; nach allem, was man hier sah und hörte, besuchten nur bedeutende Männer den Ostblock. Man hörte über Kabinettsposten und Millionen-Dollar-Verträge reden. Frau Elisabeth begann an Rußland Gefallen zu finden. Sie kam am Friseursalon vorbei, wo Maniküre für nur dreißig Kopeken angepriesen wurde, eine Mark; ein ungewöhnliches Land.

Die Maniküre starrte beim Arbeiten den Ring an. Sie hatte noch nie einen so billigen Ring an einer so zarten reichen Hand gesehen. Während Frau Elisabeth dann weiter ins Foyer ging, beschrieb die Maniküre ihrer Kollegin diese Kundin. Sie amüsierten sich köstlich: diese Deutschen! Wahrscheinlich weiß sie nicht einmal, daß er falsch ist. Ich hatte Goldstaub am Handtuch, als ich fertig war, er flog hier überall herum, und die Dame weiß nicht, daß er falsch ist, eigentlich eine Tragödie.

Eine Komödie, sagte Frau Elisabeth im Foyer zu einem Mr. Adams, während sie auf Saschas Eltern wartete. Der Amerikaner wartete auf einen Geschäftspartner, und sie erzählte ihm ihre Geschichte. Das Foto von den Zinochkys steckte in ihrer Hemdtasche, die Mitbringsel in einer Tragetasche, der Plastikring an ihrer Hand.

»Dafür bekommen Sie höchstens fünf Jahre Sibirien«, sagte Mr. Adams. »Die Russen nehmen es mit ihren Gesetzen nämlich genau. Wenn Sie sich irgendwie daraus zurückziehen können, sollten Sie's tun.« Er verabschiedete sich voll Abscheu.

Das Foyer wimmelte von Leuten. »Verhalten Sie sich unauffällig«, hatte Sascha befohlen. Der Mann des Dienstmädchens gab Befehle! »Keiner im Foyer darf merken, daß Sie sich treffen.« Diese Unverfrorenheit! Sie drängte sich durch, und dann erkannte sie das dicke alte Ehepaar, das sich unsicher an der Tür herumdrückte. Der Vater ächzte unter einem großen Paket. Sie nahm das Foto von den Zinochkys heraus und betrachtete es uninteressiert, als sie an ihnen vorbeiging. Sie reagierten ganz wie geplant mit einem leichten Nicken, und als sie das Foto wieder in die Hemdtasche steckte, drehte der Vater sich um und ging zur Tür hinaus.

Aber seine Frau folgte ihm nicht. Sie stand wie angewurzelt an der Stelle, wo das Foto gewesen war, und ihr Gesicht war plötzlich eine Maske des Kummers und Schreckens. Dann brach sie in lautes Schluchzen aus, lauter als Frau Elisabeth es je gehört hatte, ein Schluchzen, das alle Leute im Foyer und vielleicht darüber hinaus wie gebannt zu ihr hinschauen ließ. Es wurde mucksmäuschenstill im Foyer, keiner rührte sich, nichts geschah, als daß eine alte Frau heulte und aus dem Geheul allmählich ein Wort herauszuhören war: »Sohn«.

Dann sank sie Frau Elisabeth in die Arme und zerknitterte das Foto.

Saschas Vater, der mit seinem Paket in der U-Bahnstation wartete, hörte das Schluchzen seiner Frau, als sie die Station betrat, wo die menschliche Stimme zur Trompete wurde. Er sah weg, als sie näherkam; das tut er immer. Er ist ein starker Mann; sein Hinken unterstreicht die Geradheit seines Rückens. Sein Kopf ist eckig, wie sein Gesicht, die Wangen straff für sein Alter, sein weißes Haar dicht. Er schimpfte nicht mit seiner dicken Frau in ihrem geblümten Kleid, die ihre Fettleibigkeit mit »Wasser« entschuldigt. Manchmal scheint sie ganz aus Wasser zu bestehen, denn ihre Tränen speist ein nie versiegender Brunnen.

Die alten Zinochkys entführten Frau Elisabeth auf eine lange Reise. Sie taten nicht, was sich gehört, sagten ihr nicht, wohin die Reise ging, zeigten ihr keine Sehenswürdigkeiten, schienen blind für die Schönheit des U-Bahn-Systems oder die Möglichkeit, daß Touristen davon beeindruckt sein könnten. Die Stationen huschten vorbei, sie stiegen wortlos aus und gingen zu Fuß weiter, Saschas Vater immer ein paar Schritte voraus, dann seine Frau, die von hinten auf ihn zeigte und sich an die Stirn tippte, wobei sie auf deutsch »Verrückt« sagte. Das wiederholte sie, bis sie das Ende einer langen Schlange erreichten. Die Schlange begann vor einem Restaurant.

Iwan Zinochky zeigte auf die kleine Medaille an seinem Rockaufschlag, während er an der Reihe entlang nach vorn ging. Die Wartenden warfen prüfende Blicke auf die Medaille und nickten. So kamen sie unverzüglich ins Restaurant. Ein Kellner begrüßte sie respektvoll und führte sie an einen Tisch. Der Saal war voll von älteren Männern, die alle die gleiche Medaille trugen wie Zinochky, manche waren dutzendweise damit behängt, und ihre Brustkästen glichen Blumenbeeten. Die Zinochkys erklärten, es sei der Jahrestag der Beendigung des Großen Vaterländischen Krieges, den die Kapitalisten heute noch den Zweiten Weltkrieg nennen. Zu diesem Anlaß wird den Veteranen in bestimmten Restaurants auf Kosten des Staates ein Essen gegeben.

Ein Ober deponierte mehrere Platten auf ihrem Tisch. Frau Elisabeth hatte seit dem Morgen nichts mehr gegessen und blickte auf die dampfenden Bratenscheiben und Kartoffeln, den Kaviar mit Eiern und Salat, die dicken frischen Brotschnitten. Aber kaum hatte sie sich an diesem Anblick gefreut, als über einen versteckten Lautsprecher kriegerisch-tragische Musik ertönte. Im ganzen Restaurant sanken sogleich die Bestecke, und alles erhob sich. Bald sprach in die Musik hinein eine bewegte Stimme zu ihnen. Der Sprecher blieb unsichtbar, während die Speisen vor ihnen standen und zum Essen einluden.

Niemand schien etwas dagegen zu haben, daß die Stimme immer weiter tönte. Man konzentrierte sich. Dann zogen die Männer, einer nach dem anderen, riesengroße Taschentücher aus den Rocktaschen und schneuzten sich. Manche tupften sich die Augen. Andere ließen die Tränen ungehemmt über die großen, faltigen Gesichter rinnen. Die Frauen reagierten langsamer, aber nachdem ihre Trauer erst einmal in Gang gekommen war, holten sie rasch auf, bis sie die Männer weit hinter sich ließen. Nur Frau Elisabeth blieb ungerührt und versuchte verzweifelt den Hunger zu ignorieren, der in ihr erwacht war. Der Redner redete erbarmungslos weiter. »Er erinnert uns an Kameraden und Familien, die von Deutschen getötet wurden«, erklärte Iwan Zinochky mit knallroten Augen.

»Gib mir das Foto, bitte«, bat Helena Zinochky. Dann hielt sie es in beiden Händen und wimmerte: »Junge! Junge!« Das änderte sich nach einer Weile, es wurden andere Sätze daraus, die mit »Ring! Ring!« endeten. Die Predigt aus dem Lautsprecher wollte nicht enden.

Der falsche Goldring glitt leicht von Frau Elisabeths Hand. Sie reichte ihn dem strammstehenden Iwan Zinochky, der ihn betrachtete, und sein Schluchzen wurde zum Gackern. Helena heulte mit der Menge und öffnete ihre Handtasche. Sie entnahm ihr den Ehering. Iwan Zinochky hielt den falschen Ring gegens Licht und lachte, bis er sich den Bauch halten mußte. Dann zerdrückte er das Plastikding in der Hand und ließ es in den Kaviar fallen. Helena gab tränennaß den Ehering an Frau Elisabeth weiter, die ihn sich über den Mittelfinger streifen wollte. Er paßte nicht. Sascha war ein kleiner Mann, Frau Elisabeth eine große Frau. Sie bekam ihn nur auf den Ringfinger. Als sei sie mit Sascha verheiratet.

»Du hast uns Radios mitgebracht, ja?« fragte Helena, und plötzlich waren ihre Augen wieder trocken. »Die verkaufen wir. Da kriegen wir viel. Sascha will das.« Frau Elisabeth kramte in ihrer Handtasche und zog die Plastiktüte mit der Schokolade und der Watte heraus. Helena machte sie nicht auf. Sie ließ sie auf ihren Stuhl fallen und sagte: »Ich habe hier auch etwas, das sollst du ihm mitnehmen. Iwan. Den Karton da.« Ihr Mann schob den schweren Karton mit den Füßen über den Boden, bis er an Frau Elisabeths Pumps stieß.

Frau Elisabeth stand stumm da. »Und das auch.« Helena Zinochky griff in ihre Handtasche und holte einen schweren Silberbecher hervor, den sie auf Frau Elisabeths leeren Teller stellte. »Ich weiß, daß er Geld braucht. Ich glaube ihm nicht, wenn er sagt, daß er arbeitet. Arbeitet er?« Sie wartete keine Antwort ab, sondern legte noch einen Stapel Fotos auf Frau Elisabeths Teller. Die Versammelten heulten in hundert verschiedenen Tonlagen. Frau Elisabeth blätterte die Fotos durch. Sie zeigten Sascha Zinochky mit dem Mädchen, das er hatte heiraten wollen. Auf einem hatten sie sich umarmt und hielten ein klobiges Radio umschlungen. Dann stand das Radio zwischen ihnen, und sie hüpften drumherum. Die Frau sah ukrainisch aus mit ihren sehr hohen Wangenknochen. Sie trug Lederstiefel und einen Minirock, der ihre dicken Beine in voller Länge zeigte.

»Er hat sie angebetet«, sagte Helena Zinochky. »Aber sie wollte ihn nicht.«

Sie begann wieder zu schluchzen, gerade als der Redner endete. Aus dem Lautsprecher kam jetzt Tanzmusik. Die Männer stopften ihre durchweichten Tücher wieder in die Taschen, und etliche strebten nach vorn im Saal zur Tanzfläche, wo sie ihre Frauen herumwirbelten. Die Zinochkys setzten sich, räumten Becher und Fotos von Frau Elisabeths Teller, legten sie ihr auf den Schoß und drängten sie, zu essen. Das tat sie auch, während ihre Gastgeber die Speisen nicht anrührten, bis sie fertig war.

»Ich komme in Teufels Küche«, sagte Frau Elisabeth, nachdem sie wieder bei Kräften war. »Das kann ich doch nicht alles rüberschmuggeln.« Nun regte sich Iwan. Er schnappte den Silberbecher von Frau Elisabeths Schoß und höhnte: »In Teufels Küche! Nur wegen Geld! Geld: bäh!«

»Siehst du, er ist verrückt, ich hab's ja gesagt«, rief Helena. »Erst will er nicht auswandern. Und jetzt das! Dahinter steckt nur, er will nicht in Berlin leben, er will nicht zur Jüdischen Gemeinde gehören. Ich sage, guck doch, Iwan, guck dir das Bild an«, fuhr sie fort, auf Deutsch, während ihr Mann in allen Sprachen brummte: »Geld. Money. Argent. Bäh!« Sie stieß ihm das Bild vor die Nase. »Guck doch, guck!« sagte sie immer wieder. »Sascha und Marya vor dem Weihnachtsbaum. Da ist es so gut wie hier. Keiner verlangt, daß sie sich benehmen wie Juden.«

Im Hotel öffnete Frau Elisabeth den Karton. Er enthielt die teuerste russische Schokolade, Aspirin, zwei in einfaches Papier gewickelte Watterollen, einige Bücher und russische Seife. Sie packte die Watte und eine Tafel Schokolade ein.

Sie war entschlossen, trotz der Gefahren, die ihr bevorstanden, ihren Aufenthalt in Moskau zu genießen. Aber am nächsten Morgen wurde sie Opfer eines schrecklichen Zufalls. Auf dem Roten Platz lief sie jemandem in die Arme, den sie kannte: ihrer Mutter.

Eigentlich war Frau Elisabeth ja sehr froh, sie zu sehen.

Mutter und Tochter verbrachten den Tag mit einem Einkaufs- und Stadtbummel. Frau Schmidt fragte ihre Tochter kein einziges Mal, was sie denn in Moskau tue, und Frau Elisabeth fragte ihre Mutter kein einziges Mal, was *sie* denn in Moskau tue. Und während einer endlosen Kreml-Besichtigung fiel ihrer Mutter dann ein Erlebnis ein, das sie 1938 gehabt hatte.

Ihre Freundin, eine gewisse Annie, hatte sich entschlossen, nach Amerika auszuwandern. Ingrid, Frau Elisabeths Mutter, begleitete Annie nach Bremerhaven zum Schiff, und kurz bevor sie durch den Zoll mußte, verabschiedeten sich die beiden Mädchen. Dabei griff Annie in ihren Ausschnitt und drückte ihrer Freundin einen Brillantring in die Hand. Sie habe ihn eigentlich hinausschmuggeln wollen, sagte sie, aber nun traue sie sich nicht. Da könne Ingrid ihn doch nehmen.

Dann ging Annie durch den Zoll, wo sie gründlich durchsucht wurde, bevor sie auf das wartende Schiff durfte. Auf der Gangway drehte Annie sich ein letztes Mal um und winkte. Da durchbrach Ingrid die Polizeisperre und rannte die Gangway hinauf, um ihre Freundin zu umarmen. Niemand hatte das Herz, sie daran zu hindern.

Frau Schmidt machte eine Kunstpause.

»Und was ist der Witz an dieser Geschichte?« fragte ihre Tochter ungeduldig.

Frau Schmidt lachte. Dann sagte sie: »Ich weiß nicht, was in mich gefahren war. Während ich Annie umarmte, habe ich ihr den Ring in die Tasche gesteckt.«

Frau Elisabeth beschloß, mit ihrer Mutter nach Berlin zurückzufliegen. Frau Schmidt gab der Tochter ihren eigenen Witwenring, der auf Frau Elisabeths Mittelfinger paßte. Frau Schmidt steckte sich den Zinochkyschen Ehering an ihren dicken kleinen Finger. Als der Zöllner eine Bemerkung über die Größe des Rings machte, sagte Frau Schmidt: »Darüber zermartern Sie sich mal nicht Ihr kleines Hirn, mein Guter.« Und er bohrte nicht weiter.

Zu Hause angekommen, rief Frau Elisabeth die Zinochkys nicht an. Als Marya zum Saubermachen kam, drückte sie ihr, als ob es nichts weiter wäre, das Päckchen und den Ehering und die Fotos von Sascha mit seiner ersten Freundin in die Hand. Marya brachte ihre Dankbarkeit zum Ausdruck, indem sie eine halbe Stunde länger putzte. Als sie am nächsten Tag wiederkam, berichtete sie, Sascha habe sich so an den eingeschmolzenen halben Ehering gewöhnt, den er auf dem Weg in den Westen getragen habe, daß er ihn behalten wolle. Den geschmuggelten Ring habe er verkauft. 80 Mark habe er dafür bekommen. Die spare er für sein Auto.

Als Marya fort war, rief Frau Elisabeth den Rabbi der Jüdischen Gemeinde an und sagte ihm, es sei wohl nicht mehr nötig, den Zinochkys Geld für Chanukka zu geben, da sie Weihnachten feierten. Der Rabbi sagte: »Fünfundachtzig Prozent meiner Gemeinde sind keine richtigen Juden. Wir können das nicht so genau nehmen, sonst haben wir gar keine Juden mehr.«

Frau Elisabeth bleibt nur ein einziger Trost: Wenn sie den Teil mit ihrer Mutter wegläßt, hat sie eine gute Geschichte zu erzählen.

HINTERGEDANKEN EINES ÜBERLÄUFERS

Es war einmal ein ostdeutscher Mathematiker, der hieß Herr Stein und fühlte sich nicht ostdeutsch. Er war groß und zartgliedrig und sehr weiß, und da er in Shanghai aufgewachsen war, sprach er Deutsch mit leuchtendem R. Einen Großteil seiner Arbeitszeit verbrachte er als Austauschprofessor im Westen. Seine Frankfurter Wohnung und die Bankkonten in drei Ländern, wo er seine Einnahmen deponierte und heimlich an der Börse spekulierte, hielt er streng geheim. Auch seine Verhältnisse mit mehreren Freundinnen in mehreren westlichen Städten ließ er in der Schwebe. Er brauchte sie für Sex, Chauffeurdienste und eine warme Mahlzeit, aber er meldete sich immer erst, wenn er in der Stadt angekommen war, nie vorher, und er stellte seine Pläne unter die allerhöchste Geheimhaltungsstufe. Sein Recht auf Geheimhaltung war diejenige Freiheit, die er am ernstesten nahm.

Außer den Professoren, die ihn zu Konferenzen und Vorträgen einluden, wußten nur die einschlägigen staatlichen Stellen über seine Schritte Bescheid. Die Beziehungen zwischen ihnen waren distanziert, da sie nur schriftlich oder in dringenden Fällen auch einmal telefonisch mit ihm verkehrten. Die Behörden hatten Gesichter und Hände an ihre Schergen an der Grenze delegiert. Diese gaben sich finster und sogar mißbilligend, doch sie belästigten Herrn Stein nie, und er hatte keine Angst vor ihnen. Er hatte viel mehr Angst vor seiner Mutter.

Herrn Steins Mutter wohnte in Ostberlin und lebte ganz den Augenblicken, da ihr Sohn endlich nach Hause kam und sie ihn mit Wehklagen der Dankbarkeit und Sorge willkommen heißen konnte. Schon Minuten nach seiner Heimkehr stellte sie ihm das Essen auf den Tisch. In Ostberlin war Herrn Stein kein Grund eingefallen, aus der Wohnung seiner Mutter auszuziehen. Wohnungen waren schwer zu bekommen, noch schwerer eine gute Haushälterin. Und Herr Stein fand seine Mutter nicht mehr und nicht weniger furchterregend als andere Frauen, die er kannte, nur daß sie es als einzige geschafft hatte, ihn unter ein gemeinsames Dach zu nötigen. Sie war für ihn so bequem und praktisch, daß er nicht widerstehen konnte, und dafür haßte er sie. Er wußte aber auch, daß Bequemlichkeit ihren Preis hatte, auf beiden Seiten der Mauer.

Die Universitäten im Westen fanden Herrn Stein ebenfalls sehr praktisch. Er befriedigte ihren emotionalen und politischen Bedarf an wissenschaftlichem Austausch mit dem Osten. Und anders als manche seiner ostdeutschen Kollegen, die in den Westen reisen durften, äußerte Herr Stein niemals eine Ansicht zu den inneren Angelegenheiten der Bundesrepublik. Die Kommunalwahlen in Frankfurt interessierten ihn wenig, und zu den jüngsten Äußerungen des Bundeskanzlers über Südafrika hatte er nichts zu sagen. Im Osten wie im Westen Deutschlands galt Herrn Steins Bestreben, sich ein gutes Leben zu machen, als Beweis für seine politische Unbestechlichkeit.

Und die DDR-Regierung fand Herrn Stein am allerpraktischsten. Die Universitäten, an denen Herr Stein Vorträge hielt, bezahlten ihn in westlicher Währung, die man im Osten als Steuern kassierte. Wenn Herr Stein nur die Hälfte seiner Einnahmen deklarierte und den Rest verheimlichte, war man auch mit der halben Steuer noch hochzufrieden. Oder wenn er behauptete, sein ganzes in bar erhaltenes Honorar sei ihm gestohlen worden (was er prinzipiell jedesmal angab, wenn er in Italien gewesen war), fragte der Staat in seinem Hunger nach Westwährung nicht so genau nach. Man war froh, daß Herr Stein von dem Diebstahlsmärchen nur minimalen Gebrauch machte. Die DDR-Behörden sahen Herrn Stein als eine solide Investition an. Er warf jederzeit eine Rendite ab. Er galt als finanziell und politisch berechenbar. In seinen Akten waren Herrn Steins Schwierigkeiten beim Anknüpfen persönlicher Beziehungen vermerkt. Seine wichtigste emotionale Bindung war die an seine Mutter; sie waren für alle Ewigkeit Frau und Herr Stein.

Und trotzdem lief er über.

Er hatte immer gewußt, daß er es tun würde. Jahrelang hatte er sich von anderen raten lassen, im-Westen-zubleiben. Er hatte so getan, als käme das aufgrund irgendwelcher Schwierigkeiten für ihn überhaupt nicht in Frage. Seine westeuropäischen Bekannten besuchten ihn, wie es ihm manchmal vorkam, nur deshalb so gern in Ostberlin, um ihn zur Flucht zu drängen. In Wirklichkeit besuchten sie ihn, weil sie Herrn Stein exotisch fanden: eine Adresse hinter dem Eisernen Vorhang. Exotisch war auch die öde, frisch asphaltierte Straße mit den öden neuen Häusern, in denen die wohlhabenderen Ostberliner in einem Stil wohnten, der an westliche Sozialwohnungen erinnerte. Exotisch waren der Fahrstuhl, der nie funktionierte, der Uringestank in den Treppenhäusern, die winzigen Fenster in der Wohnung, die schweren Möbel und die billigen Teppichböden. Am exotischsten aber war Herrn Steins Mutter, eine Frau von orientalischer Zierlichkeit mit ungewöhnlich tiefliegenden Augen (genau wie die ihres Sohnes), Sattelnase und gekräuseltem weißen Haar. Sie öffnete einem die Tür stets mit einem abbittenden Lächeln.

Gleich nachdem sie einen Gast durch zwei Türen ins Wohnzimmer geführt hatte, in dem zu viele klobige Möbel standen, zog sie sich zurück. »Wenn Sie reden wollen . . .«, sagte sie warnend und deutete mit dem Kopf zu einem monströsen Radio russischen Fabrikats,

»dann vergessen Sie nicht, das anzustellen. Lauscher überall.« Sie lauschte dann eine Weile an der Tür und kam urplötzlich mit einem Kaffeetablett wieder herein. Der Kaffee war echter Kaffee, kein Muckefuck, und das hieß, daß sie ihn wahrscheinlich aus dem Westen hatte. Darüber waren die Besucher gleichzeitig erleichtert und enttäuscht, und sie erklärte: »Wenn man über Sechzig ist (wie ich!), kann man nach Drüben, sooft man will. Man muß nur bis Mitternacht wieder hier sein. Sonst ... (sie fuhr sich mit dem Zeigefinger über die Kehle) oder Gefängnis oder was weiß ich. Ich gehe nur zum Kaffeekaufen nach Drüben. Jedesmal dürfen wir ein Kilo mitbringen. Ich hebe ihn für Besuch auf. Der Kaffee hier! Schrecklich! Wenn ich jung wäre — wenn ich so alt wäre wie mein Sohn — würde ich das nicht mitmachen ...« Sie deutete vielsagend mit dem Kopf zu ihrem Sohn, der immer wegsah und unmelodisch vor sich hinsummte, wenn sie redete.

Sie verließ das Zimmer und kam unvermittelt mit der Frage zurück: »Haben die Grenzer Sie nicht gefragt, zu wem Sie wollen? Spione überall!«

»Natürlich nicht«, beruhigten die Gäste sie. Selbstverständlich hatten die Grenzer gefragt, und sie hatten ihnen gesagt, wohin sie gingen. Lügen war viel zu umständlich, und es konnte ja nichts Schlimmes daran sein, wenn Herr Stein Besuch von einem wissenschaftlichen Kollegen bekam. Besucher nahmen Spionagegeschichten entweder so ernst, daß sie sich überhaupt von Ostberlin fernhielten, oder sie hatten ihren Spaß daran. Die meisten fanden Frau Steins Verfolgungswahn hinreißend.

Wenn man nicht über Mathematik redete, schaltete Frau Stein selbst das Radio ein und erfreute sie mit Klageliedern: wie lästig es sei, Herrn Steins Reisen anmelden zu müssen, das endlose Schlangestehen nach minderwertiger Ware, der nie funktionierende Fahrstuhl, die Spione überall. Sobald ihr Sohn aus dem Zimmer ging, blickte sie auf seinen leeren Stuhl und flüsterte: »Er sollte sich absetzen! Er hat die Möglichkeit!« Sie wartete, bis er wiederkam, ehe sie ihren Monolog fortsetzte, denn er sollte kein Wort davon verpassen. Sie wußte Horrorgeschichten zu erzählen: über den Krieg, und über die Geburt ihres Sohnes. Ihr Erzählstil erinnerte an die Schlagzeilen einer westdeutschen Zeitung, die sie kaum las:

> Halbverhungerte Frau kommt in Gebirgszelt nieder.
>
> Geburt bei minus 40 Grad: deutsche Mutter wickelt Kind in Tigerfell.
>
> Innere Mongolei: Deutsches Kind in 5000 Meter Höhe geboren. Drei Pfund schwer. Überlebt!

Noch vierzig Jahre später füllten sich Frau Steins Augen bei der Erinnerung an ihren ruhmreichsten Augenblick mit Tränen. Gewiß, sie war leicht zu Tränen zu rühren durch die vielen Kümmernisse, die sie beschäftigten, einschließlich des bittersüßen Gefühls, einen Sohn zu haben, und der Erinnerung an den Tod ihres Gatten in den Armen einer chinesischen Maitresse unmittelbar vor ihrer Rückkehr nach Deutschland. Oft stieg die Flut ihrer Tränen so hoch, daß sie in aller Öffentlichkeit überfloß. Die Spione überall nahmen das mit Befriedigung zur Kenntnis. Sie wußten, daß diese Tränen nichts mit dem Sozialismus zu tun hatten. Sie kannten ihren Gemütszustand genau, weil sie jedem darüber berichtete, nicht nur ihren Gästen zu Hause, hinter verschlossenen Türen, bei brüllendem Radio, sondern auch allen, die sie auf der Straße oder auf dem Markt traf. Sie erzählte jedem, soweit sie es selber wußte, was ihr Sohn gerade wieder vorhatte, so daß die Spione es überall leicht hatten, ihn durch ihr Geschwätz im Auge zu behalten.

Und schließlich besaß der Staat eine absolut zuverlässige Garantie dafür, daß sie — und damit auch er —

nie überlaufen würde. Der Mathematiker hatte seiner Mutter im Westen einen Silberfuchsmantel gekauft, um sein Gewissen zu beruhigen, weil er sie so vernachlässigte. Er hatte ihn unter seinem Regenmantel nach Hause geschmuggelt. Er wußte nicht, daß dieses Geheimnis die volle Billigung des Staates fand, dessen Schergen sein unförmiges Aussehen an die Befehlszentrale meldeten, ehe sie ihn durch die Kontrolle winkten. Der Staat wußte, daß Frau Stein die DDR nie ohne den Mantel verlassen, daß sie es aber auch nicht wagen würde, ihn ein zweitesmal über die Grenze zu schmuggeln.

Nachdem Frau Stein den Gästen ihr Leid geklagt hatte, führte sie ihnen gern den Pelz vor. Sie kam damit ins Wohnzimmer, bis oben zugeknöpft, ging ein paar Schritte, vollführte eine Drehung, ging wieder ein paar Schritte, machte mit einer stolzen Kopfbewegung eine letzte Wendung und erklärte laut, daß sie einen wunderbaren Sohn habe, der sie wahrhaft liebe. Der Sohn konnte ihr Geschnatter nicht hören. Er drehte das Radio auf höchste Lautstärke, wenn sie damit anfing, und bis sie den Pelzmantel endlich wieder aufknöpfte, war er so ärgerlich, daß er sagte: »Bitte, Mama, verschon uns doch mit diesem dummen Geschwätz!«

Und sie zog sich in ihrem halbgeöffneten Mantel unter Tränen zurück und nahm die Kaffeetassen mit.

»Meine arme Mutter ist ja so ein Kind«, sagte er zu seinen Gästen. »Sie sehen, daß ich sie nie hier alleinlassen könnte, und sie würde um keinen Preis mit mir in den Westen gehen. Sie hat sonst niemanden«, erklärte er und erwartete dennoch, daß sie ihn zum Weggehen überreden würden. Seine Gäste hatten die komischsten Ideen für seine Flucht: Sie gehen zu einer Botschaft, ohne auch nur einen Koffer, und rufen: »Ich bin ein Überläufer!« Sie wußten ja nicht, wie wichtig es war, seine vertrauten Sachen zum Anziehen zu haben, und von guter Dramaturgie hatten sie sowieso keine

Ahnung. Er tat, als höre er ihren Ratschlägen aufmerksam und skeptisch zu, bis das Thema seiner Flucht erschöpft war. Dann begann er, Pennälerwitze zu erzählen, weil er im Grunde sehr verschlossen war und eigentlich nicht wußte, was er mit diesen Besuchern anfangen sollte.

Ganz gewiß konnte er sich bei ihnen nicht über seinen wahren Fluchtgrund beklagen, nämlich seine Mutter.

Und während Herr Stein die Ratschläge seiner Besucher, den repressiven Osten zu verlassen, reihenweise in den Wind schlug, deponierte er schon die ganze Zeit seine irdische Habe im Westen. Er tat das mit einer Geduld und Weitsicht, die sie als unangemessen empfunden hätten. Er suchte die Freundschaft einiger Leute, die er politisch für ganz besonders naiv hielt. Das waren nicht die alten Damen aus dem Bekanntenkreis seiner Mutter, die Radio hörten und über alles, was in der Welt vorging, unausstehlich gut informiert waren, sondern Akademiker — ein Politologe, ein Psychologe und ein Rechtsanwalt. Er pflegte sie zwanglos zu besuchen und »versehentlich« einen Koffer bei ihnen zu lassen, oder seinen besten Mantel, Wollschals, Krawatten oder modische Schuhe. Die alten Damen hätten in Sekundenschnelle begriffen, was er vorhatte. Aber die akademischen Freunde, die glaubten, Herr Stein sei knapp an Geld und Kleidung, sorgten sich nur, er könne frieren. »Heben Sie es für mich auf, ich hol's mir bei Gelegenheit«, tröstete er sie, wenn sie anriefen und ihm berichteten, was sie in ihren Dielen oder Gästezimmern gefunden hatten. Die Freunde schoben dieses merkwürdige Verhalten auf die unmaterialistische Einstellung im Osten, womit sie nicht den Fernen Osten meinten, und bewunderten ihn.

Seine Republikflucht war der letzte Schritt in einer langen Reihe verdeckter Aktionen, und dieser letzte

Schritt geschah im hellen Licht der Boulevardpresse. In der Woche davor war Herr Stein wie üblich seiner Arbeit nachgegangen: Er hatte in Ostberlin zu Hause geschlafen und seine Mahlzeiten eingenommen, tagsüber in der Universität gearbeitet und niemanden gesehen. Ein paar Wochen zuvor hatte er ein Tagesvisum nach Westberlin beantragt, weil er dort in einer Bibliothek bestimmte Bücher einsehen wolle. Die Behörden hatten ihm seinen Paß mit Ausreisevisum pünktlich und ohne Rückfragen zugeschickt. Er hatte seiner Mutter vorgeschlagen, sie könne ihn über die Grenze begleiten und eine ihrer Freundinnen besuchen; er könne sie in seinem Volvo mitnehmen, den er sich voriges Jahr für 60000 Ostmark gekauft hatte. Dieser Kauf hatte seine ostdeutschen Ersparnisse aufgezehrt, die er im Westen nicht mehr brauchen würde. Er hatte keine Lust, die DDR in einem Wartburg zu verlassen. Dabei wäre er sich lächerlich vorgekommen.

Die Behörden hatten sich bei dem Volvo nichts Schlimmes gedacht. Sie wußten, daß man sich im Westen mit einem Wartburg Ärger einhandeln konnte. Gewisse Westberliner gingen davon aus, daß jeder Ostdeutsche, der nach Drüben durfte, ein Staatsfunktionär sein müsse. Einmal war Herrn Steins Wagen an einer Kreuzung tätlich angegriffen worden. Der gesetzestreue Herr Stein war nicht durchgestartet (die Ampel stand auf Rot), und die Vandalen hatten die langen dreißig Sekunden bis zum Ampelwechsel voll genutzt und ihm mit dem Ruf: »Das kannst du Honecker bestellen«, drei Scheiben eingeschlagen. Die Reparaturen hatten Wochen gedauert. Herrn Steins Volvo hatte also seinen Grund und war am Grenzübergang ein vertrauter Anblick, so daß Herr Stein die Republik standesgemäß verlassen konnte. Es war ein historischer Tag, als Herr Stein schließlich den tollkühnen Sprung in die Freiheit wagte. Er trank starken Westkaffee zum Frühstück und packte ein letztes wertvolles Manuskript in seine Aktenmappe. Daß er für immer wegging, machte ihn nicht im geringsten nervös oder rührselig. Er zog seinen photogensten schwarzen Anzug an, der für einen Bibliotheksbesuch ein bißchen zu fein war. Deshalb zog er einen zerknautschten Regenmantel darüber. Seine Mutter versuchte vergebens, ihm diesen Mantel auszureden. Auf der zwanzigminütigen Fahrt von Ost nach West ignorierte er sie überhaupt. Die Grenzer nahmen kaum Notiz von ihm.

Kaum war Herr Stein auf der Westseite der Mauer, da hatte er plötzlich solche Eile, daß er seine Mutter nicht einmal mehr bis an ihr Ziel bringen konnte. Er setzte sie zwei Straßen vor dem Haus ihrer Freundin ab, genau vor Woolworth. Ebensogut hätte er sie für die nächsten zwei Stunden hinter Gitter sperren können. Er hatte also Zeit genug, um seinen Auftritt vorzubereiten. Er fuhr weiter zu einem Bekannten, der zu Hause arbeitete und ein Wohnzimmer hatte, das groß genug für eine Pressekonferenz war. Der Mann war Psychologe. Herr Stein störte ihn bei einer Therapie. »Ich bin ganz schrecklich in Eile, Dr. Rumina«, sagte er. »Darf ich mal Ihr Telefon benutzen?«

Dr. Rumina ließ seine Patienten warten. Herr Stein rief die Freundin seiner Mutter an und stellte mit Befriedigung fest, daß Frau Stein dort noch nicht eingetroffen war. »Wenn sie kommt, möchte sie mich bitte hier bei Dr. Rumina aufsuchen«, sagte er und buchstabierte die Adresse. Die Telefonnummer wollte er nicht durchgeben. »Sie ruft besser nicht hier an, denn ich muß die Leitung freihalten. Sie soll einfach herkommen und sich auf eine Überraschung gefaßt machen.« Er sah auf die Uhr. »Sie hat reichlich Zeit, mit dem Bus herzukommen.«

Sein nächster Anruf galt der Boulevardpresse. Weitere Patienten kamen und mußten warten. Die Presse traf ein. Als seine Mutter dann auf die Klingel drückte, nur einmal kurz und so bescheiden, daß Herr Stein sie daran sofort erkannte, war alles vorbereitet. Er gab den Fotografen ein Zeichen, daß dies Frau Stein war. Sie trat ein, er küßte sie. Die Lichter blitzten. Jemand drückte ihr einen Blumenstrauß in die Arme. Erneutes Blitzlichtgewitter. »Mama, ich bin frei!« rief Herr Stein mit nasser Stirn und trockenen Augen, was ihm andersherum lieber gewesen wäre. »Es ist, als ob ein Märchen wahr geworden wäre!« fuhr er fort. Die Journalisten notierten sich das für ihre Schlagzeilen.

»Aber«, flüsterte Frau Stein, »ich weiß gar nicht, wovon mein Junge redet.«

Im Hintergrund sah man Dr. Ruminas Patienten auf Sofalehnen sitzen oder am Flügel lehnen, Champagnergläser in den Händen und strotzend vor seelischer Gesundheit im Angesicht der großen Aufregung.

Aber er schickte sie alle fort, weil er telefonieren mußte. Die Anrufe Nummer drei, vier und fünf galten den Freunden, die seine Habe in Verwahrung hatten. Plötzlich wußte er wieder ganz genau, wo er was »vergessen« hatte, bis zum letzten Manschettenknopf. Seine Mutter ließ sich aus der Küche vernehmen: »Warum hat er mir nichts davon gesagt? Ich hätte ihm doch wenigstens seine warmen Sachen mitbringen können.«

»Ich habe meine warmen Sachen hier!« rief er.

»Sie müssen offen mit Ihrem Sohn über Ihre Gefühle reden«, riet ihr Dr. Rumina.

»Reiß dich zusammen«, sagte Herr Stein, indem er den Hörer auflegte und in die Küche ging. »Ich mußte das so machen. Du hättest es nie über die Grenze geschafft, wenn du Bescheid gewußt hättest. Du hättest dem ersten Grenzer die ganze Geschichte vorgeheult. Kannst du mir eine Tasse Kaffee kochen? Als Seniorin darfst du mich hier besuchen kommen, so oft du willst.« Er zog sich eilig zurück, als er sah, daß die Dauertränen sich schon auf ihren Wangen stauten. Er hatte erwartet, daß sie froh wäre, die Neuigkeit von ihm persönlich und nicht am nächsten Morgen aus dem Radio zu erfahren. Sie war ein richtiger Spielverderber. Er eilte ans Telefon.

Anruf Nummer sieben ging an seinen Steuerberater. Herr Stein wollte eben für heute abend einen Flug nach Frankfurt buchen, als seine Mutter aus der Küche marschiert kam, wieder die Ruhe in Person, und sagte: »Weißt du was, Junge, buch das doch für morgen. Du Armer mußt dich ausruhen. Denk an dein Herz. Ich bleibe bis morgen bei dir und sorge dafür, daß du heute nacht ein bißchen Ruhe und Frieden hast. Mich wird morgen an der Grenze schon keiner behelligen, ich sage einfach, ich hätte mich plötzlich erkältet.« Es würde ihr nicht schwerfallen, sie zu überzeugen. Ihr Gesicht war ganz verquollen.

Herr Stein verschob seinen Flug auf den nächsten Tag und schickte Dr. Rumina mit seiner Mutter zum Einkaufen. Sie brauchte ein paar Sachen zum Wechseln und ein Nachthemd, da sie unbedingt bei ihm bleiben wollte. Er sah, daß die hübsche alte Dame den Leuten sympathisch war. Anruf Nummer acht ging an die Westberliner Behörden, um sie von seiner Flucht in Kenntnis zu setzen. Der Beamte hatte es schon im Radio gehört und sagte: »Willkommen, Herr Stein, mit offenen Armen. Glückwunsch zu dem wahrgewordenen Märchen.«

Wie alle Ostdeutschen gelte Herr Stein im Westen als Bürger der Bundesrepublik und habe Anspruch auf einen Paß. Zuvor noch ein kleines Gespräch mit den Behörden, nichts Besonderes, er könne das auch in Frankfurt erledigen. Herr Stein war sicher, auf alles die richtigen Antworten parat zu haben. Nachdem jetzt sein Gastgeber aus dem Haus war, konnte er sich entspannen.

Kurz darauf kam die junge Haushälterin und putzte die Fenster. Während sie auf der Leiter stand, machte Herr Stein einen waghalsigen Annäherungsversuch von einer mittleren Stufe, aber er war nicht recht bei der

Sache. Die Frau schloß sich im Bad ein, sie hatte Angst vor diesem langen, dünnen Mann mit der komischen Aussprache. Egal. Herr Stein schwelgte in seiner Freiheit.

Der Tag verging rasch. Am späten Abend begaben Mutter und Sohn sich auf zwei Klappliegen zur Ruhe, die ihr Gastgeber im Wohnzimmer für sie aufgestellt hatte. Dr. Rumina hatte eigentlich nicht gern Gäste über Nacht, weil es solche Umstände bei der Badbenutzung machte, und sein Ärger begann allmählich schwerer zu wiegen als seine Freude über den Logenplatz bei einer echten Republikflucht. Herr Stein hätte seinerseits für die erste Nacht in der Freiheit ein etwas luxuriöseres Bett vorgezogen. Sein langer Körper hatte kaum Platz auf der Matratze, und sie quietschte jedesmal, wenn er sich bewegte. Sogleich antwortete das Bett seiner Mutter, ein unerwünschtes Zwiegespräch. »Du mußt jetzt schlafen, mein armer Junge, du hast morgen einen großen Tag vor dir«, sagte sie wiederholt. Er machte sich keine Gedanken mehr über ihre Rückkehr nach Ostberlin. Es war ihm egal, daß man sie dort womöglich mit Lampen und Fragen in Angst und Tränen versetzen würde; sie hatte solche Schikanen verdient.

Er erwachte am Morgen in seine Laken verwickelt, und die Daumen seiner Mutter massierten ihm die Schläfen. »Ich flüchte auch«, sagte sie. »Ich lasse dich nicht allein hier, mutterseelenallein in diesem fremden Land.«

»Du kannst unmöglich abhauen!« sagte er, augenblicklich hellwach. »Als Seniorin *darfst* du jederzeit über die Grenze, herüber und hinüber, wie es dir gefällt. Du darfst sogar mit all deinen irdischen Gütern in den Westen — bis auf den Silberfuchs. Die werden dir noch mit Vergnügen beim Umzug helfen, weil sie dir dann keine Rente mehr zahlen müssen und deine Wohnung für irgendeinen Funktionär frei wird, der schon darauf wartet. Schon deshalb solltest du nicht weg. Hier kriegst du Probleme. Außerdem mußt du für deine Versicherung aufkommen. Und wenn sie dir hier überhaupt eine Rente zahlen, wird sie dir nicht reichen. Hier wärst du viel ärmer als drüben.«

Doch sie hatte bereits die Presse verständigt.

Mutter folgt Sohn in den Westen
Mutter des Mathematikers flüchtet ohne Koffer

»Wir können auch hier gemeinsam wohnen«, sagte sie, die Stoikerin, die sich daran erinnerte, daß die Geburt des Kindes noch viel schlimmer gewesen war. »Den Silberfuchs brauche ich nicht. Ich liebe dich und will dafür sorgen, daß du immer, wenn du nach Hause kommst, ein warmes Essen auf dem Tisch hast.«

Mutter verzichtet auf Pelzmantel!

Herr Stein fühlte sich zu schwach, um zu protestieren. Es war ihm auch kein Trost, daß das Mädchen wiederkam und in seiner Nähe herumwischte, als hoffte sie, daß er ihr noch einmal Avancen machte. Sie hatte sein Gesicht heute morgen in den Boulevardzeitungen gesehen und fühlte sich von seinen gestrigen Nachstellungen geschmeichelt. Aber er nahm keine Notiz mehr von ihr. Sein Übermut war dahin.

Der Staat hatte sich mit seiner Mutter gegen ihn verschworen. Senioren bezogen sogleich nach ihrer Ankunft im Westen eine entsprechende Rente. Dazu mußte eine Menge Papierkram erledigt werden, aber das brachte eine alte Frau nicht um. Herr Stein hatte bereits diverse Interviews hinter sich und konnte beweisen, daß er für seine Flucht nur politische und finanzielle Gründe hatte. Niemand ahnte Herrn Steins wahres Motiv. Alle zeigten sich sehr hilfsbereit. Ein Senator bot Herrn Stein eine Wohnung in einem seiner Mietshäuser an. Drei Zimmer, frisch renoviert und zu einem günstigen Preis angesichts der zentralen Lage in einem guten Viertel. Der Berliner Wohnungsmarkt war angespannt, der Senator ein wichtiger Mann mit Verbindungen zu akademischen Kreisen, so daß Herrn Stein nichts anderes übrig blieb, als sein Angebot anzunehmen. Seine Mutter brauchte mehrere Monate, um die Wohnung mit schweren Möbeln und Teppichen vollzupacken.

Natürlich ließ ihn seine Vorsicht auch im Westen nicht im Stich. Er hielt seine Frankfurter Wohnung nach wie vor geheim, und seine Liebschaften ließ er weiter in der Schwebe. Nur die Redaktionen, die er gelegentlich anrief, wußten über seine Schritte Bescheid. Er gab keine Interviews mehr, weil er feststellen mußte, daß die Reporter nicht mehr so freundlich über ihn schrieben, nachdem sie ihn kennengelernt hatten.

Seine Mutter wurde melancholisch. Sie hatte kaum Freude an all ihren neuen Sachen, weil sie die alten vermißte. Der Fahrstuhl funktionierte immer, aber sie wohnten im Parterre und benutzten ihn nie. Manchmal standen ihr die Tränen so dick in den Augen, daß sie nicht nach draußen fand, wenn sie einkaufen ging. Niemand nahm davon Notiz. Sie bekamen im Westen selten Besuch, und das Sony-Radio mußte nicht aufgedreht werden, wenn man sich privat unterhalten wollte. Ihre Paranoia zehrte jetzt von den Preissteigerungen und von verpaßten Sonderangeboten. Es war ihr ein gewisser Trost, wenn sie aus der Zeitung erfuhr, wo ihr Sohn sich gerade aufhielt und was er machte.

Nach zwei Jahren verlor die Presse jedoch das Interesse an Herrn Stein. Herr Stein war in Panik wegen seiner Steuern; es erwies sich als zu schwierig, seine Einkünfte vor dem Finanzamt geheimzuhalten. Die Finanzbehörden schnüffelten dauernd hinter ihm her und kamen ihm beim kleinsten Verstoß sofort auf die Schliche. Aber nie wären die beiden Flüchtlinge undankbar genug gewesen, um sich zu beklagen. Und so blieb Herrn und Frau Stein nichts anderes übrig, als glücklich zu sein bis an ihr seliges Ende.

NANNY JACKIES PASSION

I.

Nanny Jackie war die letzte in einer langen Reihe gelernter Pflegerinnen, die den Dichter versorgten, als sich sonst keiner mehr fand. Des Dichters Exfrau hatte sie wegen ihres strahlenden runden Gesichts auf einem Foto engagiert. »Ein fröhliches Mädchen«, wurde Nanny Jackie von der britischen Agentur genannt, die das Foto schickte, »25 Jahre alt, aus britischer Dienstbotentradition, ehrlich, katholisch, zuverlässig, schlank.« Die Agentur vergaß zu erwähnen, daß Nanny Jackie aus einer Belfaster Familie kam, bei der die Bezeichnung »zu Bruch gegangen« sich auch auf die Arme und Nasen der von einem handfesten Vater regierten Familienmitglieder beziehen konnte.

Die Agentur hatte Nanny Jackie nicht gefragt, ob es ihr Freude machen werde, für einen Mann zu arbeiten. Es machte ihr keine, obwohl sie durchaus davon träumte, eines Tages vor den Traualter zu treten. Die Agentur hatte sich nicht erkundigt, ob Nanny Jackie die Menschheit liebte. Sie liebte sie nicht. Sie sah die meisten Menschen auf der Minusseite dessen, was das Leben ihr zu bieten hatte. Ebenfalls auf der Minusseite standen ihr spärliches braunes Haar, ihre im Sommer ungleichmäßige Bräune, ihre »Schlankheit«, weil sie nur das obere Körperdrittel betraf, und der Freund, den sie nie gehabt hatte. Auf der Plusseite: Sie wollte gar keinen Freund, und ihre Gaben — Fröhlichkeit und Fleiß — gehörten zu den Eigenschaften, die mit einem festen Einkommen belohnt wurden; ein Plus war außerdem, daß die Abhängigkeit von Nanny, in die eine Herrschaft leicht geriet, immer unerwidert blieb.

Bevor Nanny Jackie zu dem Dichter nach New York kam, hatte sie ihre Unabhängigkeit schon in Nordengland bei mehreren berufstätigen Müttern zu ihrer eigenen Zufriedenheit demonstriert. Sie hatte mit Genuß ein Maximum an gegenseitiger Abneigung geschürt, um dann genau im ungelegensten Moment zu gehen. In Wahrheit hatte Nanny Jackie ihre professionelle Fröhlichkeit nicht ganz in der Gewalt: Diese ließ sie einmal monatlich im Stich. Dann wurde Nanny Jackie knurrig. Da starke Gefühlsschwankungen ihr sonst erspart blieben, erlebte sie ihre schlechte Laune sehr bewußt und ließ ihr freien Lauf. Eine ehemalige Arbeitgeberin hatte dazu knapp und klar angemerkt: »Ihre prämenstruelle Gereiztheit könnte die Russen aus Afghanistan verjagen.«

Die Agentur hatte diese Referenz diskret aus ihrer Akte entfernt. Zum Ausgleich hatte sie auch Nanny Jackie nicht viel über ihre neue Stelle gesagt, nur daß es ein wenig außerhalb des üblichen sei, einen hochbetagten berühmten Dichter in New York City zu betreuen. Man hatte sie nicht darauf aufmerksam gemacht, daß den Dichter außer ihrer physischen Anwesenheit rein gar nichts an ihr interessieren würde, nicht einmal soviel, daß es zum Entstehen einer gegenseitigen Abneigung gereicht hätte. Der Dichter war viel zu sehr mit sich selbst beschäftigt. Er war schon zweiundneunzig, als Nanny Jackie in sein Leben trat, und seine Behinderungen (Gebrechen konnte man sie noch nicht nennen) machten ihn abwechselnd rasend und schläfrig. Wenn er rasend war, schleppte er sich auf seinem Stock durch die Fünfzimmerwohnung, die ihm nach der Scheidung geblieben war, und wütete gegen die Herrschaft des Todes. Nanny Jackie unterschrieb einen Einjahresvertrag, den sie nicht als bindend betrachtete, zog bei ihm ein und begann sofort im Kopf das Für und Wider ihrer neuen Stelle aufzurechnen, denn nur so konnte sie feststellen, ob der Arbeitgeber und die Situation schlechthin ihr behagten.

Die Nörgeleien eines alten Mannes setzte sie auf die Plusseite, denn sie fand sie recht erheiternd. Sie brachte ihn immer ganz leicht wieder zur Raison, wenn er sich zu sehr erregte, indem sie seinen humpelnden Schritt mit einer offenen Pralinenschachtel stoppte — ein alter Trick, den sie bei Vorschulkindern gelernt hatte. Pralinen wurden zu ihrer Waffe, denn sie besänftigten den Dichter, je klebriger, desto besser. Er nahm seine Zähne heraus, um sie richtig genießen zu können. Daß er sich wieder völlig beruhigt hatte, merkte sie daran, daß er die Schachtel aus den Augen ließ. Dann bediente sie sich selbst. Auch sie liebte nämlich Pralinen, und es war ein weiterer Posten auf der Plusseite, daß sie vom Haushaltsgeld die besten Schweizer Marken kaufen konnte, ohne daß jemand Einspruch erhob; wenn man Kindern Süßigkeiten kaufte, zog man sich oft den Zorn der Herrschaft zu.

Dennoch wurde die Minusspalte schnell länger als die Plusspalte. Der Dichter bekam keinen Besuch, höchstens von seiner jungen, kühl beobachtenden Exfrau, und das hieß, daß es für Nanny Jackie mit der Geselligkeit nicht weit her war. An ihren freien Tagen konnte sie mit der U-Bahn zu Macy's fahren und sich zur Aufmunterung Postkarten kaufen. Ihre Arbeit ließ ihr Zeit genug, diese Karten zu schreiben, aber sonst war sie öde und eintönig — einem verschrobenen alten Mann beim Waschen zu helfen, ihm zuzusehen, wie er sich beim Rasieren die Haut zerfetzte, ihm Pflaster ins Gesicht zu kleben, auf allen vieren nach seinem Gebiß zu suchen, ihm seinen besten schwarzen Anzug zugunsten eines pflegeleichteren Tweeds auszureden, den Fernseher ein- und auszuschalten, wenn er rief, und »die üblichen Haushaltspflichten« zu erledigen, zu denen es auch gehörte, unter seinem kritischen Blick seine Gedichtbände abzustauben, einen Stockgänger einmal am Tag auszuführen, ihm seine Rechnungen zu zeigen, ihn über die Rechnungen schimpfen zu hören, einem schnaubenden alten Mann beim Bezahlen seiner Rechnungen zu helfen und ihn endlich zu beruhigen, wenn es Nacht wurde und die Angst vor dem Sterben aus dem Kopfkissen kroch. Die Nacht brachte die schlimmsten Augenblicke ihrer Arbeit. Seit dem allerersten Abend hatte er immer nur dieses eine im Sinn: daß sie sich zu ihm aufs Bett setzen sollte, oder besser noch, ins Bett. Er sprach es aus wie einen Befehl, grimmig wie ein General: Es sei ihre Aufgabe, neben ihm zu sitzen und ihm die Hand zu halten. Sonst könne er nicht schlafen, und er brauche seinen Schlaf, sonst könne er anderntags nicht denken. Sie tat, als verstände sie seinen neuenglischen Akzent nicht, schüttelte ihm das Kissen auf und murmelte beruhigende Nichtigkeiten. Sie konnte beruhigt schlafen, weil sie wußte, daß er ohne seinen Stock nicht aufstehen konnte, und den hatte sie vorsichtshalber für die Nacht versteckt.

Auf der Plusseite standen ihr Gehalt, das für britische Verhältnisse üppig war, das eigene Zimmer in einer schönen Wohnung und der Hin- und Rückflug, den die Familie des Dichters bezahlte. New York war ein Aufstieg, wie früher Manchester, weil es nicht Belfast war, und es war der unerfüllte Traum ihrer Schwester Isabelle, einmal Macy's zu sehen.

Auf der Minusseite stand, daß man als Nanny nicht soviel mit Leuten zusammenkam wie als Polizistin, und das war seit jenem Silvesterabend, an dem britische Soldaten ihren Vater bewußtlos geschlagen hatten, weil er ihnen mit einem Besen schweinische Gesten gemacht hatte, stets ihr Traumberuf gewesen. Nanny Jackie hatte diese Bilanz ihrer Eindrücke wie immer schon nach dem ersten Arbeitsmonat fertig. Und fett als erster Posten auf der Minusseite stand, daß sie den Dichter haßte und das Gefühl hatte, mit ihm verheiratet zu sein.

II.

Es dauerte nur ein paar Monate, da war der Dichter so hinfällig, daß seine Exfrau es überhaupt nicht mehr nötig fand, ihn zu besuchen. Gehen konnte er jetzt nur noch mit zwei Stöcken, einem in jeder Hand; es dauerte Stunden, ihm beim Anziehen zu helfen, und sein hilflos-glasiger Blick folgte jeder von Nanny Jackies Bewegungen. Seine Ohren folgten ihr, so gut es ging, überallhin. Wenn sie eine Besorgung machte, ohne ihn mitzunehmen, stellte sie einen Stuhl an die Tür, damit er dort sitzen und auf ihre Rückkehr warten konnte. Insofern sie das freundlich meinte, führte sie es auf ihre gute Stimmung des Augenblicks oder Monats zurück und fand, daß er diese Annehmlichkeit überbewertete. Wenn er höflich war, nannte er sie »Dear« oder »Darling«, weil er sich an ihren Namen nicht erinnerte. Wenn er unhöflich war, nannte er sie »Else«, wie seine Exfrau, oder »Myra«, denn so hieß seine verstorbene Schwester. Ihre Aufrechnung über das Plus und Minus dieser Arbeitsstelle war auf der Minusseite noch länger geworden: Geht an zwei Stöcken. Fast blind. Fast taub. Statt gegen den Tod zu wüten, rief er sie beim falschen Namen. Die unaufhörlichen schlaflosen Nächte, in denen er sie anbettelte, sich zu ihm aufs Bett zu setzen, dann zu ihm unter die Decke zu kommen. Und keine Aussicht auf Besuch.

In regelmäßigen Abständen verging ihr die gute Laune. New York war so langweilig wie Belfast, der Dichter nicht mehr wert als ihr Vater. Aufgeplustert wie eine kranke Taube saß sie vor dem Fernseher, zu apathisch, um auch nur den Sender zu wechseln. Ihr Gesicht wurde immer aufgedunsener, die Haare hingen ihr in Zotteln um die Schultern. Dann bekam sie die Wut, und sie sagte dem Dichter, daß sie unpäßlich sei, worauf er überhaupt nicht reagierte. Daraufhin haßte sie ihn, weil er sie nicht ernst nahm, die Waage neigte sich stark nach Minus, und sie beschloß zu kündigen. Aber nicht sofort. »Unsere Jackie wird mal was aus sich machen«, hatte ihr Vater immer vor ihrer Mutter und ihrer älteren Schwester geprahlt. »Hab ein Auge auf sie, Isabelle, die wird dich noch mal übertrumpfen. Ich weiß nicht wieso, aber sie hat eine Zukunft, das weiß ich.« Und als sie die Stelle in Amerika bekam, betrank er sich zur Feier des Tages, torkelte durch die Straßen und brüllte: »Unsere Jackie hat's geschafft!« Deshalb konnte Nanny Jackie nicht gleich aufgeben.

Sie suchte Mittel und Wege, den Dichter an ihrem Elend teilhaben zu lassen: Sie sagte ihm, sie werde ihn verlassen und bei der Polizei arbeiten. Er wurde hysterisch. Sie holte die Pralinen. Dann weigerte sie sich, ihn zu seinem täglichen Spaziergang auszuführen, weil es auf der Straße so stinke, daß ihr davon schlecht werde, sagte sie. Er entschuldigte sich nicht für den Gestank auf den Straßen, aber er wehrte sich auch nicht dagegen, im Haus bleiben zu müssen. Drei Tage lang war sie unausstehlich, am vierten war sie dann erschöpft, aber sanftmütig und richtig froh, es hinter sich zu haben. Anschließend war sie wieder wie immer: fröhlich, robust und abweisend, und sie ertrug ihr hartes, aber finanziell lohnendes Dasein.

So lebten sie ungefähr sechs Monate lang.

Ohne ihn ein einziges Mal öfter zu berühren, als die Pflicht es verlangte, wurde sie mit ihm vertraut: Sie kannte sein Gewicht, seinen Geruch und die Geräusche, die er von sich gab. Sie kannte die Beschaffenheit seiner Haare, seines Gesichts, seiner langen Nase, seiner dünnen Unterarme. Sie wußte, wie seine Beine in der zu weiten Hose schlenkerten, wenn der Stuhl zu hoch war. Sie kannte seinen schlaffen, zahnlosen Mund. Sie kannte den Blick in seinen Augen, wenn er fernsah und die Langeweile ihn sanft in den Schlaf hievte.

Hin und wieder raffte sie ihre Gedanken zusammen und fragte sich, warum sie ihre Situation bei diesen vielen Minus nicht über alle Maßen schrecklich fand. Dann erinnerte sie sich, wie sie in Belfast einmal ins Wohnzimmer gekommen war und ihren Vater mit ihrer Schwester in einer merkwürdig starren Umarmung gesehen hatte. Ihr Vater stand, mit dem Rükken zu Jackie, über seine älteste Tochter gebeugt und küßte ihre kindliche Brust. Nanny Jackie erinnerte sich an Isabelles Gesicht, wie sie es über seinem geschäftigen Kahlkopf gesehen hatte. Zärtlichkeit war peinlich. Jetzt war Isabelle verheiratet und hatte vier Söhne. Von Männern umstellt, würde sie Macy's nie zu sehen bekommen.

III.

Gerade als Nanny Jackie sich bei Macy's zu langweilen anfing, was ein schwerer Schlag für die Plusseite war, bekam der Dichter doch wahrhaftig Besuch. Es war ein normaler Tag gewesen, in einer normalen Woche, in einem normalen Monat. Nanny Jackie nahm gerade ab. Da ihre Verköstigung im Gehalt inbegriffen war, hatte Nanny Jackie sich in ihren ersten New Yorker Monaten reichlich Zulagen genehmigt. Aber das Bedürfnis, ihren Arbeitgeber auszuplündern, hatte in letzter Zeit nachgelassen, und sie hatte sich Diät verordnet, wie ihre Mutter es immer tat: etwas Wiederkehrendes, wie die trockene Jahreszeit auf dem Torfmoor, die man erst bemerkt, wenn sie schon endet, und bald wieder vergessen hat.

Am Tag des Besuchs standen Kartoffelbrei und Apfelmus auf ihrem Programm, was auch den Bedürfnissen des Dichters entgegenkam. Sie sah ihm beim Essen zu und tupfte ihm bei Bedarf das Kinn ab. Er aß immer lustlos, ohne Interesse, und nahm keinen Bissen zu sich, wenn sie nicht neben ihm saß und ihn drängte. Hinterher half sie ihm ins Bett. Er ließ sein Hinterteil wie ein schweres Gewicht hinuntersinken, und sie wuchtete seine Beine hoch. Dann lag er mit geschlossenen Augen da und ächzte. Gräßlich. Jeden Tag ging das so; er nannte es Ausruhen. Das behauptete er zu brauchen, um bei klarem Verstand zu bleiben. Als ob er — dachte sie, und so weiter.

Er lag also im Bett, und sie blätterte in einer Illustrierten, als es klingelte. Jenseits des Gucklochs stand etwas mit langem schwarzem Haar und rotem Mantel, das sich als Miss Paul vorstellte, eine Freundin der Exfrau des Dichters. Sie entpuppte sich als eine lebhafte, hübsche Frau, nicht viel älter als Nanny Jackie, und vom ersten Augenblick an war es offensichtlich, daß sie vor dem Dichter Respekt hatte. Sie entschuldigte sich für die Störung und behauptete, zufällig in der Gegend zu sein, ein ganz spontaner Besuch. Dabei schwenkte sie einen mitgebrachten Kuchen. Nanny Jackie meinte, daß niemand bei einem Invaliden einfach so mal reinschaute.

Die Besucherin hatte offenbar schon von Nanny Jackie gehört und erkundigte sich gar nicht erst nach ihrem Namen. Sie trat ein. Wie geht es ihm? Ich habe ihn so lange nicht mehr gesehen. Sie rauschte an Nanny Jackie vorbei und zielsicher ins Zimmer des Dichters. Konfuse Freudenäußerungen von seiten des Dichters. Nanny Jackie auf Miss Pauls Fährte.

Man vernahm weitere Gesprächsfetzen. Nanny Jackie war das nicht gewöhnt. Fragen drangen an ihr Ohr: Wie wär's mit Kaffee und Kuchen? Es folgte eins aufs andere: Komm, setz dich mal auf, recht so, du kannst dich ruhig auf mich stützen.

Miss Paul führte den Dichter ins Eßzimmer und half ihm in den Harvardstuhl, den Nanny Jackie viel zu niedrig für ihn fand; dann rannte der Besuch auch noch in die Küche und setzte Wasser auf. Nanny

Jackie legte hastig drei Gedecke auf. Miss Paul strahlte sie an, und sie setzten sich.

Das Gespräch war angeregt. Miss Paul kannte alle Bücher des Dichters und plagte sich tapfer durch die ganze Skala seiner verworrenen Interessen, fragte ihn nach seiner Vergangenheit und Gegenwart aus und wagte sich sogar zu erkundigen, woran er zur Zeit arbeite; gut, wenn er nicht arbeite, woran er denke?

Und immerzu fütterte der Dichter ihre groteske Neugier mit Antworten. Anscheinend machte er sich dauernd Gedanken über die unwahrscheinlichsten Dinge: Natur, Zeit, Zivilisation. Nicht über so etwas Simples wie die Nachbarschaft, auf die Miss Paul zuletzt zu sprechen kam: Die Gegend habe sich verändert, ja? Seinen schlechten Ohren zuliebe schrie sie ihre Fragen, wobei ihre Augen und ihr roter Lippenstift funkelten. Aber dann hörte er auf zu reden, schaute mit leerem Blick um sich und sagte: »In letzter Zeit habe ich mir Gedanken über das Jenseits gemacht. Und über meine Eltern und meinen Bruder, die dort auf mich warten.«

Miss Paul schossen die Tränen in die Augen. Sie kippte rasch ihren Kaffee hinunter. Dann stellte sie ihm keine Fragen mehr.

Aber das mußte sie auch nicht. Der Dichter brabbelte unentwegt weiter: über seine Gedichte, den Einfluß seiner Mutter, Wordsworths, der Symbolisten. Er schlürfte seinen Kaffee und schlang seinen Kuchen. Du solltest wieder einmal ein Gedicht schreiben, sagte sie, über das Altsein. Noch eines, pflichtete er ihr bei, bevor ich nicht mehr kann.

Plötzlich stand er auf. Nanny Jackie eilte, seine zwei Stöcke zu holen, aber es war zu spät für Stöcke, der Dichter stakste auf eigenen Beinen im Zimmer umher. Auf einmal blieb er stehen, drehte den großen weißen Kopf nach der glitzernden Miss Paul um und sagte: »Das Alter ist nicht lustig!«

Miss Paul rührte sich nicht, und Nanny Jackie ergriff ihre Chance, sprang an des Dichters Seite und half ihm ins Bett. Er würde jetzt lange ruhen müssen, nach dieser Strapaze. Ein merkwürdiges Gefühl überkam sie, als ihre Hand seinen Arm berührte. Irgendwie, irgendwo in sich fühlte sie, gleich einem stummen Drängen, Zärtlichkeit für seine dünnen weißen Arme, seinen gebrechlichen Körper, sein Profil, das ihr so vertraut war in seiner Agonie. Sein Ruhm war ihr schnuppe. Sie sandte einen tödlichen Blick zu Miss Paul.

IV.

In seinem letzten Monat hatte der Dichter es gut. Nanny Jackie vergötterte ihn und wußte nicht, warum. Seine Glieder waren jetzt so weich und schlaff, daß er sie nicht mehr aus eigener Kraft bewegen konnte. Haare wuchsen ihm unbotmäßig aus Nase und Ohren, und das hatte so etwas Ehrfurchtgebietendes, daß sie nichts dagegen unternahm. Sie versorgte ihn, wusch ihn und zog ihm sein bestes schwarzes Jackett an. Wozu es noch schonen?

Die Zeit verging jetzt langsam. Sie vergaß, ihre freien Tage zu nehmen; sie verdrängte oder vergaß ihre monatlichen Launen. Sie redeten kaum noch miteinander. Nanny Jackie behielt ihn stets im Auge und wußte immer genau, wann er etwas brauchte, bevor er darum bitten mußte. Aber nein, sie legte sich nicht zu ihm, worum er immer noch bat, wenn die Angst vor dem Tod in ihm wühlte und er nach ihrer Hand griff. Sie ließ ihm ihre Hand. Manchmal griff sie auch nach der seinen.

Eines Abends saß Nanny Jackie in einem Sessel am Bett des Dichters und las in einer Illustrierten. Auf einmal hob und senkte sich seine Brust mehrere Male, dann war er tot.

Nun endlich tat sie, worum er so oft gefleht hatte. Sie setzte sich zu ihm aufs Bett, und nach einer Weile legte sie sich zu ihm unter die Decke. Er war warm, angenehm warm, genau die richtige Temperatur, und seine Haut war so weich, und sein Haar roch angenehm, ganz nach ihm persönlich. Da schlang sie ihre Arme um ihn, legte den Kopf auf seine Schulter und lag bei ihm so die ganze Nacht.

FROMME LÜGEN

The North Wind shall blow
And we shall have snow
And what will poor Robin do then, poor thing?
He'll sit in the barn
And keep himself warm
And hide his head under his wing, poor thing!

Es war Gottes Wille, daß wir die Krankheit unter seinem gratis erhältlichen Tageslicht studieren, sprach der Oberste Leichenbeschauer von New York City und ließ den Seziersaal der städtischen Morgue mit riesigen Fenstern und einem Oberlicht ausstatten, unter dem die Seziertische sich ausnahmen wie kleine Beete. Nach wenigen Wochen waren die Scheiben so verdreckt, daß das Tageslicht draußen blieb. Der Sommer kam, ein Sommer der frühen Fünfziger ohne Klimaanlage und ohne riesige Fliegengitter. Sooft einer der armen Pathologen kurz vor dem Ersticken vorsichtig ein Fenster öffnete, nutzten die Fliegen ihre Chance. Sie überfielen die Morgue. Eines Nachts krachte die Scheibe des Oberlichts in den Seziersaal. Das war kurz bevor Conny Bauer dort zu arbeiten anfing, aber als das Oberlicht schon längst mit einem Stahlblech zugenagelt war, hallte die Lektion immer noch von den Wänden wider: Gott mag keine Theorien über Seinen Willen und über Autopsie.

Dr. med. Connie Bauer war blond und hatte einen so mütterlichen Busen, daß sie im Stehen ihre Füße nicht sah. Sie entwickelte deshalb einen besonderen Sezierstil: mit gekrümmtem Rücken und eingezogenem Bauch, so ähnlich wie ein Kätzchen, das auf den Hinterbeinen sitzt und mit einem Wollknäuel spielt. Alle liebten sie. Die Sekretärinnen nahmen ihr Diktat besonders gern auf, weil sie so einen süßen deutschen Akzent hatte. Die Kollegen freuten sich, auch einmal ein lebendes weibliches Wesen in der Morgue zu sehen. Sie versuchten ihre »Miezenhaltung« am Seziertisch zu imitieren und mußten zugeben, daß es gar nicht so einfach war.

Die Pathologen kannten die Seziertechniken ihrer Kollegen ganz genau. Dr. Miele rauchte bei der Arbeit gern eine gute Zigarre und war so groß, daß er im Sitzen an alles herankam. Die Art, wie er seine Instrumente schwang, wie er die Zigarre zwischen die Zähne klemmte und »Gewolltoinwürkung« sagte, trug ihm den Spitznamen »Broadway-Schlächter« ein. Dr. Guttenberg war klein und energisch. Er hatte die Angewohnheit, blinzelnd und rechnend neben dem Leichnam zu sitzen, und galt als die Ausgeglichenheit in Person. Doch als die andern eines Abends schon nach Hause gegangen waren und ihn mit einer angefangenen Autopsie alleinließen, schmierte er unflätige Worte mit Blut an die Tafel.

Dr. Hake war der Intellektuelle vom Dienst in der Morgue: ein gutaussehender, hochmütiger Mittdreißiger, ein Pfeifenraucher mit Haaren dicht und dunkel wie Burgundersauce. Er hatte freiwillig das kleinste und schäbigste Büro genommen, weil er den Ausblick so romantisch fand: Draußen an der Mauer hing, von seinem Fenster aus stets sichtbar, das Schild MORGUE. Er investierte den größten Teil seines Gehalts und alles Gefühl in die Veröffentlichung seiner Bücher über das Leben und dessen Sinn, verfaßt in seiner geliebten Medizinerprosa. Neuerdings hatte er sich auch an einem Gedicht versucht, das großes Aufsehen erregte: über die inneren Organe. Als einziger in der Pathologie bekannte er sich zu der Überzeugung, daß im Innern eines Menschen nicht nur Eingeweide wohnten, sondern auch eine Seele, und im Innern jeder Seele verberge sich ein schmutziges Geheimnis. Er zog darob sehr oft die Stirn in Falten, was neben seinen vielen Publikationen die Ehrfurcht der Sekretärinnen vor ihm noch steigerte.

Dr. Bauer, mit achtundzwanzig Jahren die jüngste im Team, arbeitete gern in der Pathologie. Hier hatte sie zu allem das letzte Wort, was andere Ärzte, voran die frisch-fromm-fröhlichen Chirurgen, getan hatten. Daß sie die einzige Frau im Seziersaal war, störte sie nicht, es fiel ihr gar nicht weiter auf. Sie kam salopp in Männerhemden und weiten Röcken daher. Am liebsten war ihr die Gesellschaft ihrer achtjährigen Tochter Sally, die sie gern überallhin mitnahm. So kam es, daß Sally in der Morgue schon fast zur Belegschaft gehörte. Oft holte ihre Mutter sie nachmittags von der Schule ab und ließ sie bei den Sekretärinnen Alice und Blessed warten, wenn sie noch einen Fall abschließen mußte. Blessed, eine ältere Jamaikanerin, war ganz vernarrt in die unmanierliche Kleine und unentwegt bemüht, sie herauszuputzen. »Du siehst wieder aus wie in der Gosse aufgelesen«, sagte sie, und das klang in dieser Umgebung ein bißchen makaber.

Manchmal brachte Sally ihre Geige mit, und die Sekretärinnen ließen sie in der Präparatekammer üben. Man hörte ihr Gefiedel bis unten im Seziersaal. Damals kannte man noch keine Muzak, und die Ohren der Pathologen waren noch nicht verstümmelt und gegen jeden musikalischen Schmerz unempfindlich geworden. Wenn Sally spielte, arbeiteten sie schneller, ihre Skalpelle wurden zu Hackmessern, ihre Nadeln zu Spießen. Nur auf Dr. Bauer hatte Sallys Spiel genau die umgekehrte Wirkung. Sie versank in eine Trance der Zufriedenheit, arbeitete langsamer und lächelte ihren Kollegen zu.

So geschah an einem Montagnachmittag etwas Ungewöhnliches. Dr. Bauer arbeitete gemeinsam mit Dr. Hake an einer verwesten Leiche, als Beethovens

Ode an die Freude, von Sally dargeboten, durch den Seziersaal tönte. Dr. Bauer lächelte. Dr. Hake nahm das Lächeln persönlich. Mit einem Zungenschnalzen, das den Bann seines Stirnrunzelns brach, erwiderte er es, und siehe, das Lächeln haftete dem Gestank zum Trotz noch lange, lange an seinem Gesicht.

Am Morgen vor dem wechselseitigen Lächeln hatte Sallys Vater bei Conny angerufen und gesagt: »Sally hat mir am Samstag erzählt, du nimmst sie mit in die Morgue. Das ist doch nichts für Kinder!«

Conny hatte geantwortet: »In dein Tollhaus gehören Kinder erst recht nicht hin. Ich habe von der eingewickelten Weinflasche gehört, als du mit ihr in *Schneewittchen* gegangen bist. Und von den Heftchen hinter deinen Büchern im Regal.« So unumwunden redete Conny nur mit Untergebenen, einem Fähnlein von Dreien: zwei Kindern und dem einen Erwachsenen, den sie ihren »Exgatten« nannte, dem Chemiker Stanislav.

Stanislav Reich hatte Conny vor einem Jahr verlassen. Das war gar nicht mit Absicht passiert. Die Familie reiste im Pullmanwagen durch den Westen. Die Besichtigung der USA war ein wichtiger Punkt in Connys Amerikanisierungsprogramm. Für Stanislav war es reine Geldverschwendung. Er sagte, Conny sei blöd, auf dieses Discover-America-Sonderangebot hereinzufallen, das den ganzen Winter aus dem Radio plärrte. Er wiederholte seine Einwände noch wochenlang, nachdem sie sich in der Morgue zum Sonntagsdienst gemeldet hatte, um die Reise selbst finanzieren zu können. »Dumme Gans!« schrie er mit seinem polnischen Akzent. »Dómę gąź biszt dó!«

Er konnte aber nicht verhindern, daß sie ein Familienabteil nach Salt Lake City und zurück buchte. »In die Mittä!« schrie er. »Nix wie Kitsch und Comics!«

Vielleicht war an der Scheidung ja auch nur der Schaffner schuld, der den Fahrgästen gesagt hatte, sie würden die Mitte Amerikas in der Mitte der Nacht erreichen. Stanislav war über die Koinzidenz so erzürnt, daß er nicht schlafen konnte. Drüben im verständigen Stockholm wurden Namen für den Nobelpreis genannt. Er verließ das Familienabteil und wandelte auf den schaukelnden Gängen. Als der Zug bei einem kleinen Dörfchen unerwartet hielt, stieg er aus, um sich die Wut auf festem Boden aus dem Leib zu rennen. Er war meilenweit in den Maisfeldern, da fuhr der Zug wieder an.

Nach Manhattan zurückgekehrt, trug Conny die Koffer in ihre Wohnung hinauf, eine schäbige Uptown-Wohnung mit teurem Blick über den Hudson nach New Jersey. Sie packte nicht aus, sie packte noch mehr Sachen in die Koffer. Stanislav sah ihr zu, eine schmächtige, ungepflegte Gestalt mit einem Ausdruck tiefen Entsetzens. Auf der anderen Seite der schönen Aussicht packte sie die Koffer in ihrem Elternhaus wieder aus, wo Vater Carl Bauer, feist und adrett, ihr mit dem gleichen Ausdruck des Entsetzens zusah.

Conny nannte Stanislav schon ihren »Ex«, als sie noch lange nicht an die Endgültigkeit der Trennung glaubte. Den Ex bekümmerte das alles nicht sehr. Seine Nominierung für den Nobelpreis war durch. Als der Preis dann doch an einen anderen ging, vermißte er Conny nur kurz. Er sah sich nach einem Ersatz für sie um, und da er nicht wählerisch war, fand er ihn bald. Als ihm auch diese Frau abhanden kam, begann er, sich Heftchen zu kaufen. Ein Jahr verging, und wieder hieß es, Ex' Name stehe weit oben auf der Kandidatenliste zum Nobelpreis für Chemie.

Er fand es lästig, sich an Samstagen um die Kinder zu kümmern, aber er mußte darauf bestehen. Als Sally ihn mit Erzählungen aus der Morgue beglückte, geriet er in helle Panik. Sie könne sich dort gefährliche Krankheitserreger einfangen, mit denen sie dann herumlaufen und ihn (sie selbst war viel zu abgehärtet, um an etwas zu erkranken) womöglich anstecken werde, noch vor seiner Heiligsprechung.

Rückstände von Zuneigung sind schwer abzuwaschen. Connys Mutter hatte sich der Ehe mit Stanislav heftig widersetzt. Darum hatte Conny ihn geheiratet. Nach dem Tod ihrer Mutter konnte sie sich eingestehen, daß die Verbindung ein Reinfall gewesen war, aber selbst als Reinfall erfüllte sie noch ihre eingeschrumpften emotionalen Bedürfnisse.

Durch seinen Angriff auf die Morgue schlug Stanislav sich auf die Seite des Aggressors, ihrer Mutter, die immer »dein Stinkladen« sagte, wenn sie von der Morgue sprach. Conny begann ihn zu hassen. Ihre Emotionen stoben auf, stiegen in die Höhe und regneten als geladene Teilchen herab, die sich überall festsetzten.

Als Dr. Hake die Kollegin Dr. Bauer anlächelte, kam gerade die spätherbstliche Nachmittagssonne heraus und wärmte die roten Backsteinmauern der Morgue. Den Fahrstuhlführer erfaßte plötzlich gute Laune. Er trank den Kaffee, den seine Frau ihm in die Thermosflasche gefüllt hatte, und fand das Leben lebenswert. Die Sekretärinnen zauberten selbstgebackene Kekse hervor und boten auch den Pathologen davon an.

Sally, die in der Präparatekammer Geige übte, wurde auf einmal unruhig. Was tat ihre Mutter wohl die ganze Zeit? Vermutlich dasselbe wie immer: Sie schloß eine Obduktion ab. Doch Sallys Unruhe steigerte sich, bis es weh tat und sie sich nicht mehr konzentrieren konnte.

Sie legte ihre Geige auf die Gläser mit den präparierten Foeten und ging hinaus. Die Sekretärinnen tippten wie die Batteriehennen, die Ohren mit Kopfhörern zugestopft. Sie sahen das Kind nicht vorbeihuschen.

Der Fahrstuhlführer schob die Gittertür zu seinem Luftschiff auf, sah sie erstaunt an und fragte: »Na, was macht die Schule?«

»Zweiter Stock, bitte«, antwortete sie.

»Die Frau Mama besuchen«, meinte er.

Im zweiten Stock zeigte er auf die geschlossene Tür. »Schöne Frau.« Und weg war er wieder.

Sally trat in den Seziersaal, bevor das Lächeln auf Dr. Hakes Gesicht wieder untergegangen war. Sie sah von der Tür aus ihre Mutter von hinten, den Leichnam von der Seite und Dr. Hake von vorn. Auf seiner Nase waren noch die Spuren der Verwüstung zu sehen, die ein Hormonsturm in der Jugend angerichtet hatte. Seine Wangen leuchteten wie der Sonnenuntergang, in seinem Mund blitzten die Zähne. Dann wurde sein Mund zur Mondsichel, und um die Winkel färbte die Haut sich grau.

An der Rückseite des Seziertischs stand eine Bahre mit einem Leintuch darüber. Darunter schaute eine große Zehe hervor. Daran hing ein Etikett.

»Mutter!« rief Sally.

Conny drehte sich um. Als sie ihr Kind sah, strahlte sie. »Komm mal her, mein Schatz«, rief sie fröhlich. »Jetzt zeige ich dir ein Herz, damit du ein für allemal weißt, daß es ganz anders aussieht als die aus Lebkuchen.«

ABENDS BEIM ESSEN nahm Conny keine Kartoffeln.

Die Kartoffeln lagen in einer Schüssel aus Meißner Porzellan. Conny nahm die Schüssel und reichte sie ihrem Vater weiter, ohne davon zu nehmen.

Gerda, die Haushälterin, sah von ihrem Tischende auf, und ihre Augen funkelten. Vom anderen Ende her funkelte Carl. Ihre Blicke nahmen Conny, die auf ihren Teller schaute, in die Zange.

»Keine Kartoffeln, Conny?« fragte Gerda.

»Iß Kartoffeln, dann bleibst du mit den Füßen auf dem Boden«, sagte ihr Vater. Er sprach mit deutschem Akzent, der klang, als wolle er die R's zermalmen, um das Mark herauszupressen.

»Meine Füße stehen schon knöcheltief im Morast, was brauche ich noch Kartoffeln?« lachte Conny.

Carls Augen spuckten Feuer. Er reckte sich über den Tisch, um an die Schüssel zu kommen, und schaufelte seinen Teller voll Kartoffeln. Sein Zorn spießte zuerst Conny auf, dann Connys beide Kinder, und stieg endlich als Gebet gen Himmel, ein Gebet zu seinem allerbarmherzigsten, allernachsichtigsten God-Almighty: Pließ, forgiff mei Tochter her Arroganz gegen New Potätohs.

Die Kinder blickten leidend zu ihrer traurigen, sanften Mutter mit der üppigen, sanften Figur. Sie trauten sich nicht, Carl Bauer anzusehen, den sie »Opa« nannten, das einzige deutsche Wort, das sie kannten. »Opa« war stets ein Quell der Angst, doch auch die fleischgewordene Güte, ein Opa, der sie aufgenommen hatte, als Daddy nichts dagegen unternahm, daß Mummy auszog. Von Opa kam das Schwergewicht in die Gene der Familie, denn er war ein schwerer Mann mit schweren Wangen, dichtem weißem Haar und gestutztem weißem Schnurrbart. Seine Hände waren immer frisch gewaschen, sein Gesicht nur selten nicht traurig. Die Kartoffeln waren fest und glänzend nach stundenlangem Schälen. Sie verlangten nach Dankbarkeit. Der neunjährige Dicky griff nach der Meißner Schüssel und tat sich den Rest auf.

Conny war in Ungnade. Sie ergriff nicht die Flucht. »Immer mit der Ruhe« lautete ihr Lieblingsspruch. Sie blieb am Tisch, bis nach dem Dessert, einem arbeitsintensiven Zitronenpudding. Davon aß sie mit Genuß zwei Portionen. Sie war Ungnade gewöhnt.

»Was hast du heute gemacht, daß du solchen Appetit auf Süßes hast?« fragte Carl.

»Zwei Autopsien, Papa. Nichts Besonderes.«

»Ich glaube, du verheimlichst wieder etwas.«

Gerda Schmidt und Carl Bauer wechselten einen Seufzer. Ihre Seufzer sagten, welche Bürde sie mit Connys Fehlern auf sich nahmen, in diesem Fall Kinder.

Die Emigration war hart genug gewesen. Sie sprachen nicht gern davon. Wenn Leute ihren deutschen Akzent zum Anlaß nahmen, sie nach ihrer Herkunft zu fragen, antworteten sie: »Aus Cincinatti.«

Sie waren 1952 nach Fort Lee gekommen, neue Besitzer eines roten Reihenhauses an der River Avenue, einer Gegend, wo linde Sauerkrautdüfte durch die Abende wehten. Sie waren mit wenig Trara in einem gemieteten Kleinlaster gekommen, von dem sie — die Nachbarn wußten Bescheid — gewöhnliche Versandhausmöbel und ein paar altmodische Seekisten abluden. Der rot-goldene Plastiklehnstuhl war noch nicht mit von der Partie. Sie brachten einen Dackel mit, den ersten einer ganzen Dynastie von reinrassigen rotbraunen Langhaardackeln, mit denen man Carl Bauer bald regelmäßig seinen geduldigen Rundgang durch die Gegend machen sah. Er und seine hübsche Frau redeten offen mit den Nachbarn und den Besuchern der hiesigen katholischen Kirche, erzählten ihnen aber nichts von Interesse. Sie hatten angeblich im Mittelwesten ihre Zelte abgebrochen, weil ihre einzige Tochter Conny im ersten Jahr auf dem College, drüben in Manhattan, schwanger geworden war und sie doch als Familie zusammenhalten wollten. Sie würden sich wohl um den Enkel kümmern müssen, wenn Conny ihr Studium fortsetzen wollte. Alle dachten, das Kind sei unehelich, und obwohl es sich bald herumsprach, daß die Bauers in der Messe wenig in den Klingelbeutel taten, waren sie in der Kirchengemeinde besonders beliebt, weil man sie bedauern konnte.

Die Bauers waren schon umgezogen, als sie merkten, daß Conny ihre Schwangerschaft zum Staatsgeheimnis erhoben hatte. Sie hatte nicht nur die Schwangerschaft verheimlicht, bis sie zu sehen war. Allmählich kam heraus, daß sie auch über den Vater die Unwahrheit gesagt hatte (kein Stanley, sondern ein Stanislav), die

Unwahrheit über sein Verhältnis zur katholischen Kirche (gar keines, er war Jude), die Unwahrheit auch über ihren Auszug aus dem Studentenwohnheim und ihren Einzug bei Stanislav schon vor zehn Monaten — nachdem sie ihn geheiratet hatte.

»Ich rede eben über gewisse Dinge nicht gern, weil sie mich ... so traurig machen«, sagte Carl Bauer. »Das ist keine Heimlichtuerei. Ich will nur auf meine alten Tage ein bißchen Ruhe und Frieden haben und mich nicht plötzlich um eine Familie mit unartigen Kindern kümmern müssen.«

Gerda starrte auf die Kartoffelschüssel und nickte. Sie hatte jede Hilfe ausgeschlagen, als ihre Arbeit sich vervierfachte. Sie bewegte einfach ihre krampfadrigen Glieder dreimal schneller, unentwegt angetrieben vom lauten Motor ihrer schlechten Laune. Nach den Mahlzeiten kratzte sie die Reste für den Hund zusammen, der in der Küche schon mit trommelndem Schwanz darauf wartete. Eine normale amerikanische Familie. Die Dackel hießen einer nach dem andern Happy.

Gerda räumte den Tisch nach dem Essen immer allein ab. Die Kinder flohen die Fronarbeit, indem sie etwas von »Hausaufgaben« murmelten, und eilten auf ihr notdürftig eingerichtetes Zimmer. Conny half nie bei der Hausarbeit. Sie ging zu ihrem Vater und gab ihm einen Kuß auf die fahle Wange. Die Tränen in seinen Augen sah sie lieber nicht. »Papa«, sagte sie, »ich habe morgen soviel zu tun und bin ganz erledigt. Ich muß jetzt etwas ruhen.« Er nickte, denn längst hatte Bitterkeit sein Herzeleid abgelöst.

Conny verließ das kleine Eßzimmer durch das einfache kleine Wohnzimmer mit den billigen Perserteppichen, niedriger Decke und schweren dunkelroten Vorhängen. Die Vorhänge waren eigentlich unnötig, denn man hatte die Rhododendronbüsche ums Haus so hoch wachsen lassen, daß sie die untere Hälfte der Fenster verdeckten. Die Zimmer waren daher schrecklich düster, und das Bauersche Haus war wie ein geschlossener Leib, der niemanden an sein Innenleben heranließ. Die rauhverputzten Wände waren vollgehängt mit Uhren, Kruzifixen, Souvenirs von amerikanischen Wahrzeichen und Landschaftsaquarellen von Carl Bauers eigener Hand. Der Pulsschlag der Uhren war überall zu hören.

Conny blieb vor der eingerahmten Erklärung der Menschenrechte stehen, um sich noch einen Pullover überzuziehen, bevor sie sich in die ungeheizte Glasveranda zurückzog. Das war ihr Zimmer. Eine andere Möglichkeit gab es in dem kleinen Haus gar nicht. Trotzdem war ihr die Veranda mit den Gartenmöbeln aus plastikbezogenem Aluminium zur Strafe zugewiesen worden, und sie akzeptierte sie als solche. Das ganze Jahr hindurch hatte sie nie versucht, sich dort wohnlicher einzurichten, und nicht ein einziges Mal schaltete sie den Elektroofen ein, den Gerda hineingeschmuggelt hatte.

Sie zog sich also nach dem Essen in die Veranda zurück, bürstete ihre kurzen blonden Locken, legte sich auf den Plastikliegestuhl, den sie klaglos als Bett akzeptierte, und zog sich eine Decke über den Kopf. Als die Liege nach einer Minute angewärmt war, tauchte sie mit zerzaustem Haar wieder auf und las ein Buch über Caligula.

Der Fernseher lief in diesen Tagen nie. Auf dem Apparat stand ein gerahmtes Foto von Eva, Connys Mutter, daneben eine Kerze, die stets brannte und immer kurz vor dem Abbrennen durch eine neue ersetzt wurde. Carl hatte verfügt, daß der Fernseher fünfundzwanzig Monate lang dunkel zu bleiben habe. Nach dem Abendessen gingen er und Gerda vor dem 56-Zentimeter-Bildschirm auf die Knie und beteten für Evas Seele. Sie beteten so lange, wie eine normale Fernsehsendung dauerte, ohne Werbespots.

Gerdas Knie waren arthritisch, aber heute erhob sie sich als erste und zerrte an Carl Bauers Armen, bis auch er aufstand. Er bedankte sich, eine an ihm ungewohnte Höflichkeit. Sie hatte Tränen in den Augen. »Ja, ja!« sagte sie unwirsch. Sie hatte Eva verehrt. Hinterher ging sie in ihr Zimmer und betete ein bißchen weiter. Ihr Zimmer hing voller Kruzifixe, noch mit den Palmzweigen vom Vorjahr geschmückt. Als sie genug gebetet hatte, setzte sie sich an ihre Nähmaschine und las in einem frommen Traktat, den ihr die *Wachtturm*-Leute im Supermarkt verkauft hatten.

Carl saß in seinem goldgeränderten roten Plastiklehnstuhl, der am selben Tag ins Haus gekommen war wie die Kinder. Am ersten Abend hatte Sally sich auf die Lehne gesetzt, um ihrem Großvater einen Gutenachtkuß zu geben, und Gerda hatte sie mit den Worten hinuntergeschubst: »Dein Großvater hat so wenig, mach ihm das nicht auch noch kaputt. Du darfst dich hier nie draufstützen.« Er lag weit darin zurückgelehnt und las in der neuesten *National Geographic*.

In seinem »Herrenzimmer« wohnten die Kinder. Rechts und links von dem Mahagonischreibtisch, an dem er, wie er gern betonte, einmal seine Doktorarbeit in Architektur geschrieben hatte, waren Klappliegen aufgestellt. Dicky hielt unter der Matratze seine heimliche Comicsammlung versteckt. Wenn er sich hinlegte, knisterte es. Dann wälzte er sich auf seinen dicken Bauch und las darin. Sally hatte ihr Taschengeld wieder einmal in den *National Inquirer* investiert. Sie liebte Greuelmeldungen über alles, aber was sie heute abend las, brachte sie aus der Fassung. Sie schnippte mit den Fingern, schloß die Augen und stöhnte: »Bitte, laß das nicht wahr sein! Das ist ja entsetzlich.«

Es war nicht Dickys Art, sich für seine Schwester oder sonst etwas zu interessieren. Er blätterte in seinen Comics, wie eine Maus ihr Tretrad dreht. Etwas anderes las er nie, seit die Amerika-Entdeckungsreise überraschend in einem New Yorker Vorort geendet hatte.

Es war Carl Bauers erste Amtshandlung nach seiner Machtübernahme in der Familie gewesen, die Kinder von ihrer teuren Privatschule in Manhattan zu nehmen. Er hatte sie stattdessen zu den Heiligen Nothelfern in Weehawken geschickt. Solange Dicky so ein unsportlicher dicker Bücherwurm war und diesen deutschen Akzent behielt, nachdem er sein Kinderdeutsch längst verlernt hatte, gehörte er in eine Umgebung, in der man die amerikanischen Tugenden pflegte. Auf der Privatschule in Manhattan hatte man Vorstellungen. Vorstellungen von Talent. Schlimm genug für den armen Dicky, so einen mickrigen Intellektuellen zum Vater zu haben. Sprach Carl Bauer.

Dicky beklagte sich nie und tröstete sich in seinen Comics mit *Jughead,* der ein noch größerer Tölpel war als er, auch ohne deutschen Akzent. Aber plötzlich schob sich Sallys *National Inquirer* zwischen ihn und *Jughead.* Er las die Überschrift: »Adolf Hitler in den USA untergetaucht!«

»Sag mal«, meinte Sally, »könnte das Opa sein?«

»Mach dich nicht lächerlich, du Dussel. Opa? Wenn Opa Hitler wäre, würde er nicht mit so einem Schnurrbart rumlaufen. Der würde ihn doch verraten«, entgegnete ihr Bruder. »Außerdem ist er aus Cincinatti. Die haben dort alle einen deutschen Akzent.«

»Denkst du! Klar ist er Hitler. Paßt alles zu dieser Familie. Er ist von Deutschland nach Cincinatti gezogen. Und Hitler würde sich nie sein Markenzeichen abrasieren. Außerdem haßt er die Juden, besonders Daddy.«

»Die haßt er, weil sie Jesus hingerichtet haben«, sagte Dicky.

»Dafür ist das viel zu lange her«, erwiderte Sally. »Opa haßt sie, weil sie immer von Geld reden.«

EINEN TAG, NACHDEM CONNY ihrer Tochter bewiesen hatte, daß Herzen ganz anders aussehen als die aus

Lebkuchen, fühlte Conny am Morgen das ihre pochen. Sie interpretierte das Gefühl in der Brust als Anweisung, was sie anziehen solle. Sie zog also statt der gewohnten Sachen ein hübsches rotes Kleid an. Ihre Kinder beobachteten mit Sorge und Abscheu, wie sie vor dem Spiegel den Kopf schieflegte und ganz unnatürlich freundlich lächelte.

Connys Heimlichtuerei war so chronisch, daß sie sich auf sie selbst erstreckte. Ihr Herz versuchte auf sich aufmerksam zu machen. Conny fragte sich, warum, und gab sich selbst zur Antwort: »Weil heute heute ist.« Aber das Lächeln war keine Tarnung. Sie versuchte sich nur zu erinnern, wie sie aussah, wenn sie glücklich war.

Dann fiel ihr ein, daß heute Mittwoch war und daß Dicky heute nachmittag zum erstenmal Sprechunterricht bekam. Danach sollte er wegen seines Übergewichts einen Schlankheitskurs besuchen. Conny sah Dickys Zukunft optimistisch. Beim Frühstück tat sie so, als wüßte sie nichts von seinem Terminkalender, denn sie hatte beschlossen, seine Fehler nie mehr auch nur mit einem Wort zu erwähnen. Sie sagte ihm, Mittwoch sei ein besonderer Tag, ein schöner Tag, um etwas Neues anzufangen.

Alles, was sie tat, erschien ihr ungewöhnlich. Die Fahrt zur Schule kam ihr lang vor, Sally redseliger denn je, ihre Bemerkungen über die Lehrer alltäglich und langweilig. Conny war aufrichtig froh, die beiden abzusetzen. Sehr merkwürdig. Dann packte sie plötzlich der Wunsch, zum Friseur zu gehen, um den sie sonst einen Bogen machte, und so landete sie zu guter Letzt in einem Salon und ließ sich eine Dauerwelle legen. Als sie ihren grauen Ford endlich auf dem Krankenhausparkplatz abstellte, hatte sie sich verspätet. Sie war noch nie zu spät gekommen.

Unregelmäßigkeiten säumten ihren Weg zur Arbeit. Die Morgue befand sich ganz hinten auf dem Krankenhausgelände, gegenüber der Psychiatrie. Sie war nur zu Fuß durch eine enge Gasse zu erreichen und an dem MORGUE-Schild zu erkennen, das vor Dr. Hakes Fenster baumelte. Es war zehn Uhr vormittags, und die männlichen Psychiatriepatienten, deren Station zur Gasse hin lag, nahmen gerade ihre Milch und ihre Ritz Crackers zu sich. Die Musik weiblicher Schritte auf dem Pflaster ließ sie aufhorchen.

Sie ließen mit lautem Geklapper ihre Blechteller fallen und stürzten an die Fenster. SIE war es, heute verspätet. Sie hatten längst nach ihr Ausschau gehalten. Dank der Tageszeit — Milchpause — konnten sie ihr nun jedoch einen gebührenden Empfang bereiten. Mit donnernden Schritten rannten sie zurück und holten ihre Becher, um sie gegen die Gitterstäbe zu schmettern. Ihre Mitpatienten auf den höheren Stockwerken hörten das Getöse und taten es ihnen gleich. Das machte die Insassen der Zellen auf der anderen Gebäudeseite munter. Das Haus wackelte. Was passiert wäre, wenn die Patienten sich auf einen gemeinsamen Takt geeinigt hätten, weiß niemand zu sagen: Levitationen, Spontanheilungen, Elysium. Aber sie fanden zu keinem Rhythmus.

In der Pathologie hörte man den Krach und vermutete, die Stadt errichte wohl irgendwo ein neues Gebäude. Alle waren froh, daß Dr. Bauer endlich kam. »Hallo, Dr. Bauer!« rief Dr. Miele. »Guten Morgen, Dr. Bauer«, sagte Dr. Guttenberg, »ich warte schon auf Sie.« Aus verschiedenen Zimmern kamen die Assistenten gesprungen, freuten sich und zerrten sie in ein Zimmer, damit sie sich ein Präparat ansah. Als sie wieder auf den Korridor kam, lauerten ihr dort schon wieder andere auf. »Dr. Bauer!« sagten sie höflich, »wir haben hier einen komischen Fall, den sollten Sie sich mal ansehen.«

Nach einer Weile setzte sie ihren Weg fort, ging am Fahrstuhl vorbei, ohne auf den Knopf zu drücken, und weiter den nächsten Korridor entlang, wo der Formaldehydgeruch zuerst stärker, dann schwächer und zuletzt von Kaffeeduft verdrängt wurde.

Dr. Hake erkannte ihr Nahen daran, daß ihre Schritte nicht beim Fahrstuhl innehielten. Er begann zu schwitzen, und vom Schwitzen begann es ihn an Stellen zu jucken, wo er sich unmöglich kratzen konnte. So blieb er denn an seinem Schreibtisch sitzen, wo in Gläsern ringsherum die Präparate schwammen. Er tat einen Zug an seiner imposanten Bruyère-Pfeife und las noch einmal den Titel seines neuesten Opus, einer Studie über den Zusammenhang zwischen Frömmigkeit und Lüge. Das Material dazu wollte er sich aus der gerichtsmedizinischen Praxis holen. Was für welches wußte er selbst noch nicht so genau. Im Augenblick war er noch nicht über so ein gewisses Gefühl hinausgekommen, das er beim Lesen des Titels hatte. Manchmal fiel es ihm schwer, sich zu konzentrieren. Der Juckreiz zappelte ihm zwischen den Schenkeln und auf der Kopfhaut herum. Conny kam in Sicht. Blond. Dieser Busen, so fest unter weißem Laborkittel und weißer Bluse, und dann ihre ganz, ganz weiße Haut! Die sanfte Stimme. Sein Kopf hob sich langsam wie eine Blase in zäher Flüssigkeit. Sie lächelte ihn unbefangen an, als wäre ihr Besuch nichts weiter als ein Besuch.

»Treten Sie ein, Dr. Bauer«, sagte er, indem er seinen Stift hinlegte und die Pfeife aus dem Mund nahm.

Sie trat, immer noch lächelnd, ohne Antwort ein. Das alles hatte nichts zu bedeuten.

Er seufzte.

Sie sprach. »Juh hev so matsch tu duh?«

Perlen vor die Säue, deine Worte, Wein zu Wasser, dein zu mein.

Wie ein Blatt wurde Dr. Hake umhergewirbelt im Strudel seiner Gefühle, hingespült zum Quell seiner Erregung, knallte dagegen, klammerte sich fest und drohte zu ertrinken.

»Doktor Bauer ... darf ich Conny zu Ihnen sagen?«

»Ja. Und Sie sind Ronald.«

»Conny.«

»Ronald.«

Conny Ronald,

Connyronald,

Carnoldonny,

während Dicky lernte, sich gerade hinzustellen und den Bauch einzuziehen, während Dicky aus einer Broschüre etwas über Kohlehydrate erfuhr,

während Sally bei den Heiligen Nothelfern alle Todsünden und läßlichen Sünden nebst sämtlichen Untergruppen in der richtigen Reihenfolge auswendig lernte,

während Carl Bauer daheim in seinem Plastiklehnstuhl saß und mit krauser Stirn die nackten Pygmäen in seiner *National Geographic* betrachtete. Ein anderer Artikel befaßte sich mit den Eingeborenen von Neuguinea, die ihre Penisse in Köchern trugen,

während »tuh paunds potähtows« unters Schälmesser kamen und Gerda sie danach zu Brei stampfte, mit Wasser und Hefe vermischte, klopfte und knetete, die Überreste zu Kugeln rollte und sie, als in ihrem größten Topf das Wasser kochte, plopp hineinfallen ließ,

während Stanislav drüben in Manhattan Hafermehl mit Apfelmus verrührte, seiner Lieblingsnahrung.

Viel Familie war es nicht, fünf Personen, Minderjährige und Dienstboten mitgerechnet.

Im Moment waren sie alle unruhig. Alle dachten an Conny.

»Und welche Sünde hast du begangen, als du deines Bruders Murmeln begehrtest?« fragte Schwester Mary Angela.

Sally hatte ein dickes Buch aus der Bibliothek auf dem Schoß, ein Buch über große Männer der Geschichte von Jesus bis Eisenhower. Ein Kapitel galt den Diktatoren. Es zeigte Bilder von Zaren und Königen, und von Hitler.

Es war Opa, das stand fest. Sie dachte an ihre Mutter. Sicher wußte sie das. Es mußte ihr sehr peinlich sein.

Dr. Hake und Dr. Bauer waren voneinander angetan, mit Haut und Haaren,

während Carls schwerer Körper die Sprungfedern des Plastiklehnstuhls duckte. An Tagen wie diesem ließ er die Lehne aufrecht. An anderen Tagen, wenn ihm mehr faul als bitter zumute war, schob er den silbernen Hebel an der Seite auf AB und klappte die Lehne »bis zum Anschlag« nach hinten.

Heute konnte er gar nicht aufrecht genug sitzen. Die Federn reckten sich hoch wie ein Rudel Hundenasen. Die Uhren schlurrten verzagt. Etwas stimmte nicht. Die Vorhänge machten sich auf Sturm gefaßt. Die Kerze neben Evas Foto flackerte nicht mehr und flammte hoch auf. Carl Bauer rieb sich die Stirn. Die *National Geographic* war nicht schuld. Er las nie die Tageszeitung, weil er sich nicht über Menschen, Verbrechen und Politik aufregen mochte. »Davon habe ich meiner Lebtage genug gehabt«, sagte er zu Evas Bild, auf dem Eva im buntgeblümten Kleid auf einem Rasen ruhte.

Gerda hörte nicht, daß er wieder zu Eva sprach. Sie lauschte ihrem verstümmelten Radio. Carl hatte den Senderknopf auf der Frequenz der Wetterstation abgebrochen, damit keine Nachrichten ins Haus kamen. Teilbewölkt und jahreszeitlich kühl. Sie sagte es dem Hund weiter, der neben dem Herd schlief, schaltete das Radio aus und konzentrierte sich auf das Wasser, das um ihre Knödel brodelte. Ihre Knödel — was in der Küche war, gehörte alles ihr. Sie bekam kein Gehalt mehr. Auf die zweihundert Dollar im Monat hatte sie freiwillig verzichtet, als die Familie nach New York zog und sich über die höheren Lebenshaltungskosten zu beklagen begann. Ohne Gehalt gewann sie, wie eine verarmte Edelfrau, die eher Schuldgefühl als Groll weckt, Macht über ihre Umwelt.

Eva hatte unter Gerda gelitten. Die Haushälterin hatte sie immer Frau Dr. Bauer genannt, auch wenn sie ihr auf der Toilette den kranken Hintern abwischte. Eva, die in einer Serie geblümter Kleider vor sich hinstarb, hatte Gerda beim Kochen zugeschaut und sich gesagt, daß Carl ihre Küche noch viele Jahre genießen würde. Sie hatte Carls Lieblingsgericht betrachtet, Rahmspinatsuppe, und ihre vorletzten Worte an die Haushälterin gerichtet: »Ich will keinen Löffel mehr von diesem ekelhaften Zeug!«

Gerda wiederholte diese Worte, während sie sich mit den Knödeln plagte. Sie konnte keine Rahmspinatsuppe mehr kochen, obwohl die Kinder danach verlangten.

Nie hatte es eine Frau gegeben, die so freundlich war wie Eva, so leidend. Das Schicksal hatte sie gestraft, weil sie Carl geheiratet hatte — aber Schwamm drüber. Gerda schüttete die Vergangenheit aus ihren Gedanken und ersetzte sie mit Sorgen um Conny. Sie machte sich klar, daß Conny wieder heiraten könnte. Und bei ihrem Männergeschmack würde es gewiß kein schöner Prinz sein.

Stanislav schlürfte Apfelmus mit Hafermehl aus der Pappschale, die er sich aus der Cafeteria der Universität mitgebracht hatte. Das Telefon klingelte. Stockholm. Er war gesalbt.

Im Augenblick des Triumphs verlor er das Interesse daran. Viele Wissenschaftler vor und nach ihm bekamen den Preis. Die Nachricht war wie eine kalte Dusche. Jetzt mußte er nach Stockholm. Und er haßte das Fliegen.

Stanislav legte den Hörer zurück und aß sein Hafermus auf.

Derweil riß Schwester Mary Angela die beiden Bücher von Sallys Schoß und rief: »Und was ist das, wenn ich fragen darf? Darum paßt du also nicht auf! Ungehorsam! Und jetzt wohl auch noch Zorn! Da wirst du Pater Joseph ja einiges zu beichten haben. Am besten gehst du gleich mal hin. Sonst stirbst du am Ende noch mit einer Seele so schwarz wie Teer.«

Dicky genehmigte sich heimlich noch einen Kartoffelchip aus der Tüte, die er in seiner Schultasche versteckt hatte. Als die Krankenschwester kam, um sich ihre Broschüre über Kohlehydrate wieder zu holen, fand sie lauter Fettfinger darauf.

In der Morgue begannen die Sekretärinnen sich zu fragen, wo Conny nur steckte. Dr. Guttenberg lief im Haus herum und suchte Dr. Hake, dessen Zimmer verschlossen war. »Wir haben ein Baby zu obduzieren«, brummte er, »sieht nach Mißhandlung aus.« Die Sekretärinnen gähnten und sahen auf die Uhr.

Dr. Guttenberg ging noch einmal zu Dr. Hakes Zimmer und hörte drinnen die Möbel tanzen. Er rüttelte an der Tür und rief: »Dr. Hake!« Die Möbel hielten still.

»Dr. Hake, ich weiß doch, daß Sie da sind!«

Aber das konnte er nicht beweisen, ohne die Tür zu öffnen. Er eilte davon, um sich vom Chef den Hauptschlüssel zu holen. Hake mußte verrückt geworden sein.

Hake war verrückt geworden. Er hatte es mit Conny auf seinem Schreibtisch getrieben. Daß er seinen Schreibtisch je zu solchem Sport mißbrauchen würde, hätte er nie gedacht. Es war nicht recht. Noch ärger waren ihm derlei Vorbehalte im Nachhinein.

Er ging um Conny herum, die auf seinem Bürostuhl saß, ihre Nylonstrümpfe hochrollte und sie festmachte.

Strapse waren eine geniale Erfindung. Sein Interesse an Conny lebte von neuem auf.

»Kommst du am Sonntag zu uns zum Essen?« fragte sie, während sie sich in ihr Kleid wand.

Als Dr. Guttenberg zurückkam, war Dr. Hakes Zimmer wieder offen, und Hake präparierte hingebungsvoll einen tätowierten Penis für das gerichtsmedizinische Museum. Dr. Guttenberg konnte sich darüber kaum beschweren, und das verdarb ihm für heute die ganze Laune.

Die Kunde von Stanislavs Nobelpreis bestätigte Carl Bauers betrüblichen Eindruck von seinem Schwiegersohn. »Einen Preis. So etwas kriegt er natürlich fertig«, sagte Carl Bauer, der in seinem rot-goldenen Lehnstuhl der Familie vorsaß. Er reckte den Hals und versuchte, seine Krawatte zu lösen. Der an seinen Pantoffeln dösende Dackel witterte atmosphärische Störungen und sah rasch einmal auf. Die übrige Familie verfolgte vom Sofa, wie Carl Bauers große, elegante Hände mit dem Knoten an seinem Hals rangen. Er funkelte sie an, als wäre es ihre Schuld, daß er ihn nicht aufbekam. Endlich ließ er Knoten Knoten sein und sagte: »Bäh. Was ist schon so ein Preis? Ein gutes Familienleben verlangt mehr Hingabe als die Jagd nach Preisen. Faul ist er. Das ist es. Er ist ein —«

»O Conny, Conny«, flüsterte Gerda. »Was hast du unserem Herrgott nur angetan.«

». . . und deinen Kindern«, schloß Carl Bauer. »Alles hast du kaputtgemacht, was ich für euch getan habe. Heiratest einen —«

». . . nach allem, was er für euch getan hat«, sagte Gerda. Sie verstand es, in Carl Bauers Reden rasch eine Wiederholung einzuwerfen, bevor er ein unfreundliches Wort aussprach.

Carl Bauer schloß die Augen und konzentrierte sich auf seinen Kummer. Mit Schlaf durfte man das auf keinen Fall verwechseln — seine Augen waren wie Falltüren auf der Bühne seines Antlitzes. Wenn sie aufklappten, war er jedermanns Aufmerksamkeit sicher. Er sprach seinen Enkel an. Laß dir das schlechte Beispiel deines Vaters eine Lehre sein, Dicky. Verstand ist nicht alles.

Und im übrigen sind gute Tischmanieren viel wert im Leben. *Benutze* bitte deine Serviette heute abend. Und iß deinen Mund erst leer, bevor du bei Tisch redest. Denk an die Tiere. Reden sie etwa mit vollem Mund? Dicky? Sally? Könnt ihr mir das sagen?«

Sie zogen die Köpfe ein.

»Nein, sie tun es nicht. Weil es nicht natürlich ist. Nur Stanislav redet mit vollem Mund. Er redet überhaupt *nur* mit vollem Mund. Und man gibt ihm Preise für seine Intelligenz. Die sollten zuvor mal seine Tischmanieren sehen. Bei diesem Gala-Smörgåsbord in Stockholm möchte ich nicht dabeisein! Denen wird es noch leid tun, daß sie ihn gewählt haben.«

»Apropos«, sagte Conny, »ich habe für nächsten Sonntag einen Kollegen zu uns eingeladen.«

Conny Bauer hatte katholische Reflexe: Sie verband Gott mit Glück, Pech und Essen. Es schien ihr daher ganz natürlich, zur Zeremonie des Abendessens einen Mann einzuladen, den sie eigentlich zu gern hatte, um ihn ihrem Vater vorzustellen. Sinn dieses Mahls war es, die unbesiegelte Affäre mit Ritualen zu verkleistern.

Schon am zweiten Sonntag, nachdem sich das Lächeln auf den Gesichtern unserer Pathologen niedergelassen hatte, schemenhaft und verheißungsvoll wie Tauben, sah sich Familie Bauer den unerfreulichsten Spekulationen anheimgegeben. »Ich habe schon immer gedacht, sie hätte Stanislav nicht verlassen, wenn da nicht ein anderer Mann in den Kulissen gelauert hätte«, sagte Carl zu Gerda. »Versteckt in ihrem Gefühlskabinett. Dieser Gerümpelkammer, in der sie auch

Stanislav versteckt gehalten hatte, und wir haben nichts davon geahnt!«

Am Samstagabend vor dem großen Ereignis trat Carl Bauer dräuend in Connys unbeheizte Glasveranda (er ging da nur widerwillig hin, denn Eva würde in Ohnmacht fallen, wenn sie sähe, wie Conny ihre Unterwäsche herumliegen ließ, sagte er). Die Kinder hörten seine Schritte bis in ihr Zimmer hinauf und erkannten, welchen Weg sie nahmen. Sie ließen sich nach Möglichkeit nie eine Konfrontation zwischen Conny und ihrem Vater entgehen und beeilten sich, einen guten Platz an der Tür zu ergattern. Conny saß an einem eisernen Gartentisch und polierte ihre Fingernägel. Carl war unmittelbar vor sie hingetreten, Hände in den Hüften, und stierte sie an. Sie sah uninteressiert zu ihm auf, wohl wissend, daß er sie bei der Sünde der Eitelkeit ertappt hatte. Er zog einen Mundwinkel unter dem Schnurrbart hoch und fragte: »Wie lange kennst du diesen Dr. Hake denn schon?«

Sie spuckte auf den Nagel ihres Mittelfingers, polierte nach und hielt ihn hoch, die anderen Finger zur Faust gekrümmt. Sie betrachtete ihren Mittelfinger, bewegte ihn kurz in seine Richtung und antwortete: »Ein neuer Bekannter, das sagte ich doch schon.«

»Du hast aber auch früher schon von Dr. Hake gesprochen«, meinte Dicky, der sich jetzt vorsichtig ins Zimmer schob. »Den albernen Namen hab ich mir doch gemerkt. Das war letztes Jahr.« Er bibberte vor Kälte. Conny nahm sein Bibbern mit betont verächtlicher Miene zur Kenntnis.

»Das war ein anderer Dr. Hake«, entgegnete Sally. Sie stand neben Conny und legte ihrer Mutter den Arm um die Schulter. »Dieser Dr. Hake ist jetzt erst gekommen.«

»Und wie war's im Sprechunterricht, Dicky?« Conny widmete sich wieder ihren Fingernägeln. »Das hast du mir noch gar nicht erzählt. Oder wie es dir vorige Woche im Schlankheitskurs für dicke kleine Jungen ergangen ist.«

Am folgenden Nachmittag landete Ronald Hake schließlich in einer Atmosphäre, die geladen war von Erwartung, Haß und Furcht. Als Sohn selbstbezogener, wohlhabend netter Leute hatte er keinerlei emotionale Erfahrung und wußte nichts von Katharsis. Die Hakes hatten ihr dünnes elterliches Gift schon beim ältesten Kind verausgabt. Ronald hatte früh einsehen müssen, daß er bei seinen Nächsten kaum Leidenschaften weckte, und so war er zum emotionalen Selbstversorger geworden. Infolgedessen waren seine Beziehungen zu Frauen an simple Regeln gebunden — sobald er ihrer Anbetung mit dem inhärenten Verlangen nach Erwiderung gewahr wurde, verstieß er sie aus seinem Leben. Sie bedrohten, einer Revolution gleich, die etablierte Ordnung seiner Gefühle, in der er allein regierte.

Nun fühlte er sich in seiner Affäre mit Conny noch nicht bedroht. Ihre Zweisamkeit war allzu vielen äußeren Umständen unterworfen. Im Krankenhaus wurde sie von einer ganzen Junta von Standesregeln beherrscht, die schon jahrtausendelang an der Macht war. Mochte ein Arzt daheim auch liederlich und gemein sein, bei der Arbeit erwartete man von ihm Pünktlichkeit, Diskretion und die Bereitschaft, bis zum Umfallen zu arbeiten. Die Patienten der forensischen Pathologie wurden nie gefragt, ob sie gegen diese finale stationäre Behandlung vielleicht einen unüberwindlichen Widerwillen (»horror magnus«) hatten, aber daß sie nicht laut und deutlich Einspruch erheben konnten, machte ihre Versorgung nicht weniger dringlich. Die New Yorker starben immerzu unter verdächtigen Umständen, und die genaue Aufklärung interessierte nicht nur Hinterbliebene, sondern auch Polizei und Versicherungen. Dr. Hake hatte seine Lektion über professionelles Verhalten gelernt, als er noch neu in der Morgue war und einen bekannten Lokalpolitiker, der sich grün und tot gesoffen hatte, über Nacht im Seziersaal liegen ließ. Als er andern Morgens wiederkam und die Autopsie abschließen wollte, mußte er feststellen, daß sich Ratten über die Nase hergemacht hatten. Auf die Panik folgte die Eingebung. Dr. Hake besorgte sich aus dem Friendly Shop in der Eingangshalle grünen Knetgummi, passend zur Hautfarbe des Patienten, und das öffentliche Leichenbegängnis ging reibungslos vonstatten. Wenn einem Pathologen ein Fehler unterlief, war das weniger der Gesundheit als dem Ruf und dem Portemonnaie von dritten abträglich, was diesen Beruf sehr aufreibend machte.

Dr. Hake wußte zudem, daß Dr. Bauer nach Dienstschluß sogleich unter die Jurisdiktion ihrer Familie fiel. Er hatte wohl vom »Scheitern« ihrer Ehe gehört, aber Klatsch verbreitete sich in der Morgue so langsam, daß es volle vier Wochen dauerte, bis die simple Nachricht, daß Conny im Sekretariat eine neue Telefonnummer hinterlassen hatte, von Blessed bis zum Fahrstuhlführer drang. Dr. Hake vermutete dennoch, daß es nicht leicht wäre, sich eine Anwartschaft auf Dr. Bauer zu sichern. Erstens war sie hübsch. Zweitens erzählte sie nichts von sich. Man mußte wohl annehmen, daß der entfremdete Gatte ihr noch viel bedeutete; immerhin war er ja berühmt. Ronald war sich wohl bewußt, daß er einem Nobelpreis nie näher kommen würde.

Während Conny also von Verpflichtungen umstellt war, verließ Ronald Hake selten seine Wohnung, sowohl emotional wie physisch. Natürlich bekam er förmliche Einladungen, zu denen er sich mit Smoking, hochglanzpolierten Oxfords und frisch gestopfter Pfeife fein machte. Aber Ronald hatte kaum Bedarf an menschlichen Kontakten. Er sah am Tag so viele tote Leute, daß sein Geselligkeitsbedürfnis immer voll befriedigt war. Als seine einzige Verwandte, eine unverheiratete ältere Schwester, ihn einmal damit aufzog, schmetterte er sie mit den Worten ab: »Einige der interessantesten Leute auf der Welt sind tot.«

In der Morgue konnte Dr. Hake sich unter den Lebenden kaum wohl fühlen. Er ging den Sekretärinnen Alice und Blessed aus dem Weg, weil er sie verachtete und deswegen ein schlechtes Gewissen hatte. Wie oft wünschte er sich, die andern wären nur nicht so furchtbar nett! Doch Connys Einladung zu einem ganz normalen Sonntagsdinner im Kreise all derer, die um ihre Liebe wetteiferten, nahm er wie eine Herausforderung an, ja er freute sich sogar auf dieses Ereignis.

DER TAG BEGANN unter günstigen Auspizien. Er war von der Tradition abgewichen, in einer Cafeteria zu frühstücken. Dieses Ritual war seit dem College sein Ersatz für die Sonntagsmesse gewesen. Er kam immer hin, wenn um acht die Pforten öffneten, drängte sich mit den anderen hinein, erkämpfte sich einen Sitzplatz und verharrte in Schweigen, bis die Küche aufmachte. Wenn das Glöckchen ertönte, begab er sich mit den anderen nach vorn zur Ausgabe, wo alle Wünsche in Erfüllung gingen. Umringt von Leuten, die nichts von ihm wollten, die alle den gleichen Ritus befolgten, konnte Ronalds Hirn sich ganz der Religion, der Politik, den schönen Künsten widmen, neuerdings auch den Problemen der Skelettrekonstruktion.

Vor drei Sonntagen hatte er inmitten einer French Toast Special essenden Gemeinde den Titel eines Essays über die Frömmigkeit auf die Rückseite des Tischkärtchens geschrieben, dessen Stirnseite den Gästen ein *Schönes Wochenende* wünschte. Er glaubte an Titel. Titel waren nicht nur Bonbonpapier; sie glichen der Fahne einer Fronleichnams-Prozession. Vielleicht fehlte noch der Baldachin mit der Monstranz, und es kam vor, daß sich die Teilnehmer unter den Zuschauern verliefen. Der Titel »Frömmigkeit und Lüge« drückte alles aus, was er von seiner flüchtig vorbeijagenden Idee noch erhaschen konnte: er erinnerte ihn an einen Zimmergenossen im katholischen Internat, der mit einer handgeschnitzten Madonna die gemeinsten Unkeuschheiten getrieben hatte, und an seinen Argwohn, daß dieser Mensch es womöglich weitergebracht haben könnte als er: Vom Sünder zum Gentleman.

Er hatte seinen Glauben an die organisierte Religion auf dieser Schule verloren, nachdem er erfuhr, wie hoch das Schulgeld war. Er war weiter zur Messe gegangen, hatte das Ritual vollzogen, seine Hände kirchturmförmig zusammengelegt und sie in dieser Haltung bewundert: kräftige, sehnige Finger in einer Haltung von erlesener Symmetrie zwischen den abstehenden Ohren und rasierten Hinterköpfen seiner Kameraden.

Als Ronald merkte, daß er nicht mehr glaubte, man könne mit dem Höchsten Wesen in der Sprache des Alltags kommunizieren, redete er darüber mit einem Priester. Der Priester wurde ganz aufgeregt. Er versicherte Ronald, daß er dazu auserwählt sei, auf eine höhere Stufe des Glaubens zu gelangen, wenn er mit Gott kommunizieren könne, ohne in das übliche Geschwätz zu verfallen. Sein Skeptizismus brauchte lange, um sich von diesem Rückschlag zu erholen.

Bis er nach Princeton kam, glaubte er an einen Gott der Energie. Die beiden Sakramente, die den Menschen Ihm nahe brachten, waren der Gebrauch der Vernunft und das Streben nach Wissen. Er verabscheute alle, die noch an die traditionellen Metaphern des Katholizismus glaubten, und hielt sie für abergläubisch. »Der Aberglaube ist eine Art Hypochondrie, eine paranoide Mißdeutung physischer Zeichen. Wundmale überall.« Physische Zeichen wurden Ronalds Passion. Er studierte Biologie, dann Medizin, wo Latein noch etwas galt. Er fand, Operationen seien Wundern vorzuziehen, und beschloß, Chirurg zu werden. Dann entschied er sich für die Pathologie, um noch genauer zu erfahren, was in unsichtbaren Sphären vor sich ging.

Von der Universität aus schickte er seinem ehemaligen Zimmergenossen Autopsieberichte aus dem neunzehnten Jahrhundert über cerebrospinale Erkrankungen, in denen Onanie, »wie durch den krankhaften Zustand der winzigen Gefäße angezeigt«, als Todesursache genannt wurde.

Nichts konnte Dr. Hake mehr irritieren als das Nichtvorhandensein physischer Zeichen. Es bekümmerte ihn, daß er nicht ebenso in den Köpfen der Menschen lesen konnte wie in ihren Körpern, und er mißtraute den Psychiatern, die behaupteten, sie könnten es. Er war sicher, daß die meisten Menschen nicht, wie er, von edlen Gedanken beseelt waren. Selbst seine eigenen Gefühle kamen ihm grundsätzlich unmoralisch vor, weil sie das Heft in die Hand nahmen. Die fleischlichen Gelüste schlossen die Befehlswege in seinem Gehirn kurz. Das war eine Art Hochverrat. Für seine Leidenschaften gab er nur sich selbst die Schuld, nie den Frauen, die sie erregten. »Zum Pingpong gehören zwei«, sagte er. Und so glich sein Herz tatsächlich einem Platz, den die Diktatur seines Kopfes besetzt hielt, patrouilliert von Milizen und von Denkmälern umstanden, während die Rebellen sich abseits in den Häusern versteckt hielten. Und ab und zu wagten sie sich hervor. Er gab sich mit einer Niederschlagung des jeweiligen Aufruhrs gar nicht erst ab, weil er genau wußte, daß er es war, der den Rebellen erlaubt hatte, den Platz zu stürmen. Sie benahmen sich kindisch. Wenn man sie gewähren ließ, spielten sie auf dem Platz ja doch nur Pingpong. Drei Gewinnsätze duldete sein Gehirn im äußersten Fall. Dann brach er das Match ab und stellte die Ordnung wieder her.

Aber solange das Spiel lief, war er hoffnungslos unkonzentriert. So blieb er am Morgen des Tages, an dem er Conny besuchen sollte, daheim im Bett und überlegte sich Matchpunkte. Im Lauf des Vormittags zog er sich einen weißen Anzug an und betrachtete sich eine Weile im Badezimmerspiegel. Hallo, Sie da, mit Ihrem Doktor von der Yale University. Seine Jungfräulichkeit zu verlieren, hatte ihn einigen Aufwand gekostet. Ronald der Jungfräuliche war ihm ein Dorn im Auge gewesen, denn er offenbarte eine Wissenslücke und entsprach nicht seinem Ideal von adretter, unnahbarer Selbstbeherrschung. Aber die einzige Frau, die er sehr gut kannte, war seine Schwester, und die hatte ihn glatt abgewiesen. Dann hatte er es bei einer älteren Sekretärin im Immatrikulationsbüro versucht. Nix da. Er sei zu unromantisch, sagte sie, er mache seinem Namen alle Ehre. Er beklage sich über seine Unerfahrenheit wie über einen Pickel, den sie ihm doch bitte ausdrücken möchte. Geh doch zu einer Profi-Nutte, mein Junge. Da hatte er sich in New Haven in den Zug gesetzt und war bis nach Washington gefahren, hatte die Kleinanzeigen studiert und eine auf sein Hotelzimmer bestellt. Als Jüngling hingefahren, als Mann zurückgekehrt et cetera. Ja, wie er da auf dem Rückweg zum Campus mit den Füßen auftrat, so daß die ganze Beinmuskulatur hinauf bis in die Hüften vibrierte. Sex. Doch was dran. Wirklich nicht schlecht. Von nun an wußte er, was er sich entgehen ließ, und machte sich nicht mehr so viel daraus. Der Mann im Rasierspiegel war zu seinem besten Freund geworden, einer, mit dem er sich vor dem Zubettgehen gemeinsam die Zähne putzte. Sein Interesse an Conny zeigte sich daran, daß er den Spiegel Spiegel sein ließ. Und als die Stunde nahte, da er mit ihrer Familie in den Wettstreit treten sollte, vergaß er sogar, sich auf Wiedersehen zu sagen, und machte sich mit derart selbstbewußt federndem Schritt auf den Weg, daß seine Hüftgelenke heißliefen. Er mußte mit dem Bus zu ihr hinausfahren. Als Großstadtmensch besaß er nicht einmal ein Auto. Von seiner Einzimmerwohnung war es nur drei Häuserblocks weit zum Krankenhaus. Wenn er aber ein Auto gehabt hätte, wäre es gewiß kein schlichter Studebaker gewesen.

Das Wetter dämpfte seinen Schritt. Kumuluswolken wälzten sich über die Stadt. Der Bus nach Norden bekam in Harlem eine Dusche und erreichte naßglänzend das Shtetel von Washington Heights. Dort mußte er auf einen anderen Bus warten, mitten im Gewimmel orthodoxer Juden, die er mit einem gewissen Schauder betrachtete, denn einen leibhaftigen Orthodoxen hatte er noch nie gesehen. In der Morgue waren diese Leute die reinste Plage, denn sie mußten unverzüglich obduziert werden, damit ihre Verwandten sie noch vor Sonnenuntergang unter die Erde bringen konnten. Dr. Hake hatte sogar schon gehört, daß sie in die Morgue einbrachen, um ihre Toten mit den traditionellen zwölf Litern Wasser zu waschen und nach der strengen Kleidervorschrift, die für Dr. Hake keinerlei ästhetischen Sinn hatte, anzuziehen, ehe ihnen jemand zuvorkam. Zum Beispiel durfte das Sterbekleid keinerlei Knoten aufweisen. Nur die Moslems fand Dr. Hake noch schlimmer. Sie verlangten, daß die Gesichter der Toten sogar während der Autopsie noch nach Osten zeigten, was letzten Endes bedeutete, daß sie auf den Verkehrsstau auf dem East River Drive blickten, als ob das nicht ein Synonym für die Hölle wäre. Da waren ihm die orthodoxen Juden immer noch lieber.

Die Menge rempelte Dr. Hake unbekümmert an. So weit war er noch nie von zu Hause fort gewesen (abgesehen von den Osterferien in Florida). Genießen konnte er dieses Gefühl der Fremdheit erst wieder im Schutz des nächsten Busses, der die Stadt schon bald verließ und ihn in der vertrauten Umgebung der New Yorker Vorstädte absetzte. Auch die Wolken drehten sich jetzt dankenswerterweise in ihrem Bett herum und wälzten sich fort zum Meer.

Über Fort Lee wurde der Himmel tiefblau; die Nachmittagssonne goß ihren Schein über die roten Backsteinhäuser und die kahlen schwarzen Äste aus und butterte die leeren weißen Gehsteige. Die schlichten patriotischen Farben von Suburbia rochen nach Rasen und weißem Beton.

Das Bauersche Eigenheim war die Nr. 1129 an einer der vielen meilenlangen Straßen, die parallel zum Fluß verliefen. Jedes Haus hatte sein eigenes Rasenfleckchen vorn und hinten, jedes hielt eine Treppe an die linke Schulter geklemmt. Ronald Hake, Doctor medicinae der Yale University, war schockiert. Der Vorort, in dem er zu Hause war, bot ein weitläufiges, individuelles Bild, und die Häuser wetteiferten darum, ihre persönliche Note herauszustellen. Immerhin hatte Nr. 1129 eine echte Neuerung gewagt: Neben der obligatorischen Weide im Vorgarten stand ein Pfahl mit einem blechernen Dackel als Wetterfahne darauf.

Er drückte auf die Klingel, worauf die ersten drei Takte von »O welch ein schöner Morgen« erklangen, und als die Familie ihn umflutete, bot er ihr die mitgebrachten Geschenke dar. Conny packte sie aus und fragte sich, ob sie nicht etwas sonderbar waren — fünf (zuviel?) Pralinenschächtelchen (waren Blumen nicht eher üblich?), auf deren Deckelinnenseiten stand: »Baldige Genesung wünscht Ihr Friendly Shop« (Gratisprobe). Sie wies sich selbst zurecht: Ein Mann wie Ronald mußte ja wohl wissen, was sich gehörte.

Er hatte sein Selbstvertrauen wiedergewonnen. Er streichelte den altersschwachen Dackel und erkundigte sich nach seinem Namen und Stammbaum, dann wandte er sich den Kindern zu. Dicky und Sally führten den Gast ins Haus, und als Dicky vor dem Kruzifix in der Diele kurz den Kopf neigte, tat Ronald Hake es ihm automatisch nach, worauf Dicky unentwegt mit dem Kopf nickte und seine Lippen die obligatorischen Worte »O heiliges Herz Jesu« blubberten wie Kaugummiblasen, denn es hingen Kruzifixe überall. Ronald folgte seinem Beispiel in abgekürzter Form, jeweils mit einem angedeuteten Nicken. Die Familie nahm es zur

Kenntnis und war höchst erstaunt. Conny hatte nicht erwähnt, daß der Besuch katholisch war. Und daß er sich zu seinem Glauben bekannte. Immerhin verneigte er sich vor dem Kreuz! Heutzutage waren ja die wenigsten bereit, für ihren Glauben zu sterben, und noch weniger Menschen waren geneigt, eine Peinlichkeit in Kauf zu nehmen.

Mit Respekt nahmen sie auch Ronalds Körpergröße zur Kenntnis, seine amerikanische Figur: breite Schultern, wiegender Gang, die Pfeife fest zwischen den Lippen, die kräftige rotbraune Haarfarbe. Der Unmut über Connys unwillkommenen Gast verwandelte sich sekundenschnell in Sympathie. Gerda flüchtete vor ihren Gefühlen in die Küche. Auch Carl Bauer handelte rasch. Er trat zwischen Conny und Ronald und sagte: »Dann will ich Sie mal durchs Haus führen.«

Ronald erspähte Conny in der Ferne, reglos und wachsam. Sie freute sich, daß der Kontakt zwischen Ronald und ihrem Vater hergestellt war, und fühlte sich, während die beiden Männer fortschlenderten, ganz als Frau. Nur der Hund wagte ihnen mit hocherhobenem Schwanz zu folgen, doch sein Herr wies ihn öffentlich zurecht — »Genug, Happy, verschwinde jetzt!« — und gab ihm eins auf die Nase. Happy klappte den Schwanz unter den Bauch und schleppte sich auf staksigen Beinen unter den Kaffeetisch. Carl Bauer fixierte ihn, bis er zu winseln begann und die Schnauze zwischen die Vorderpfoten legte. »Er geht uns allmählich auf die Nerven«, erklärte Carl. »Ich habe zu meiner Enkelin gesagt, daß er wohl noch ein Jahr zu leben hat. Da hat meine Enkelin gemeint: ›Ein ganzes Jahr? Das ist ja eine Ewigkeit!‹ Sie war ganz enttäuscht. Sie hat für das Alter nicht viel übrig.«

Als Sally hörte, daß von ihr die Rede war, versuchte auch sie, sich im Schatten Ronalds der Gruppe der Auserwählten anzuschließen. Ronald schenkte ihr keine Beachtung, aber er verpetzte sie auch nicht.

»Ich sammle *National Geographic*, Uhren und Schachfiguren«, sagte Carl Bauer. »Als wir von Cincinatti weggezogen sind, habe ich meinen Beruf als Architekt aufgegeben. Aber ich hatte immer Hobbys, schon als junger Mann. Damals waren es andere als heute. Aber ich male nach wie vor gern. Haben Sie Hobbys?«

Ronald stellte sich die Tochter seines Gastgebers vor, wie sie auf dem Schreibtisch lag. Es fiel ihm schwer, an andere Hobbys zu denken.

»O ja, die habe ich!« sagte Ronald verwirrt. »Mein liebstes Hobby ist — Bücherschreiben.« (... Übermäßiger Samenausstoß verursacht Müdigkeit, Schwäche, ein Nachlassen der Tatkraft ...)

»Sie schreiben Bücher!«

»Ja«, sagte Ronald. »Aber ich spiele auch gerne Schach.« (Auszehrung, Dehydrierung ...) Um sich zu beruhigen, sah er auf seine Hände.

Carl Bauers Schachfigurensammlung bevölkerte die sonst leeren Bücherregale auf der einen Seite des Wohnzimmers. (Hitzeempfindung und Schmerzen in den Gehirnmembranen ...) Schachfiguren aus verschiedenen Teilen der Welt standen in Reih und Glied, als wären sie drauf und dran, das ganze Haus zu besetzen. Auf einem Tischchen war ein Spiel im Gang, ukrainisches Holz gegen amerikanisches Plastik. »Das sind meine Truppen«, sagte Carl Bauer. »Sie sind immer so stark oder so schwach wie ihr General. Ich spiele zweimal täglich. Meine Loyalität gehört beiden Seiten. Am Ende schlachten sie sich oft gegenseitig ab.«

Sally zupfte Ronald am Ärmel und flüsterte: »Hör dir das an!« (Verminderte Sinnesschärfe ...)

»Ein erhabenes Spiel«, sagte Ronald, ohne das Kind zu beachten. »Ein männliches Spiel.« (Tabes dorsalis, Kretinismus und verschiedene andere Krankheitsbilder).

»Ich spiele nur noch mit mir selbst, seitdem Dicky mich einmal in zwanzig Minuten mattgesetzt hat«, antwortete Carl Bauer.

Dann besann er sich auf seine Manieren.

»Sagen Sie doch Carl zu mir«, sprach Carl Bauer. »Bitte. Ronald. Und jetzt müssen Sie einen Cocktail mit uns trinken!« rief er. »Ich habe ja auch einmal ein Buch geschrieben, vor sehr langer Zeit. Das war meine Doktorarbeit.«

Er besaß die ganze erforderliche Ausrüstung, Gläser und Fläschchen, das Eis in einem runden Plastikbehälter, die Oliven, die Maraschinokirschen, die Stäbchen: alles, was ein amerikanischer Schwiegersohn erwarten konnte. Stanislav haßte Cocktails und trank nur Rotwein.

»Für mich bitte eine Bloody Mary«, sagte Ronald, der seine Fassung wiedergewonnen hatte.

Sally blieb zurück, als Ronald zum Sofa strebte. Er sah das Prairiemuster auf dem Bezug. Die Möbel waren amerikanischer »Pionierstil«. An der Wand ein goldgerahmtes Faksimile der Erklärung der Menschenrechte. Patriotische Leute, dachte Ronald. Meine Eltern waren zu reich, um sich an Kitsch zu erfreuen. Alle sahen Ronalds Hosenboden langsam in der Prärie versinken. Er streckte die langen Beine von sich und drapierte die Arme auf der Sofalehne. Conny kam und setzte sich in schicklichem Abstand neben ihn.

Carl Bauers Lehnstuhl stand auf Connys Seite. Er wollte sich schon daraufsetzen, dann quetschte er sich, mit einem stirnrunzelnden Blick zu Conny, in einen unbequemen kleinen Sessel an Ronalds Seite.

»Kennen Sie Fort Lee?« fragte er. »Ein schöner, historischer Ort. Schade, daß er zu einem bloßen Vorort von New York herabgesunken ist. Jetzt wollen einige Firmen aus Manhattan am Flußufer Hochhäuser bauen. Ich fürchte, das werden ganz ordinäre Bauten sein. Fort Lee bräuchte etwas Besonderes, etwas Bedeutendes. Nicht bloß ein größeres Kino an der Main Street. Und haben Sie den Vergnügungspark gesehen? Eine schwärende Wunde! Dahin zieht es nur die —«

»Zeit zum Abendessen, Mr. Bauer!« unterbrach ihn Gerda. Sie schätzte mit einem Blick die Lage ein. Mr. Bauer in einen winzigen Sessel gequetscht! — und sah Conny böse an.

Sie präsentierte ihre beste deutsche Küche. Jeder Gang enthielt eine Dosis tierischer Muskelsubstanz. Es gab Sauerbraten, Knödel wie kleine Gehirne, ganz wie im Leben in Muskelsaft getränkt, selbst der Kohl in Speck gedünstet. Ronald saß zur Rechten Carl Bauers und hörte sichtlich andächtig zu, als Dicky in durchdringendem Singsang das Tischgebet sprach. Ronalds Gesicht (das alle außer Dicky beobachteten) schien von Frömmigkeit durchströmt, die Augen halb geschlossen, die Nasenflügel gebläht, was vielleicht auch am Speck lag. »Danke, Dicky«, sagte er hinterher. Es war das letzte Wort, das er während dieses Essens mit seiner tiefen, aber sanften Stimme an die anderen richtete. Von da an nahm ihn Carl Bauer gänzlich in Beschlag. Er sprach ihn auf die amerikanischen Werte an, vom Buick bis zum segensreichen Einfluß der Pilgerväter auf die amerikanische Psyche. Carl Bauers einziger Einwand galt der Justiz: »Nutzlose Einrichtung als Wächter über Recht und Unrecht. Weil sie nur droht, anstatt zu überzeugen. Habe ich nicht recht? Nur die Kirche erreicht den chronischen Sünder mit ihrer sanften Ermahnung zum Gehorsam. Wir haben es weit gebracht seit der Ausrottung der Ungläubigen«, worauf Ronald einwerfen konnte: »Catholici vero qui, crucis assumpto charactere, ad haereticorum exterminium se accinexerint, illa gaudeant indulgentia, illoque sancto privilegio sint muniti, quod accedentibus in Terrae sanctae subsidium conceditur.«

Carl Bauer lehnte sich zurück und neigte den Kopf zur Seite.

»Der heilige Thomas von Aquin«, sagte Ronald.

Und Carl Bauer antwortete: »Mit dem Fleisch ist es etwas anderes in Amerika. Es gehört hier zur Tradition, Fleisch in großen Mengen zu essen. Der durchschnittliche amerikanische Mann, John Doe, ist größer und stärker als der Durchschnittsmann jedes anderen Volkes. Das kommt vom Fleisch.« Der Hauptgang wurde abgetragen. »Ich sollte nichts Süßes essen«, rief Carl Bauer, als Gerda den Apfelstrudel brachte. »Es darf nicht soweit kommen, daß die Kinder einen übergewichtigen Großvater haben! Aber meinetwegen.« Und er nahm sich eine große Portion.

Das Essen nahm, von Gerda zelebriert, langsam und gemessen seinen Gang. Endlich blieb nichts anderes übrig, als die Tafel aufzuheben. Ronald erbot sich, das Dankgebet zu sprechen, doch Carl Bauer wollte die Chance zu einer kleinen Rede nutzen, verbunden mit ein paar Willkommensworten für den Ehrengast. Er erhob sich, ein kleiner Mann von gewöhnlicher Statur, groß wirkend nur durch seine stechenden knallblauen Augen.

Er blickte über die Häupter seiner Lieben und sagte: »Dank sei unserm Herrn!« Er sah weiter über sie hinweg, ohne ein Wort zu sagen. Die Hände an seinen Seiten krümmten sich langsam zu Fäusten. Man sah die Knöchel weiß werden vor Anstrengung, und ein Zittern durchlief seinen Bauch und die Hängebakken, als er sagte: »Ganz besonders danke ich unserm Gast, daß er heute zu uns gekommen ist.« Er hätte gern mehr gesagt, aber es fiel ihm nichts mehr ein, und in ohnmächtiger Wut über sein Unvermögen sagte er nur noch einmal leise: »Dank sei dem Herrn.« Und wie zum »Amen« erbebte plötzlich das ganze Haus von lautem Gebimmel, als die Uhren die sechste Stunde schlugen.

Man begab sich wieder ins Wohnzimmer, und Gerda drängte sich vor, um die Cocktailgläser abzuräumen.

Das kurze Durcheinander, das dabei entstand, machte sich Sally zunutze. Sie schlich sich an die Seite des Fremden und nahm ihn in Beschlag. »Komm mal einen Moment mit auf mein Zimmer, ja?«

Sie sah ihn lange prüfend an, ob er ihr nach wie vor gefiel. Immerhin mißfiel ihr nicht, was sie sah: in seine Stirn war ein tiefer, aber frisch aussehender Strich graviert, wie die Runzeln bei einem Neugeborenen. Er durchschaute seinerseits ihren Plan — sie adoptierte ihn an Vaters Statt. Er verweigerte sich dieser neuen Aufgabe nicht, ja er nahm sich nicht einmal die Zeit, seine Pfeife wieder anzuzünden, die kalt zwischen seinen Lippen klemmte, sondern akzeptierte augenblicklich die Vaterschaft von Connys schönem, blonden Kind. Er bat Carl Bauer, ihn einen Augenblick zu entschuldigen, nahm Sally bei der klebrigen Hand und ließ sich von ihr die Treppe hinaufzerren, über einen Flur, wo er — o Höflichkeit! — automatisch den Kopf vor dem großen Kruzifix neigte, das dort hing, und weiter ins Herrenzimmer.

»Ich muß dir was Schreckliches erzählen«, sagte Sally.

Er roch Kinderunterwäsche und Plastikpuppen, fand die Düfte fremd und widerlich und setzte hastig seine Pfeife in Brand. Er tat einen kräftigen Zug und sah dem aufsteigenden Rauch nach. Was er durch den blauen Dunst hindurch sah, ein Herrenzimmer voller Klappliegen, Spielzeug und Kinderkleidung, machte ihn schaudern. Er nahm in einem Ledersessel Platz. Sehr bequem. Sally packte ihre Schultasche aus. Sie holte eine schwarze Mappe mit weißem Kreuz auf dem Dekkel heraus und leerte den Inhalt auf Carl Bauers Schreibtisch.

Er blätterte darin, ohne genau hinzusehen. Die Zeitungsausschnitte waren aus labbrigem Papier und mit den knalligen Farben der Boulevardpresse bedruckt. Aber dann stutzte er. »Hitler in Amerika untergetaucht« lautete eine Schlagzeile des *National Inquirer*.

»Beweise mehren sich: Hitler nicht tot!« versicherte die *Daily News.* Und das war noch nicht alles: »Experte behauptet: Hitler wahrscheinlich im Osten der USA.« »Achtung! Nazi-Gefahr in unserer Mitte.«

Sally sah ihn an und flüsterte: »Hast du verstanden? Es ist Opa. Unser Großvater. Gar kein Zweifel. Er ist hier untergetaucht. In diesem Haus! Du hast eben mit ihm zu Abend gegessen.«

Ronald erhob sich mit stierem Blick und ratloser Miene. Die Pfeife hing ihm schlapp zwischen den Zähnen.

»Sieh mal, er kommt aus Österreich, genau wie meine Großmutter. Gerda ist Deutsche. Warum sie abgehauen sind, will er nicht sagen. Er haßt die Juden. Er hat diesen albernen Schnurrbart. Mummy sagt, daß alte Leute immer die Frisur behalten, die sie als junge Leute hatten, weil sie damals glücklich waren. Paßt alles ganz genau. Du mußt mir helfen! Wir brauchen Beweise!« sagte Sally.

Sie warf sich auf ihre Klappliege und zog eine beleidigte Schnute, weil er so lange brauchte, um zu kapieren.

»Aber dein Großvater ist doch ein frommer Katholik«, erwiderte Ronald, während seine Worte und Gedanken wie Schnellzüge auf auseinanderstrebenden Gleisen dahinjagten, denn ihm war plötzlich sein eigener Buchtitel wieder eingefallen: *Frömmigkeit und Lüge.* »Heiliger Strohsack!« rief er. »Herr im Himmel! Verflixt und zugenäht!«

»Er ist böse!« beteuerte Sally.

»Natürlich ist er böse. Denk an den Apostel Petrus, Sally. Er hat Jesus dreimal verleugnet, und dann wurde er der erste Papst. Der ideale Papst ist einer, dem du keine sechs Stunden trauen kannst.«

Sie staunte.

Sinnlos, einer Achtjährigen theologische Probleme erklären zu wollen. »Überlaß das mir«, sagte Ronald. »Du bist aber wirklich ein sehr gescheites, mutiges

Mädchen. Dein Großvater ist ganz bestimmt ein sehr guter Mensch, egal, was er früher gemacht hat. Er könnte es zum Kardinal bringen. Er hat euch ein schönes Zuhause gegeben. Ausgezeichnete Küche. Vier Sterne.«

Sally setzte sich auf ihrer Klappliege auf. »Ich finde, er soll es wenigstens zugeben. Von uns verlangt er immer, daß wir jede Kleinigkeit zugeben, die wir falsch machen. Und dann redet er noch wochenlang davon. Er tut so, als ob er in seinem ganzen Leben noch nie was falsch gemacht hätte. Aber wenn ich ihn nach seinem Leben frage, vor Cincinatti, wird er zornig. Mummy auch. Richtig zornig. Das ist eine läßliche Sünde. Wenn ich wollte, würden sie die hundertmal am Tag begehen.«

Sie zog eine Schublade an Carl Bauers Schreibtisch auf. »Er mag es nicht, wenn wir hier drangehen, aber das hier wird er sicher nicht vermissen.« Sie gab ihm ein Foto.

»Er ist ein guter Katholik, das schon, aber ich weiß nicht, ob er für alle seine Sünden Buße getan hat.«

Das Foto zeigte Carl Bauer im Wald auf einem Stein sitzend, seine Enkelin auf dem Schoß. Sally saß ganz vertrauensvoll da und lachte aus vollem Hals, wie Kinder es tun, wenn sie verliebt sind. Das Laub auf dem Foto zeigte das erste helle Frühjahrsgrün. »Das hatte er früher immer in der Brieftasche bei sich. Sein Lieblingsfoto, hat er gesagt. Aber seit er es in den Schreibtisch getan hat, guckt er es gar nicht mehr an. Du kannst es haben.«

»Auf dem Foto sieht es so aus, als hättest du ihm damals noch getraut«, bemerkte Ronald.

»Da waren wir noch nicht zu ihm gezogen. Meine Mutter sagt, er ist verbittert, weil unsere Großmutter gestorben ist. Voriges Jahr an Ostern. Dann ist sie drüben auf dem Kirchhof beerdigt worden, und er hat mit den Männern geschimpft, die den Sarg ins Grab gelassen haben. Er ist gar nicht laut geworden. Hat ganz ruhig geredet. Aber er hat es ihnen gegeben. ›Lumpen seid ihr, wie ihr mit dem Sarg umgeht. Macht das meinetwegen mit eurer Mischpoke, aber nicht mit meiner Frau.‹ Hat er gesagt. Und seitdem schimpft er immer auf die Juden.«

Ronald besah sich die Gesichter auf dem Foto. »Und deine Großmutter, war sie nett?«

»O ja, sie war sehr nett«, antwortete das Kind in ruhigem Ton. »Sie hat mir ihr Kindertaschentuch geschenkt, darauf war ihr Monogramm. E. B. Wie Eva Braun!« Sie zeigte ihm ein geblümtes Tuch, das er sich genau ansah. »Ich weiß nicht, warum er nicht wollte, daß sie ins Krankenhaus kam, als es ihr schlecht ging. Er hat sie nicht einmal zum Zahnarzt gehen lassen. Sie hatte schon gar keine Zähne mehr. Als wir noch in New York wohnten, sind wir manchmal hergekommen, um im Garten zu spielen, und da hat die Nachbarin sich immer an uns herangemacht und gefragt, was mit unserer Großmutter los ist. ›Sie sollte zum Arzt gehen, es geht ihr doch nun gar nicht gut.‹ So redet sie immer. ›Diese Ohnmachtsanfälle eurer lieben Frau Großmama!‹ hat sie immer zu uns gesagt. Dabei hab ich sie nie in Ohnmacht fallen sehen. Und unser Großvater hat sie nie ins Haus gelassen. ›Die will uns nur beschwatzen, daß wir unsere Zeit bei den Ärzten verplempern‹, hat er gemeint. ›Das sind doch alles Quacksalber!‹ Das sagt er heute noch. Weil er zu allem, was den Gehirnen von Wissenschaftlern und Ärzten entsprungen ist, kein Vertrauen hat, sagt er, vor allem nachdem er gesehen hat, was für ein Trottel sein eigener Schwiegersohn ist, und der ist berühmt. Er traut den Ärzten eben nicht über den Weg, da ist er richtig fanatisch.«

Sie sah ihn vertrauensvoll an. »Kannst du in der Morgue nicht mal sein Gesicht ausmessen? Ich meine, zum Vergleich.«

»Eine Gesichtsanalyse? Hm, nur ganz grob. Ich bin ja kein Detektiv, Sally. Aber laß mich mal darüber nachdenken.« Er hatte sich immer noch nicht von seiner Überraschung erholt. Hitler, Connys Vater!

»Nun, war mein Enkelkind eine gute Gastgeberin?« fragte Carl Bauer ohne jeden Argwohn.

»Ja. Sie hat mir alles gezeigt. Leider muß ich jetzt zusehen, daß ich meinen Bus nicht versäume.« Tatsache war, daß sein Verstand nach Luft schnappte.

DIE NACHBARIN, PATRICIAN JUNE, von ihren Freunden PJ genannt, sah Ronald und Conny an ihrem Verandafenster vorbeispazieren. Sie hätte wetten können, daß Conny jetzt überlegte, wie sie sich verhalten solle, wenn ihr Freund sie in aller Öffentlichkeit zu küssen versuchte. Es könnte schwierig werden, ihn abzuwehren, ohne ihn zu kränken. Aber wahrscheinlicher fürchtete Conny, ihr Galan würde es womöglich gar nicht erst versuchen. PJ wußte sehr gut, wie es war, ins Kreuzfeuer der eigenen Gefühle zu geraten. Sie hätte dem jungen Mann den folgenden Rat gegeben: Wenn der Bus in Sicht kommt, sag aus gebührendem Abstand: »Ich würde dich gern küssen«, und dann gib ihr die Hand. Wahrscheinlich hat sie jetzt eine Schwäche für gute Manieren, nachdem sie mit ihrem Stanislav auf die Schnauze gefallen ist.

PJ überlegte, wie Carl es wohl aufnahm. Das konnte sie sich einigermaßen vorstellen; schließlich kannte sie Carl gut genug. Früher hatte sie jeden Mittwochabend mit ihm und Eva Canasta gespielt. Dann war Ducky, ihr Mann, gestorben, und von diesem Moment an hatte Eva sie nie mehr eingeladen. Der Grund lag auf der Hand. »Du bist eine hübsche Frau, das ist der Grund«, sagte sich PJ. »Aber hör mal«, hielt sie sich selbst entgegen, »du bist immerhin fünf Jahre älter als Eva, sie hat gar keinen Anlaß, eifersüchtig zu sein auf deine *eingebildete* Schönheit. Ich und hübsch! Nie! Ungewöhnliche Farben, ja: grüne Augen und schwarzes Haar. Und eine Oberweite ganz wie Conny. Sie hält mich für eine lustige Witwe. Wahrscheinlich, weil ich evangelisch bin, und noch dazu aus der Kirche ausgetreten. Ich wette, daß sie mir das verübelt.«

In Wahrheit war PJ schon lange vor Duckys Tod aufgefallen, daß ihr Nachbar gut aussah. Zuerst hatte sie sich nur vorgeworfen, ihn allzu gern zu haben, ein Verdacht, der sich in der Sprache süß trällernder Gedanken an Carl äußerte. Beim Canasta zu viert hatte sie sich jegliches romantische Gefühl als Verstoß gegen die Gebote der Freundschaft verboten. Aber außer ihr wußte ja niemand von diesen Gedanken, und so gestattete sie sich dieses harmlose Vergnügen. Bald verbrachte sie täglich ganze Stunden mit Carl, und niemand ahnte etwas davon, nicht einmal Carl selbst. Dann starb Ducky, und die Vorstellung, daß sie an ihre Zukunft denken mußte, machte sie gewissenlos. Bei der Beerdigung verriet ihr Gebaren sie vor Eva wie ein lauter Schrei.

Sie wandte ihren Körper stets Carl zu.

Sie redete mit ihm in sanfteren Tönen als mit anderen.

Und da Carl seit Jahren von niemandem mit solchen Aufmerksamkeiten bedacht worden war, hielt auch er sich gern an sie und erwiderte ihre zärtlichen Töne.

Eva zog die Konsequenzen. PJ kannte sich mit Konsequenzen aus und konnte sich Evas Reaktionen vorstellen. Ordnung ging Eva über alles. Die würde in ihrem Haus keine unordentlichen Gefühle dulden. So etwas konnte nur zu einem großen Durcheinander führen, und es konnte Jahre dauern, bis alles wieder unter Dach und Fach war. Das Canastaspiel war abgemeldet.

Nach Duckys Hinscheiden weinte PJ monatelang jeden Mittwochabend von sieben Uhr (um diese Zeit hatte Carl ihr stets einen Cocktail gemixt) bis halb zehn (um zehn pflegte er sie nach einem erregenden Canasta zu dritt nach Hause zu begleiten; das ließ er sich nicht nehmen, denn er war ein Gentleman). Und an einem Mittwochnachmittag ergriff sie schließlich auch die Initiative.

Sie zählte ihr Geld. Es war eine hübsche Summe; Ducky war Zahnarzt gewesen. Ihr Sohn York hatte vor, sich ein größeres Haus zu kaufen. Seine Mutter sollte dann zu ihm und seiner Frau und den Gören nach Tucson ziehen. PJ hatte damals, vor sechs Jahren, nichts davon wissen wollen. Sie zählte also ihr Geld und ging noch am selben Abend, Einladung hin oder her, zu den Bauers hinüber und läutete. O welch ein schöner Abend! Gerdas Auge am Spion. Dann ging die Tür auf, schnell und weit. »Ach meine arme PJ!« sagte Gerda. »Sie haben sich ja eine Ewigkeit lang nicht mehr sehen lassen!«

»Man hat mich nicht eingeladen.«

»Ich weiß. Nun gehen Sie einfach hinein zu den Herrschaften. Nehmen Sie Platz. Wenn Sie mich fragen.«

PJ konnte sich nicht enthalten, Gerda einen rührseligen Kuß auf die eingefallene graue Wange zu drücken. Gerda brummte selig und schob PJ durch die Diele ins Wohnzimmer. PJ weigerte sich, über die Schwelle zu treten. Die Bauers sahen von ihrem Rommé auf. Eva sagte: »Ach du meine Güte, PJ, komm doch rein.« PJ blieb, wo sie war. Man hat ja seinen Stolz. Von der Schwelle aus rief sie ihre Einladung ins Wohnzimmer wie ein Telegrammbote: Kostenlose Reise nach Straßburg, woher ihre Familie stammte. »Das ist in Frankreich, im Elsaß.« Unter einer Bedingung. Daß sie alle zusammen fuhren.

Sie hatte den Reiseplan schon fertig ausgearbeitet — Schiffspassage erster Klasse nach Cherbourg, »dann per Eisenbahn ins Elsaß. Wo all meine Ahnen geboren sind. Von dort per Mietauto nach Süden, Monte Carlo, da spielen wir Canasta um Chips.«

Seit Evas Tod war die Erinnerung an diese Reise PJs Lieblingsprogramm, auf das sie mehrmals täglich umschaltete, öfter als auf irgendeine Seifenoper oder auf die Erinnerung an ihre Flitterwochen. Es war eine herrliche Reise gewesen, voll Verheißung. Und nun, da Eva nicht mehr war, bot sich ihr die Chance, die Verheißung einzulösen. PJ sah Carls Probleme (daß Conny ins Haus zog; Conny mit einem neuen Freund ankam) mit der Anteilnahme einer Betroffenen.

Sie wollte ihm Zeit zum Trauern lassen. Wenn sie ihm, um der Diskretion willen, eine längere Frist einräumte, so hieß das allenfalls, bis Mitte Dezember. Das war der Monat der Freude. Dann wollte sie einmal ganz ungezwungen zu ihm hineinschauen. An einem Mittwoch. Dem Tag, an dem die Kinder lange Schule hatten, irgendein Extrakurs, so daß sie — welch ein Zufall! — nicht da waren und stören konnten. Das Schicksal hatte seine Pläne offenbar mit Sorgfalt geschmiedet. Diesmal zu ihrem Nutzen.

PJ sah Conny von ihrem Spaziergang zurückkommen und die Tür hinter ihr ins Schloß fallen. »Im Dezember sehen wir uns wieder!« frohlockte sie.

Dr. Miele, der Riese, hatte einen Kunstfehler auf dem Seziertisch. Er zündete sich eine frische Zigarre an, setzte sich, zupfte die Gummischürze zurecht und wandte sich über die Schulter an Dr. Hake: »Sagen Sie mal, Donalronald, was war das noch für ein Gedicht, das Sie für Ihre Publikation verfaßt haben? Das über die Farben der Organe. Ziemlich sentimental, aber sonst ganz gut.«

Dr. Hake hatte eine zerstückelte Leiche vor sich. Keine Chance, sich hinzusetzen. Er stand über den Seziertisch gebeugt, auf dem die Teile aufgereiht lagen. Miele hatte ein unverschämtes Glück, daß er so sitzen konnte. Dr. Hake deklamierte:

»Unter der Haut glüht es
im dunkelsten Innern.
Wo die Gärten der Physis schimmern,
in prunkvollen Farben blüht es
blindlings, blau, scharlachrot,
lila wie Herbstzeitlosen,
wie bengalische Rosen.
Pracht, die im Dunkeln loht.

Wenn ihr letzter Tag anbricht,
tritt sie prunkvoll ans Licht.«

Ans Licht!

»Genau!« sagte Dr. Miele und machte seinen Einschnitt.

Dr. Hake legte die Körperteile zurecht, während seine Gedanken bei Carl Bauers Geheimnis waren. Er maß die Knochen, um Größe und Geschlecht des Opfers festzustellen. Linkes Femur, 426,2 mm. Da war der Kirche ein großer Coup gelungen, wenn sie Adolf Hitler in ihre Herde heimgeholt hatte. Es hatte dem Barmherzigen nicht gefallen, ihn ergreifen und durch Hinrichtung demütigen zu lassen; er hatte den Sünder den Sakramenten des organisierten Aberglaubens anheimgegeben. Linke Tibia, 345 mm. Dr. Hake hatte davon gehört, daß auf dem Totenbett mitunter die ruchlosesten Verbrechen gebeichtet wurden, ohne daß der Missetäter seine Schuld der menschlichen Gesellschaft gegenüber auch nur mit einem Pfennig abgegolten hätte. Patella, 39,7 lang, 40,0 breit; im Gegenteil, er verschied durchaus glücklich im Kreise seiner Lieben, die nur von seiner Güte und — das war der gemeinsame Nenner, der Dr. Hake aufgefallen war — von seiner Frömmigkeit zu berichten wußten. Sternum, Länge mit Processus ensiformis 185 mm. Die Kirche hatte sie in Gnaden aufgenommen. Vermutlich hatten sie allesamt ihre Verbrechen einem Priester gebeichtet.

Segne mich, Vater, denn ich habe gesündigt. Ohne Processus ensiformis 141,0 mm. Ich habe getötet. Darüber wirst du mit dem Bischof reden müssen, mein Sohn. Aber es war in einem gerechten Krieg! Nun, wenn das so ist, wie oft denn, mein Kind? Einmal, zehnmal, ich habe gefoltert und geschändet. Im Namen des Vaters und des Sohnes, Humerus 272 mm. Sieht nach Frau aus. Ich spreche dich los von deiner Schuld. Scapula 147 breit, 160 lang. In Wahrheit hatte Dr. Hake von solchen Totenbettbeichten nie gehört, er vermutete nur, daß sie an der Tagesordnung waren. War es nicht lächerlich zu glauben, daß die Erhabene Waage sich zugunsten derer neigte, die derart abstoßende Dinge getan hatten und denen man nun, nach einem Ausdruck des Bedauerns nahelegte, sie sollten das Ganze vergessen? Radius 223, Clavicula 136 mm. Eindeutig Frau. Und sicherlich von irgendeinem albernen, unnützen Männchen ihrer Gattung in die Kanalisation gespült. Die Weibchen waren dafür zu praktisch veranlagt, sie kannten die Schwachstellen der Kanalisation und wußten, wie schwer ein billiger Klempner aufzutreiben war.

Dr. Hake nahm den Plastiksack mit den Puzzleteilchen der Pelvis und leerte ihn auf den Tisch. Die Frömmigkeit von Lügen verdunkelt, (hier war das Schambein) und statt sie aufzudecken (Fossa acetabuli), vermengte sie sich mit ihnen (Symphysis) und wurde selbst zur Lüge (die Pelvis verriet alles). Die Rituale und Metaphern des Glaubens untergruben die wahre Frömmigkeit, statt sie zu stärken. Metapher als Krankheit. Das ist ein anderes Buch, rief sich Dr. Hake zur Ordnung. Eins nach dem andern.

Dr. Hake notierte beim Arbeiten die Zahlen auf einem Block, und bald hatte er die Größe des Leichnams ausgerechnet, 1,47 Meter plus Kopf. Der fehlte noch. Dann begann er, die Teile wie ein Puzzle auszulegen. Er stellte sich Hitler bei seiner ersten Beichte vor.

Im Beichtstuhl ist es düster und muffig. Er ist schon den ganzen Tag in Gebrauch. Die Gardine gleitet zur Seite, und der Priester flüstert: »Sprich, mein Sohn.« Er hat den Akzent eines Mannes aus dem mittleren Westen.

»Segne mich, Vater, denn ich habe gesündigt. Meine letzte Beichte war vor — vierzig Jahren.«

Die Soutane raschelt. Die Stimme kommt von sehr nah. »Wann warst du zum letztenmal in der Messe?«

»Auch vor vierzig Jahren, Vater.«

Schweigen. Adolf Hitler hört Schritte vor dem Beichtstuhl. Er sieht eine leichte Bewegung des Vorhangs, als jemand vorbeigeht. Endlich fragt der Priester: »Weißt du noch, wie man beichtet?«

»Ja, Vater.«

»Dann sprich, bitte.«

»Ich fange mit den großen Sünden an, Vater.« Er zögert und rafft seine Willenskraft zusammen. »Ich bin unkeusch gewesen, Vater.«

Der Priester seufzt. Dann seine Stimme, monoton und traurig: »In Gedanken, Worten oder Werken, mein Sohn?«

»In Gedanken, Worten und Werken.«

Der Priester beschleunigt das Tempo, eine Routinesache. »Allein oder mit anderen?«

»Allein und mit anderen.«

»Männern oder Frauen?«

»Frauen.«

»Verwandte?«

»Ja.«

»Was für Verwandte?«

»Meine Kusine.«

»Und wie oft?«

»Oft.«

»Kannst du sagen, wie oft?«

»Zu oft, um es zu sagen.« An dieser Stelle bricht Hitlers Stimme vor Bewegung.

»Ich höre die Reue in deinem Ton«, kommentiert der Priester, nach wie vor gelangweilt. »Glaubst du, künftig der Todsünde der Unkeuschheit widerstehen zu können? Bist du stark genug? Du weißt ja, wer mit dieser Sünde auf der Seele stirbt, kommt in die Hölle—«

»Ich weiß es, Vater.«

»Dann fahre bitte fort.«

»Ich muß überlegen, Vater. Ich war im Krieg, also habe ich indirekt auch getötet.«

»Hast du selbst getötet?«

»Nein.«

Der Priester seufzt und wartet auf weiteres.

»Ich habe nicht an Christus geglaubt. Das habe ich auch gesagt.«

»Glaubst du jetzt an ihn?«

»Ja. Und ich war zornig. Sehr oft. Ich habe Völlerei getrieben.«

»Gibt es bestimmte Eßwaren, denen du nicht widerstehen kannst?« fragt der Priester mit neu erwachtem Interesse.

»Süßigkeiten«, sagt Adolf Hitler. »Ich kann Süßem nicht widerstehen.«

»Hm«, macht der Priester.

Hitler schweigt.

»Noch etwas?«

»Ich glaube, nein.«

Der Priester überlegt lange. »Da dies deine allererste Beichte seit langer Zeit ist, möchte ich sagen, daß deine Schwachheit offenbar Schwachheit des Fleisches ist. Du mußt lernen, dich zu beherrschen. Und als Zeugnis vor dem Herrn, daß du es ernst meinst, gebe ich dir zur Buße einen Rosenkranz auf, und um dir selbst deinen guten Vorsatz zu beweisen, solltest du einen ganzen Monat lang auf Süßigkeiten verzichten.«

Sie sprechen zusammen das Gebet der Reue.

Hitler verläßt den Beichtstuhl als Carl Bauer. Er kniet an der Kommunionbank nieder und blickt auf zu

Jesus. Er sieht im Geiste seine Seele schneeweiß, die Engel laufen darauf Schlittschuh. Und er betet: »Ich danke dir, Allmächtiger Schöpfer!«

»Was träumen Sie denn Schönes, Sunnyboy?« rief Dr. Miele aus seiner Zigarrenwolke. »Ihre Pfeife ist ausgegangen. Müssen wieder mal die Mädchen sein. Ich bin fertig. Der Chirurg, der an diesem armen Schwein herumgeschnippelt hat, kann sich auf eine ungemütliche Woche gefaßt machen.« Er band seine Schürze ab, sah blinzelnd auf Dr. Hakes Leiche und sagte: »Sieht nach Frau aus, sechsundzwanzig Jahre alt. Wird etwa einsdreiundsechzig groß sein, wenn der Kopf auftaucht. So groß wie meine Frau.«

Dr. Hake beachtete ihn nicht. Er war in seine Betrachtungen versunken.

Aber welche Beweise hat die Kirche, daß Hitler wirklich bereut hat?

In alten Zeiten streute der Sünder Asche auf sein Haupt. Er zerriß seine besten Kleider, gab all sein Geld dem nächstbesten Priester, und man hatte damit ein Unterpfand für seine Besserung. Heutzutage kassierte die Kirche nur horrende Schulgelder an ihren privaten Lehranstalten.

Man sollte, überlegte Dr. Hake, Carl Bauers Geheimnis vielleicht mit medizinischen Methoden zu enträtseln suchen. Es als Krankheit betrachten. Offenbar war sein Zustand nicht kritisch. Der Patient konnte sogar wieder voll genesen; dann wäre seine Krankheit nur noch von historischem Interesse.

Dr. Hake stand über den Leichnam gebeugt und wischte sich über die Stirn, auf der in dicken Perlen das Endprodukt jener Reaktionskette stand, die mit Hoffen begann, über Bangen führte und in Schweiß endete. Ein erstmals in Worte gefaßtes Streben kann der Umgebung oft sehr zum Schaden gereichen, da es die Hoffnungsfunktion des Gehirns überstimuliert. Nicht gerade Freude schöner Götterfunken. Etwas viel Gewaltigeres.

Dr. Hake begann zu formulieren, in seiner schönsten Medizinerprosa:

»Einundsiebzigjähriger Mann, aus Deutschland stammend, lebt mit seiner Familie in einem Vorort von New York. Obgleich er gesunden Patriotismus zeigt und Americana sammelt, hegt er antisemitische Vorurteile und klagt über bitteren Nachgeschmack im Mund, ausgelöst durch Politik. Regelmäßiger Kirchenbesuch hat seinen Haß auf die jüdische Rasse nicht ganz zu beseitigen vermocht. Diesen sieht er als Wesensbestandteil der kirchlichen Lehre. Raucht und trinkt nicht, liebt jedoch ungeachtet geringfügiger Gewichtsprobleme Süßigkeiten. Spricht auf schwache Geschöpfe, einen alten Dackel und die Natur gut an, dagegen reagiert er empfindlich auf Kinder und Unordnung. Seinem Fleischverzehr liegt die Vorstellung zugrunde, Fleischnahrung mache die Amerikaner stark. Neigt beim Essen zur Absonderung von Monologen.

Testauswertung:
  Gehorsam als Tugend: stark positiv
  Faszination durch Militärisches: leicht positiv (Schach)
  Politische Aktivität: ohne Befund
  Interesse an Geschichte: ohne Befund
  Rassenbewußtsein: positiv
  Verehrung von Ritualen und Emblemen: positiv
  Schuldzuweisung für gesellschaftliche Mißstände an liberales Establishment: stark positiv
  Größenwahn: ohne Befund

Differentialdiagnose:
  — Konservativ-traditionalistischer Katholizismus
  — Nazi-Ideologie.

Therapievorschlag:

Vor Erstellung abschließender Diagnose keine Therapie für den Patienten erforderlich, bei Kontaktpersonen jedoch Schutz vor Ansteckung angezeigt. Bildung beste Prophylaxe.«

Dr. Hake betrachtete die geraden Linien seiner kleinen, stachligen Schrift auf dem weißen Blatt. Schön. Er brauchte jetzt nur noch das schlichte Eingeständnis, daß Carl Bauer Hitler war, ein »Wie sind Sie nur darauf gekommen?« dann wüßte er, daß seine Analysemethode viel zuverlässiger funktionierte als jede halbherzige, der Selbsttäuschung dienende Beichte.

Ihm fiel ein, daß er Conny den ganzen Tag noch nicht gesehen hatte. Sogleich konzentrierte er sich auf seine Leiche und legte das Puzzle in Rekordzeit. Barry, der Gerichtsfotograf, kam und machte seine Aufnahmen. Als er Dr. Hake so erhitzt und hübsch sah, machte er auch von ihm gleich noch ein paar Fotos für sein Privatarchiv.

Seit dem plötzlichen Advent ihrer Leidenschaft hatten Doctores Bauer und Hake noch keinen Ort gefunden, an dem sie sich zu einem ungestörten Pingpongmatch treffen konnten. Dr. Guttenberg war im höchsten Maße mißtrauisch und hatte schon Dr. Miele darauf hingewiesen, daß zwischen den beiden vielleicht etwas im Busch sei. »Und ich rede nicht von Botanik«, sagte Dr. Guttenberg. Dr. Miele war es egal, was andere Leute miteinander machten. Er nannte den Kollegen hinter dessen Rücken »Dr. Gossenberg«. Warum er ihn so umgetauft hatte, mochte er niemandem erklären. Seine Spitznamen waren sein Privatvergnügen. Sein Desinteresse an anderen machte ihn diskret. Er selbst war glücklich verheiratet und konnte sich nicht mehr vorstellen, was zwei Menschen aneinander interessant fanden. Wenn er eine Reklame mit einem Paar darauf sah, kaufte er das Produkt nicht.

Also war er auch nicht bereit, auf andere Leute aufzupassen. »Nie im Läbbän«, sagte er mit seinem italienischen Akzent.

Worauf Dr. Guttenberg antwortete: »Jedenfalls wissen die beiden hoffentlich, was Standesethos und dergleichen ist.«

Es war allgemeiner Konsens, daß Liebe am Arbeitsplatz rundherum unschicklich war, gegen die Standesregeln verstieß und andere neidisch machte. Das Paar konnte sich nur damit behelfen, daß es seine Freundschaft unter allerlei Deckmänteln loser Bekanntschaft versteckte. Connys Heimlichtuerei kam ihr dabei zugute. In der Öffentlichkeit ging sie mit Dr. Hake freundlich und gleichgültig um. Dr. Hake hingegen war machtlos dagegen, daß seine Wangen glühten, sobald sie auftauchte, und immer rückte er ihren Attraktionen eine Spur zu nah auf den Leib. Dr. Guttenberg merkte das und schloß daraus, daß »Hake an einem schweren Fall von Verliebtheit leidet. Der arme dumme Yankee! Ich habe nicht die Absicht, ihn aufzuklären. Vielleicht geht sie mal mit ihm Kaffee trinken, und schon wird er sich von ihr ermuntert fühlen. Dabei ist Dr. Bauer gar nicht an ihm interessiert. So was sehe ich einer Frau doch an.« Und er wurde ein wenig nachlässig in seiner Wachsamkeit und ließ sich seine Verachtung anmerken.

Das gab den beiden etwas mehr Freiraum. Als Dr. Bauer und Dr. Hake eines Tages auf dem Weg zu einem neuen Fall miteinander zusammenstießen, fragte Dr. Hake sie höflich: »Waren Sie schon mal unten im Labyrinth?«

Er steckte seine Pfeife ins Etui, immer ein Zeichen, daß er etwas im Schilde führte, und sie machten sich auf den Weg. Die Treppe führte direkt hinunter in den Praktikumsraum der städtischen Bestattungsfachschule. Von hier verband ein Netz dunkler, heißer Korridore die Morgue mit der Psychiatrie und dem Hauptgebäude.

Die technischen Einrichtungen des Krankenhauses befanden sich hier, aber auch streunende Katzen, Ratten und Obdachlose suchten Zuflucht in den Lagernischen. Dann und wann kam ein grün gekleideter Pfleger vorbei, oder Katzen stoben in wilder Flucht davon. Die Ärzte benutzten diese Gänge nie. Doctores Bauer und Hake bildeten ein schönes, weißbekitteltes Paar. Als sie auf einen schlafenden Tippelbruder stießen, der quer auf dem Gang lag wie eine Schnapspfütze, nahm Dr. Hake sie galant auf die Arme und trug sie hinüber. Während dieses Manövers wagte sie ihm einen flinken Kuß an den Hals zu drücken.

Beim nächsten Penner ließ Dr. Hake sich Zeit, und breitbeinig über dem Schnarchenden stehend, riskierten sie den ersten kleinen Ballwechsel, bis sie allmählich den festen Boden unter den Füßen verloren.

Gerade im rechten Augenblick kam ein Krankenpfleger mit einer Leiche auf der Bahre daher und rief: »Dürfen wir mal vorbei?« Dr. Hake besann sich und stellte Dr. Bauer jenseits des Hindernisses wieder auf die Füße, und während sie langsam weitergingen, begann er einen weitschweifigen Diskurs über seinen neuesten Fall von Skelettrekonstruktion. Und plötzlich wechselte er ganz und gar das Thema.

»Erzähl mal von deinem Vater«, sagte er. »Wo ist er geboren?«

Sie übersah eine Stufe und wäre fast gestürzt. Er fing sie auf und hielt sie am Arm fest. Eine leichte Unruhe entstellte ihr Gesicht. Er strich ihr aufmunternd über die Wange und beobachtete, wie seine weißen Fingerspitzen über ihre ebenso weiße Haut fuhren.

Sie schien sich zu beruhigen. »Du stellst vielleicht komische Fragen! Er ist in einer österreichischen Kleinstadt geboren«, sagte sie. »Aber ich war noch ein Kind, als wir in die USA kamen. Dann sind wir nach Cincinatti gezogen.«

»Vor dem Krieg?«

»Natürlich vor dem Krieg. Den hatten wir kommen sehen.«

»Du sprichst nicht gern davon.«

»Ich möchte nicht als Ausländerin gelten, das ist alles«, sagte sie. »Dich habe ich ja auch nie gefragt, wo du geboren bist, oder? Ich finde das nämlich überhaupt nicht wichtig.«

»Ich stamme aus Greenwich in Connecticut«, schoß Dr. Hake sofort los. »Mein Vater war Geschäftsmann. Er besaß eine Kette von Bestattungsinstituten. Von dort geht man gewöhnlich in die Kommunalpolitik, er aber nicht. Er war nicht sehr intelligent. In meiner Familie war keiner sehr intelligent. Sie waren alle nur an Geld interessiert. Sind aber jetzt tot. Aneurysmen im Dutzend nach zuviel Fondue. Beim Valsalva-Test. Das Haus hatte vier Bäder.«

»Dann wart ihr wohlhabend.«

»Stinkreich, meine Liebe. Ich sollte das Geschäft übernehmen. Es interessierte mich aber nicht. Meine Schwester lebt ganz gut davon. Hat auf Kosmetika erweitert. Ich bin mehr am Erwerb von Wissen interessiert als an Geld. Wissen ist meine große Leidenschaft, das will ich akkumulieren. Und ich bin richtig darauf versessen, dich besser kennenzulernen und zu sehen, was dein Herz sagt.«

»Mein Herz muß doch für dich ein offenes Buch sein«, antwortete sie.

»In dem die Hälfte der Blätter zusammenklebt.«

»Und ein Viertel der Blätter herausgerissen ist«, vollendete sie.

Nach dieser Bemerkung kümmerten sie sich nicht mehr um Krankenpfleger, Penner oder Katzen. Es war warm da unten in den Tunneln, dunkel und schwül wie an einem Tropenstrand bei Nacht. Wir sollten das Paar jetzt ein Weilchen in Ruhe lassen, in einer Nische auf Dr. Hakes weißen Laborkittel gebettet, ein bißchen Blut vorne drauf, nichts Häßliches, und sehr gemütlich.

Es geht niemanden mehr etwas an, sie stellen einander Fragen privater, nicht frommer Natur. Anfangs hegen sie im Hinterkopf noch einen Rest von Hoffnung, daß Dr. Gossenberg ihre unentschuldigte, standeswidrig traute Abwesenheit nicht bemerkt. Doch schon sehr bald gibt das Wort Abwesenheit seinen Geist auf unter der ungeheuren Macht des Gegenwärtigen.

SCHWESTER MARY ANGELAS UNTERRICHT tikkerte auf intellektuellen Hochtouren dahin.

»Wohin kommen die kleinen Kinder, die nicht getauft sind? Jerry?«

»In die Vorhölle.«

»Warum?«

»Weil sie keine Chance hatten, sich zu entscheiden.«

»Richtig! Sie haben nie erfahren, was es heißt, zwischen Gut und Böse zu wählen. Erwachsene können sich entscheiden. Und diejenigen, die der Kirche den Rücken kehren, kommen in die Hölle.

Kinder! Ihr könnt die Leute an Gott heranführen. Auch ein kleines Kind kann den Erwachsenen da allerhand beibringen. In eurem Alter habt ihr eine erstaunliche Überzeugungsgabe. Wegen eurer Unschuld.«

In den Kinderaugen blitzte die Begierde auf, einen Erwachsenen zu bekehren.

»Man kann Erwachsene, die der Kirche den Rücken gekehrt haben, wieder auf den rechten Weg bringen, bevor sie sterben und zur Hölle fahren.«

»Wie ist das mit den Juden?« fragte Dicky.

Schwester Mary Angela seufzte. »Meinst du einen erwachsenen Juden?«

Sie zögerte. »Das ist ein ganz schwieriges Problem«, sagte sie. »Das mit den Juden. Laßt uns beten.«

»Daddy ist außer Gefahr«, sagte Sally später. »Das weiß ich. Er hat freitags immer mit uns Fisch gegessen.«

»Aber das tut er jetzt bestimmt nicht mehr«, meinte Dicky.

»Doch, tut er«, sagte Sally. »Er sagt, einmal die Woche Fisch ist gesund.«

»Ob wir nicht trotzdem für ihn beten sollen?« fragte Dicky.

Dicky betete, was das Zeug hielt. Sein selbstgestecktes Ziel war ein ganzer Rosenkranz zur Schlafenszeit, um seinen Vater zu retten. Später beschlich ihn die Sorge, das sei vielleicht nicht genug. Zwei Rosenkränze wären besser, aber mit dreien ginge er auf Nummer Sicher. Bevor er sein Pensum erfüllt hatte, schlief er immer ein. Mit der Zeit geriet er in Schulden beim lieben Gott. Er führte darüber Buch. Binnen einer Woche schuldete er Dutzende von Rosenkränzen, ein Ende war nicht abzusehen, und er schlief ganz fest, um der erdrückenden Gewißheit zu entrinnen, daß sein Schuldenberg immer weiter wuchs.

Ein paar Vormittage später schaute Dr. Guttenberg aus seinem Fenster und sah einen älteren Mann weißer Hautfarbe, den schmalen Weg zur Morgue entlangkommen. Der Mann hatte eine karierte Tragetasche bei sich und ging mit dem unsicheren, geistesabwesenden Schritt, der nach Dr. Guttenbergs Erfahrung typisch für einen trauernden Hinterbliebenen war. Als der alte Mann die Stufen zur Morgue heraufkam, eilte Dr. Guttenberg, um Blessed zu holen, die als die dickere und resolutere der beiden Sekretärinnen in solchen Situationen meist den Rausschmeißer zu spielen hatte. »Blessed ist sich gerade die Nase pudern gegangen«, sagte Alice, die zierlichere der beiden Damen.

Der unbekannte Besucher war Carl Bauer. Kaum hatte er die Eingangshalle betreten, da begann der Inhalt seiner Tragetasche zu zappeln und zu jodeln. Dr. Guttenberg kam gerade durch die Eingangshalle, und Carl Bauer sprach ihn an: »Ich möchte meine Tochter besuchen.«

»Bedaure, aber Sie müssen den üblichen Weg gehen, Sie können hier nicht einfach hereinkommen«, sagte Dr. Guttenberg. Er nahm ihn beim Arm und drehte ihn zur Tür. »Batt ei will Sii mei Tochter!« protestierte der Mann, und Dr. Guttenberg registrierte, daß er einen deutschen Akzent hatte.

Conny war entsetzt, ihren Vater hier zu sehen. »Wie um alles in der Welt bist du denn hierhergekommen?« fragte sie.

»Natürlich gefahren. Wie jeder normale Mensch. Ich bin vorsichtig gefahren. Kein einziges Mal geschleudert in den vielen Kurven auf dem Riverside Drive, und elegant gebremst. Autofahren ist eine alte Leidenschaft von mir«, sprach er, indem er sich an das ganze Publikum wandte. »Der neue Highway am Fluß wird den Autofahrern viel Freude machen.« Alice hatte inzwischen Blessed herbeigeholt, gefolgt von Dr. Miele, und danach kam Dr. Hake, dem zwei Assistentinnen auf dem Fuße folgten. Sie standen in der Eingangshalle versammelt, und Carl Bauer sprach zu ihnen allen: »Merkwürdig, daß ich seit Jahren keine längeren Fahrten mehr unternommen habe. Das soll jetzt anders werden. Ich spiele mit dem Gedanken, mit meinem Buick durch ganz Amerika zu fahren.«

»Beruhige dich mal, Papa. Das ist eine weite Reise.«

»Gut, dann kann Dr. Hake mich ja begleiten. Hier drinnen riecht es aber komisch, Conny. Habt ihr vielleicht etwas aus dem Kühlschrank gelassen?«

»Komm mit in Blesseds Büro, Papa. Da riecht es normal.«

Er kam mit, die andern folgten, und alle quetschten sich in das enge Sekretariat und sahen zu, wie der alte Herr Platz nahm. Er knabberte die Kekse, die Blessed ihm anbot, dann öffnete er die Tragetasche und ließ den bibbernden Happy heraus, dessen Nase sich in Zuckungen wand. Nachdem der Hund sich beruhigt hatte, wurde er auf Blesseds geräumigem Schoß deponiert.

Alice scheute sich nicht, es auszusprechen: »Sie sind aus Deutschland, ja? Ich weiß es. Ich finde Ihren Akzent hinreißend.«

»Ja«, sagte er. »Ich bin aus Deutschland. Aus Österreich, genaugenommen.« Er betrachtete die vielen großen Männer in weißen Kitteln, die ihn umstanden, sah sie mit Wohlgefallen, ließ die Frauen unbeachtet und seufzte: »Ach ja, aber ich könnte euch heute mehr über Amerika erzählen als über Deutschland. Ich weiß noch, wie ich dieses Land zum erstenmal sah und dachte: Zis is Amerika!

Amerika«, rief er aus. »Als wir in Amerika ankamen, war keiner da, der uns erwartet hätte. Niemand hat uns zugewinkt. Nur Amerika. Sechs Tage lang hatten wir nichts als Meer gesehen. Und am sechsten Tag war der Morgen hell und klar, und bald erschien ein feiner Strich am Horizont. Ein paar Stunden später nahm es Gestalt an, es breitete sich aus, um uns zu begrüßen: Amerika!«

»Wie Mr. Bauer *Amerika* sagt!« schwärmte Alice.

»Als ich aus Jamaika hier ankam«, sagte Blessed, »konnte ich nur an meine Zahnschmerzen denken.«

Carl Bauers Gesichtsausdruck und Körperhaltung veränderten sich beim Reden, sein Eifer straffte ihm den Rücken, glättete seine Falten. Er redete in ruhigem Ton weiter, aber schnell.

»Die anderen Passagiere, die mit uns an Deck standen, haben geweint wie die Kinder.«

»Vielleicht hatten sie auch Zahnschmerzen«, meinte Blessed.

»Ich erinnere mich noch an einen Mann mit schwarzem Filzhut. Er zeigte immerzu auf die Küste, die Häuser so klein wie Kiesel am Strand. ›Das ist die Bronx!‹ schrie er. ›Da werden wir wohnen, in der Bronx!‹ Der Hut rutschte ihm vom Kopf. Hinter ihm stand eine kleine dicke Frau, die hob ihn auf und schlug damit nach ihm. ›Die Bronx will nichts von dir wissen. Du mit deinem schmutzigen Hut!‹

Eva, meine Frau, stand hinter ihnen und war richtig angewidert. ›Was soll diese Sentimentalität!‹ sagte sie zu mir. Sie hatte einen Stadtplan von New York, den faltete sie auseinander und hielt ihn dem kleinen Mann unter die Nase. ›Sehen Sie‹, sagte sie, ›das ist gar nicht die Bronx, worauf Sie zeigen. Das ist Brooklyn.‹ Evas erstes Gefühl bei unserer Ankunft in Amerika war Verachtung. Aber meines nicht, o nein!«

»Meines auch nicht«, sagte Alice. »Du bist dumm und undankbar, Blessed.«

»Hör mal, ich hatte Zahnschmerzen und mußte fünf Stunden in der Schlange warten, bis ich durch die Kontrolle kam. Mußten Sie nicht auch durch die Kontrolle, Mr. Bauer?«

»Doch, doch. Bevor wir vom Schiff durften. Das ist wahr. Ich sehe unsere Koffer noch offen vor uns liegen.« Er zeigte auf einen imaginären Schrankkoffer. »Der Beamte hat die Seitenwände abgetastet.« Carl Bauer tastete. Dann mit einer energischen Handbewegung: »Zuletzt hat er die Koffer wieder zugeklappt, und sie glitten vom Schalter weg zum Pier. Ich stand ganz allein da oben auf der Treppe. Unter mir eine riesige Menschenmenge. Die Möwen kreischten mich an. Dann bin ich hinuntergegangen. Und von da an gehörte ich der Neuen Welt an.«

»Möchte noch jemand einen Keks?«

»Aber ich rede zuviel. Es ist nur — ich habe eben eine romantische Ader für Amerika. Das ist wie in einer Liebesgeschichte, wenn da einer zum erstenmal hinsieht und denkt: Das *ist* es! — dieser Augenblick wiegt Jahre auf, egal was hinterher passiert. Für mich wird Amerika immer ein bißchen so aussehen und riechen und sich anfühlen wie bei meiner Ankunft.« Seine Stimme wurde ganz heiser vor Rührung.

»Das Schiff hält Kurs auf dem strahlenden Fluß, am Bug teilt sich das Wasser, und plötzlich fliegen Nebelfetzen von den Inseln vorbei, die Statue gibt ihren

Segen, nach langer Fahrt rückt die Stadt näher, Möwen jubeln, Taue sirren, und drängend ruft die Schiffsglocke zur Landung.«

Hier hielt er inne, und sein Schwung verließ ihn zusehends, er wurde alt, gebrechlich, und endlich gewann das Elend die Oberhand über die Erinnerung. »Das ist das erstemal, daß ich dich je besucht habe, Conny. Jetzt muß ich nach Hause.«

Er stand mit Mühe auf, tastete nach dem Hund und mußte von Dr. Hake aus dem Zimmer geführt werden, der seine Hand nicht aus den Augen ließ, solange sie Hitlers Ellbogen stützte.

»Mein Gott, haben Sie einen netten Vater!« sagten die Ärzte zu Dr. Bauer. Für Dr. Hake war ihre Begeisterung ein weiteres wichtiges Indiz, das ihm zu einer wasserdichten Diagnose verhelfen würde.

GERDA HOLTE DIE KINDER von der Schule ab.

»Betty hat gesagt, daß Mädchen bluten«, sagte Dicky.

»Jungen bluten auch«, sagte Sally.

»Tun sie nicht.«

»Tun sie doch.«

Gerda sagte, davon wisse sie nichts, weil sie nie verheiratet gewesen sei. Am Abend wandten die Kinder sich an Conny.

»Betty hat gesagt, daß die Jungen ihr Dingeling bei den Mädchen in den Schlitz stecken«, sagte Sally. »Weißt du, Dicky, die erzählt lauter so komische Geschichten. Du bist ein Dummbart, wenn du ihr das glaubst.«

»Das hat sie von ihrer Mutter«, erklärte Dicky.

Conny ergriff das Wort: »Bettys Mutter ist keine Ärztin. Sie hat von medizinischen Fragen keine Ahnung. Also hör nicht auf sie.«

Oben in ihrem Zimmer sagte Sally: »Betty sagt auch immer Peni. Dabei ist es eine Todsünde, wenn man Peni sagt. Unkeuschheit in Worten ist das.«

Zufrieden drehte sie sich um und dachte an etwas anderes.

Den ganzen Abend lang summte das Wort durch Dickys Kopf: Peni Peni Peni. Er betete: »Lieber Gott, mach, daß ich nicht unkeusch in Gedanken bin«, aber das Wort konnte den Fluchtweg aus seinem Gehirn nicht finden. Seufzend nahm er einen Notizblock, den er neben seinem Comic-Heftchen liegen hatte, und führte eine Strichliste, III, IIII, um mitzuzählen, damit er, wenn der Priester »Wie oft, mein Sohn?« fragte, genaue Auskunft geben konnte.

Ob Carl Bauer manchmal träumte? »Ich träume nie«, sagte er einmal zu seiner Enkelin, als sie sich darüber beklagte, daß sie in einem Alptraum von einer Klippe gefallen war. »Wenn du nicht träumen wolltest, würdest du nicht träumen, wahrscheinlich willst du also träumen.«

»Du hast ein schlechtes Gewissen, darum träumst du«, sagte Gerda. »Opa hat immer ein reines Gewissen. Ich träume auch manchmal. Daß ich eine Arbeit vergessen habe. Aber dein Großvater, der hat einen sehr gleichmäßigen, ruhigen Schlaf. Und wenn er morgens aufwacht, weiß er, was er zu tun hat.«

Wenn Carl Bauer aufwachte, las er von einer Pendeluhr an der gegenüberliegenden Wand die Zeit ab. Dann wusch er sich und zog die Sachen an, die Gerda ihm zurechtgelegt hatte. Er kniete auf dem Gebetsschemel nieder, der in der Ecke stand, und wie man von Gerda erfahren konnte, die manchmal hinter ihm herspionierte, betete er mit Inbrunst, bis die Uhren neun schlugen. Danach blieb er unten, bis sie abends sieben schlugen. Zweimal (2 ×) täglich spielte er für genau eine halbe (½) Stunde ein angefangenes Schachspiel weiter. Dreimal (3 ×) täglich führte er Happy aus, und zehn (10) Minuten, nachdem er heimkehrte, wusch er sich die Hände und ging auf die Toilette, womit er zehn (10)

Minuten, bevor er sich an den Eßtisch setzte, fertig war. Er tat alles nach der Uhr. »Wie oft ist ihm weit wichtiger als wieviel«, berichtete Gerda gern, als ob das eine große Weisheit wäre. Wenn die anderen Kirchenbesucher sich nach der Messe aus Höflichkeit erkundigten, wie es der Familie ging, zählte sie Mr. Bauers Tageseinteilung auf die Minute genau auf und merkte nicht, wenn sie gähnten. Sie vermochte sich nicht vorzustellen, wie diese Informationen jemanden langweilen könnten. Nachdem sie Conny und den Kindern alles haarklein dargelegt hatte, schloß sie immer mit den Worten: »Wie oft ist weit wichtiger als wieviel. Nur Leute wie Stanislav fragen nach dem Wieviel.«

Carl Bauer verließ die Gesellschaft seiner Uhren selten. Einmal in der Woche ging er mit der übrigen Familie zur Messe. Eva war danach noch immer an der Kirchentür stehengeblieben und hatte mit den Leuten geschwatzt, während er stumm dabeistand. Seit sie tot war, verließ er die Kirche immer sofort und fuhr Gerda an, sie solle sich beeilen, obwohl es gar nichts zu beeilen gab. Conny, die in der Gemeinde als Fuchtel galt, weil sie niemandem je guten Tag sagte, war immer schon vorneweg, um unter irgendeinem Vorwand den Wagen zu holen. Mit anderen Worten: sein Ausflug zur Morgue hatte viel zu bedeuten. Eine Zellentür öffnete sich, er trat wieder ins Leben ein, fand sich mit Connys Beruf ab, emanzipierte sich von seinem Stundenplan. Aber die Erschöpfung, die danach einsetzte, hielt Tage an. Schon der Gedanke an eine Ausfahrt ermüdete ihn. Tick-tick-tick, machten die Uhren, der Nachhall einer immerwährenden Parade. Eines Nachmittags sagte er sich, wenn er schon zu müde sei, um mit seinem Buick quer durch Amerika zu fahren, könnte er wenigstens einmal durch den Garten gehen und seine Nachbarin PJ besuchen.

Kaum war ihm das in den Sinn gekommen, da gelangte Evas Kerze ans Ende des Dochts und ging flackernd aus, bevor die nächste angezündet war, zum erstenmal in siebzehn Monaten. Gerdas Schuld. Gerda war einkaufen gegangen. Die Kinder verdrückten sich lautlos. Carl Bauer mußte lange suchen, wo sie die Kerzen aufbewahrte. Er leerte die Wäscheschränke und die Kramkiste, warf die Sachen auf den Boden und ließ sie liegen. Endlich kam er auf die Idee, in der Kammer nachzusehen, wo Gerda die Glühbirnen zum Auswechseln hatte. Dann mußte er nach den Streichhölzern suchen, die sie immer benutzte. »Ich nehme keine Küchenstreichhölzer für Evas Kerze«, sagte sie jedesmal, wenn sie eine anzündete. Er fand das silberne Etui neben dem Gebetbuch, auf einem Regal beim Fernseher. Dann brauchte er weitere zehn Minuten, um die Kerze anzuzünden. Wenn man Dienstboten hat, vergißt man, wie die simpelsten Sachen gehen, maulte er. Es macht einen lahm, »lebensuntüchtig«, sagte er laut. Nachdem er endlich fertig war, wollte er jemandem sagen, wie unglaublich es von Gerda war, die Kerze so zu schänden.

Er fand die Enkelkinder nicht. Er ging sie suchen. Sie waren nicht auf dem Hof, auch nicht in ihrem Zimmer. Da hörte er Schritte auf dem Dachboden. Er lauschte. Kichern. Ein Japsen. Dann lange Stille. Obwohl es entschieden ein Verstoß gegen seinen Tagesplan war, stieg Carl Bauer zum Dachboden hinauf und traf sie auf allen vieren vor einem alten Wäschekorb an. Sie starrten mit offenem Mund in ein Buch.

Er sah mit einem Blick das Foto eines riesigen Knochenbergs. Widerlicher Schund! Greuelberichte über Konzentrationslager! Eva hatte das Buch vor Jahren gekauft, ein billiges Taschenbuch, und er hatte es sofort mit seinem Bann belegt. Er dachte, sie hätte es auf den Müll geworfen, wohin es gehörte. Jetzt sah er, daß sie es lediglich an einem Ort versteckt hatte, den nur das Mädchen aufsuchte.

»Was macht ihr da?« fragte er, obwohl er es sah. Dann verstummte er vor lauter Mißbilligung. Sie lagen geduckt auf allen vieren, das zugeklappte Buch vor sich auf dem kalten Holzboden. Nach einer Weile sagte er: »Ihr habt mich enttäuscht. Meine eigenen Enkel weiden sich an Greueltaten!«

Mit jeder Minute, die er über einem Vergehen brüten konnte, vertiefte und verdüsterte sich sein Zorn, und niemand hätte genau sagen können, wann und wo seine Wut sich endlich totlaufen würde. So nahmen die Kinder das Buch zu zweit in die Hände, um die Schuld gemeinsam auf sich zu nehmen, übergaben es ihm und suchten das Weite. Aus Angst, daß er ihnen nachkommen könnte, zogen sie ihre Mäntel an und liefen nach draußen. Dort spielten sie mit dem Laub, das der Wind über den Hof scheuchte.

Carl Bauer blieb auf dem stillen Dachboden zurück, um ihn herum senkte sich der Staub, den die Eindringlinge aufgewirbelt hatten. Er starrte auf den Unrat in seinen Händen. Dann sah er, daß der Strohkorb ganz voll von Büchern war. Er nahm eines heraus und warf es gleich wieder hinein. Über Nazideutschland. Erst der Titel, dann der ganze übrige Humbug. Eva mußte dieses Zeug hinter seinem Rücken gesammelt haben. Der Korb ekelte ihn an wie eine geborstene Toilette. Er war schwer. Er hob ihn mit Mühe auf, konnte ihn sich vor den Bauch drücken und so nach unten stolpern. Er trug ihn immer weiter, vorbei an der Erklärung der Menschenrechte und auf den Hof. Die Kinder jagten das Laub, zertrampelten es, traten nieder und vernichteten, was so schwach war, daß es sich nicht mehr an seinem angestammten Platz halten konnte. Dann sahen sie ihren Großvater ohne seine Jacke nahen. Sie verzogen sich, krochen unter den Rhododendron und beobachteten ihn, wie er den Korb mitten auf dem Rasen abstellte. Er hatte das silberne Streichholzetui in der Hand. Da stand er, das Laub tanzte ihm munter um die Beine, und er versuchte ein Streichholz anzuzünden. Der Wind blies es aus. Er zündete ein neues an. Gleiches Schicksal.

»Lieber Gott«, flüsterte er, »mach, daß der Wind sich legt!« Der Wind legte sich.

Er schaffte es, ein Streichholz so lange am Brennen zu halten, daß er eine Flamme in den Wäschekorb werfen konnte. Er sah hinein und beobachtete die Wirkung. Der Wind lebte wieder auf und fachte das Feuer an, das sich durch die alten Blätter fraß.

Die Gesichter der Nachbarn erschienen an den Fenstern. Nun ja, es war sein Rasen. Er hatte ja wohl noch das Recht, einen Wäschekorb zu verbrennen, wenn er wollte. Es war schließlich sein Geld. Auch wenn er sich so was eigentlich gar nicht leisten kann, dachte PJ, die in dieser Frage über einiges Wissen verfügte. Worüber so ein Mann sich alles ereifern kann!

Die Kinder kamen aus dem Rhododendron hervor. Sie hüpften umher, trugen Laub auf den Armen herbei, mit dem sie sich vorsichtig ihrem Großvater näherten, und warfen es in den Wäschekorb. Er schalt sie nicht. Das Feuer mästete sich und wuchs. Sie tanzten drumherum, immer schneller und schneller, während das Stroh Feuer fing. Er stand dabei und beobachtete seine Fackel für Eva, starrte in die Flammen, bis das Feuer heruntergebrannt war und nur noch ein Häufchen verkohlter Asche übrig blieb. Dann rieb er sich zitternd die Arme.

Die Kinder hielten inne und sahen ihn an. Er lächelte sie an und zwinkerte ihnen zu.

Sie sahen ihn langsam wieder ins Haus gehen. Sie spielten weiter im Rhododendron. Als Gerda mit ihrem Einkaufswagen wiederkam, sagten sie ihr nichts von der Kerze und von dem Schatz auf dem Speicher, von dem sie gewußt haben mußte, oder von Opas Augenzwinkern. Als Conny nach Hause kam, geriet sie in denselben Hinterhalt. Gerda rief die Kinder zum Essen herein. Carl Bauer hatte sich früh auf sein Zimmer zurückgezogen und wollte heute abend niemanden mehr sehen. Gerda war ganz heiser, ihre Augen rot und verquollen. Conny führte am Abendbrottisch den Vorsitz, heiter und salopp. Niemand brachte das Thema je wieder zur Sprache, und am nächsten Morgen schien Carl Bauer es völlig vergessen zu haben.

Aber nach dieser Episode begann auch Carl Bauer schlecht zu träumen. Drei Nächte hintereinander erwachte er mit dem unheimlichen Gefühl, daß ein Gegenstand, rund wie ein Heiligenschein, über seinem Bett schwebte. Im Halbschlaf legte er die Hand darauf. Es war kein Heiligenschein. Der Gegenstand fühlte sich kalt und hart an. Zuerst hatte er die Vision eines goldenen Abzeichens mit einem Adler darauf. Das erfüllte ihn mit solcher Angst, daß er aus dem Schlaf schreckte. Nun war er in der Lage, sich an der Lösung dieses Rätsels zu versuchen. Rund und hart. Geld, vermutete er. Eine riesige, widerliche Münze. Dann wurde sein Kopf ganz klar vor Ekel, und er erkannte den Gegenstand. Es war der Nobelpreis.

Drei Nächte hintereinander knipste Carl Bauer seine Leselampe an und verließ das Doppelbett, das er mit einem lebensgroßen Kopfbild von Eva teilte. Das Porträt war auf ihrem Kissen aufgebahrt. Er riß seinen Morgenmantel an sich und wankte von den Schlafräumen im ersten Stock die Treppe hinunter zu seinem Plastiklehnstuhl im Wohnzimmer. Er kippte ihn nach hinten und lag im Dunkeln, während er die Faust gegen die verhaßten Umrisse des Nobelpreises schwenkte. So sahen also die Ehren aus, die Liebesgaben der Gesellschaft! Und das alles ging an Stanislav.

Gerda kam auf ihren arthritischen Füßen hinter ihm hergewackelt, ihre Beine verhedderten sich in dem Flanellnachthemd, das sie immer trug, ihr langes graues Haar war aufgelöst und hing ihr bis zur Taille. »Sie sind krank!« rief sie.

Drei Nächte hintereinander gab er ihr dieselbe Antwort: »Das machen die Sorgen.« Beide lispelten ohne ihre Zahnprothesen.

Drei Nächte hintereinander stand sie zu seinen Füßen, sah seine Faust durch die Luft kreisen und gab sich seinen Sorgen hin, bis er den Lehnstuhl wieder hochklappte. Dann stießen sie gemeinsam einen Seufzer aus, Carl Bauer erhob sich, und zusammen stiegen sie mit schweren Schritten wieder die Treppe hinauf (Carl Bauer immer vor der Haushälterin) und begaben sich ins Bett. Drei Nächte lang. Tagsüber sah Carl Bauer ausgelaugt und sehr zerbrechlich aus.

»Meinem Vater geht es nicht gut. Er kann anscheinend nicht schlafen«, sagte Conny bei der Arbeit zu Ronald, der, wie ihr auffiel, selbst ziemlich schlecht aussah.

In der vierten Nacht wurde Carl Bauer krank. Sein Herz flatterte hysterisch wie ein Vogel, der plötzlich merkt, daß er im Käfig gefangen ist. Er schaffte es noch bis unten, und als Gerda zu ihm kam, lag er im völlig zurückgeklappten Lehnstuhl, die Hand steif in die Luft gereckt, wie einen gebrochenen Flügel. Er hatte die Augen geschlossen, der Mund stand ihm offen. Sie fuhr ihm mit dem Finger durch den Mund, um sich zu vergewissern, daß sein Gebiß heraus war, und rief einen Krankenwagen.

PJ's Schlafzimmer lag dem der Bauers gegenüber. Seit ihr Mann tot war, ließ sie immer die Jalousie offen, und das Licht aus Carls Zimmer schien in das ihrige. Sie duldete nie eine Uhr in ihrer Nähe und hatte, als Ducky starb, ihre Unabhängigkeit von Zeit und Kalender erklärt. Sie orientierte sich statt dessen an dem Licht in Carls Zimmer. Wenn nachts seine Leselampe ausging, löschte sie die ihre. Wenn die Lampe anging, knipste sie ihre an. Daran merkte sie, daß er nicht gut schlief. In dieser einen Nacht blieb seine Nachttischlampe mehrere Stunden an, und PJ sah den Krankenwagen vorfahren und kurz darauf Carl Bauer, wie er auf einer Bahre hineingeschoben wurde. Conny stieg hinter ihm ein.

PJ griff zum Telefon und rief die Zeitansage an. 2:07 Uhr. Wie sie befürchtet hatte. Es war eine bedeutungsvolle Zahl. Vor sechs Jahren hatte Carl um 2:07 Uhr auf dem Schiff von Amerika nach Europa in der Cocktailbar gesessen und gesagt, es tue ihm in tiefster Seele weh, Amerika zu verlassen, sein Heimatland. Eva hatte ihn gescholten: er solle dankbar sein, einmal Ferien machen zu können. Als sie dann merkte, daß PJ lauschte, war sie ins Deutsche verfallen und hatte etwas dahergebrabbelt, wobei sie PJ aus dem Augenwinkel beobachtete. Carl Bauer hatte ihr das Wort abgeschnitten: »Schpiek Ing-lisch!« Dann hatte er einen bösen Blick auf PJ geworfen und gesagt: »Mich zwingen, mei Hohmländ zu verlassen.«

PJ erinnerte sich an seine Worte und dachte: »2:07 muß meine Unglückszahl sein.«

In Carl Bauers vierter durchwachter Nacht litt auch Dr. Hake unter arger Schlaflosigkeit. Auf dem College war er eine Nachteule gewesen. Die Fähigkeit, die ganze Nacht aufbleiben zu können, hatte er als etwas Heldisches betrachtet. Je weniger Schlaf er brauchte, desto mehr war er Mann. Aber mit zunehmendem Alter begann er den Schlaf als eine Art Luxus zu betrachten, der ihm zustand, ebenso wie ein angemessenes Gehalt. Er begab sich gern pünktlich und stilvoll zur Ruhe. Immer trank er ein Gläschen Kognak, nachdem er seinen gestreiften Seidenpyjama angelegt hatte. Manchmal beobachtete er sich dabei im Badezimmerspiegel. Er sah es gern, wenn er mit leicht blutunterlaufenen Augen das Glas an die Lippen hob, wie sich dann sein vorstehender Adamsapfel bewegte, der genau über dem Ansatz der schwarzbraunen Seide residierte. Nach dem letzten Schluck bleckte er einmal kurz die Zähne, beobachtete, wie seine Hand das Glas auf den Beckenrand stellte, und ging zu Bett, wo er — so hätte er es ausgedrückt — in einen mächtigen Schlaf versank.

Heute nacht jedoch war sein Schlaf so unruhig wie der eines alten Mannes, schwach und zügellos. Der Gedanke an Carl Bauer zerrte an ihm, und er konnte seine lästigen Finger nicht abschütteln. Endlich erhob er sich wieder von seinem gemütlichen Bett, kleidete sich mit untypischer Hast an und ging hinaus auf die unbeleuchteten Straßen seines Viertels, gerade als Carl Bauer im Scheinwerferlicht des Krankenwagens aufwachte und merkte, daß er festgeschnallt war. Der alte Mann brüllte, daß es ein paar Straßen weit zu hören war und reihenweise die Nachttischlampen aufflammten: »Ihr Lumpen! Bastards! Let me hier aut! Help! Polizei!«

Ronald erreichte die Morgue, als der Krankenwagen auf die trüb beleuchtete Hauptstraße von Fort Lee einbog und der Fahrer sich gegen die Sirene entschied, weil nur wenig Verkehr auf der Straße war. Nur die Scheibenwischer; es hatte zu gießen angefangen. Der Sanitäter wunderte sich ein wenig über Connys Verhalten am Krankenbett. Sie hielt dem Patienten die Hand und sprach sehr laut, weil der Regen so aufs Wagendach trommelte: »Papa, das ist eine wunderschöne Fahrt, du hättest deine Freude daran, bestimmt.« Ihr Vater antwortete nicht. Dr. Hake ging die Treppe hinauf. »Alle Autos machen uns Platz, wir sind die wichtigsten Leute auf der Straße. Wir sind Moses beim Gang durchs Rote Meer, wir sind der Präsident auf dem Weg zu seiner Amtseinsetzung. Wenn du doch nur sehen könntest, wie bedeutend und mächtig du bist!« Unterdessen schloß Dr. Hake sich in sein Büro ein, warf einen Blick aus dem Fenster und sah, daß er wie durch ein Wunder durch ein veritables Unwetter gegangen war, ohne naß zu werden.

Während man Carl Bauers Zustand stabilisierte, während man ihn intubierte, katheterisierte, verdrahtete, anschnallte und mit Medikamenten spülte, verbrachte Dr. Hake die Nacht an seinem Schreibtisch, vor sich ein Foto des Patienten und diverse Geschichtsatlanten mit farbigen Abbildungen. Seine Recherchen waren bisher eklektisch gewesen. Als Mediziner hegte er eine besondere Verachtung für die Geisteswissenschaften, er fand sie überflüssig. Er hatte den Taschenbuchladen an der Ecke seines Wohnblocks durchgekämmt und massenhaft Material gefunden. Was er dort nicht fand, würde ihm gewiß der Zufall vor die Füße werfen. In der Kanzlei des Großen Direktors residierte der Zufall gleich eine Etage unter dem Amt für Göttliches Eingreifen, und die Sekretäre gingen ein und aus.

Dr. Hake legte seine Bücher auf einen ordentlichen Stapel und machte sich an die Arbeit, stets mit dem stillen Vorwurf an sich selbst, daß ein ausgewachsener Princeton-Absolvent so lange gebraucht hatte, um sich einer Aufgabe anzunehmen, die eine Achtjährige gestellt hatte.

Aber jetzt endlich, in derselben Nacht, in der Carl Bauer erkrankte, begann Dr. Hake mit den Vorarbeiten, die er für eine Diagnose brauchte. Er hatte etliche Bilder von Adolf in verschiedenen Posen, Situationen und Stimmungen: Adolf beim Aufputschen einer Menschenmasse, Adolf grinsend mit einem kleinen Jungen, Adolf lächelnd vor schmucken Bauern in kurzen Hosen, Adolf für ein offizielles Foto posierend, ganz wie einer, der beim Friseur sein Spiegelbild betrachtet, erfüllt von ernster Eitelkeit.

Dr. Hake nahm einen Kugelschreiber und sah zu, wie seine Handschrift ein Formular der New York City Morgue zu schmücken begann:

»Beschreibung des Patienten Adolf Hitler.

Hautfarbe weiß, männlich, Augenfarbe blau, Haarfarbe schwarz, besondere Merkmale: keine. Gesichtsform oval, Nase lang und an der Basis ziemlich breit, an der Wurzel eingedellt. Mund klein und dünnlippig. Ohren: Ohrläppchen nicht angewachsen.

Körperbau typisch endomorph, hängende Schultern, breites Becken, Neigung zu Fettleibigkeit. Nichtraucher. Kein Alkoholabusus.

Aufgrund seiner Statur und nervlichen Disposition ist der Patient anfällig für nervöse Magen-Darm-Beschwerden, Bluthochdruck und kardiovaskuläre Erkrankungen. Verdacht auf Epilepsie und Parkinsonsche Krankheit scheint unbegründet. Die angeblichen Zitteranfälle in Händen und rechtem Bein in Verbindung mit Veränderungen des Persönlichkeitsbildes sind auf übermäßige Einnahme eines Medikaments mit dem Namen ›Dr. Koesters Antiflatulenzpillen‹ (Extr. Nux Vom., extr. Bellad., a,a,0,5, extr. Gent.) zurückzuführen. Angesichts seines gegenwärtigen Gesundheitszustandes kann Parkinsonsche Krankheit bei diesem Patienten völlig ausgeschlossen werden.«

Dr. Hake legte den Kugelschreiber hin und hörte den Wind gegen die Fensterscheibe wüten. Das MORGUE-Schild schaukelte hin und her. Die Antiflatulenzpillen waren Hitler von einem Quacksalber verordnet worden. Sie hatten ihn medikamentenabhängig und krank gemacht. Vielleicht erklärt das Carl Bauers Haß auf Ärzte. Dr. Hake dachte über Hitlers Persönlichkeit nach und bedauerte es, keine Ausbildung in Psychologie zu haben. Er nahm den Kugelschreiber und schrieb auf Blatt 2 weiter:

»Noch vor Beginn der Medikamentenabhängigkeit litt der Patient angeblich unter anfallsweiser Übellaunigkeit (der Verfasser sieht hier eine Verschlimmerung mit zunehmendem Alter). Für sadistische Züge oder ein besonderes Interesse am Leiden anderer findet sich keine Bestätigung. Angebliche chronische Horoskopgläubigkeit auf Hausfrauenniveau. Hohe Selbsteinschätzung bis hin zum Größenwahn. Auf der anderen Seite gesellig, wortgewandt, kinder- und hundelieb und idealistisch, mithin von der Disposition her wenig anfällig für psychosomatische und streßbedingte Krankheiten.

Der Streß der Amtsführung (Anspannung, ungeregelter Schlaf, Bewegungsmangel) hat von dem Patienten offensichtlich seinen Tribut gefordert. Die Zitteranfälle, eine durch Zysten an den Stimmbändern verursachte Heiserkeit, wurden ebenso wie die Hysterieanfälle erst nach kriegsbedingter Änderung seiner Lebensweise beobachtet. Bei ausreichender Ruhe wäre mit einer Besserung zu rechnen gewesen.«

Dr. Hake legte Carl Bauers Foto auf den Tisch. Es zeigte ihn in sitzender Stellung, eine graue Masse zwischen den Pastellfarben des Frühlings, das Gesicht von vorn und schräg oben. Das linke Ohr war frei, die linke Hand lag mit gespreizten Fingern auf dem Bauch des kleinen Mädchens auf seinem Schoß. Dr. Hake blätterte in einem Bildband über den Zweiten Weltkrieg, bis er ein Hitlerfoto fand, das aus einem ähnlichen, wenn nicht gleichen Blickwinkel aufgenommen war.

Hitler von vorn gesehen, hier auf einer Decke zwischen mehreren jungen Frauen sitzend. Dr. Hake nahm einen Bleistift und machte das Gesicht dreißig Jahre älter, indem er Tränensäcke unter die Augen malte, das Kinn verdoppelte und die Frisur veränderte; nur der Scheitel blieb auf der äußersten rechten Seite.

Dann verglich er den übermalten Hitler mit dem Foto von Carl Bauer. Einmal abgesehen vom Zutun des Großen Intriganten hatten die Jahre Hitler mit einer perfekten Tarnung versehen und ihn zu einem wohlbeleibten älteren Herrn gemacht. Nase und Kinn waren fleischiger geworden, als Ronald vermutet hätte. Die Ohren standen etwas weiter ab als in der Jugend, die Unterlippe hing auffällig tiefer herunter. Vielleicht war Carl Bauer sich deshalb seiner Anonymität so sicher, daß er es gewagt hatte, sich den Schnurrbart wieder wachsen zu lassen, der immer sein Erkennungszeichen gewesen war. In Fort Lee in New Jersey fiel so etwas kaum auf: der weiße Zahnbürstenschnurrbart war ein Zugeständnis an die Eitelkeit eines alten Mannes, nichts weiter. Ja, eitel war Hitler immer gewesen.

Der Herbststurm, der die Stadt beutelte, störte Dr. Hake nicht bei der Arbeit. Grübelnd saß er die ganze Nacht an seinem Schreibtisch, auf dem er einmal mit Conny gelegen hatte. Ganz ohne Vorwarnung ließ seine Aufmerksamkeit ihn plötzlich im Stich, und er schlief ein, das hübsche Gesicht in seine muskulöse Armbeuge gedrückt.

Am Morgen erwachte er und wußte nicht, wo er war. Er schaute aus dem Fenster, und seine Verwirrung wurde noch größer. Das Wort MORGUE fehlte in der Aussicht. Er stieg auf den Schreibtisch und spähte nach unten. Das Schild lag auf dem Pflaster, die Schrauben herausgerissen und verbogen, ein Opfer des Sturms.

Er setzte sich, legte den Kopf wieder auf den Schreibtisch und ließ seine Gedanken das in der Nacht umrissene Terrain durchstreifen. Sie schweiften darüber hinaus; er erlaubte sich einen Tagtraum:

Auf einer sehr schlechten Straße fuhr er bergauf, der Schlamm spritzte an seinem knallgelben Sportwagen hoch, die Türen würden hinterher ganz verdreckt sein. Am Straßenrand standen Fußgänger Spalier, die unglaublich ärmlich gekleidet waren und ganz elend aussahen, wahrscheinlich wegen des Straßenzustands. Der Weg führte steil den Berg hinauf. Er griff mit der Hand an den Schalthebel und legte den ersten Gang ein. Das Auto heulte auf und fuhr dann langsam weiter, er kam kaum schneller voran als die Fußgänger. Bei diesem Tempo hatte er nichts zu tun, und aus Langeweile musterte er die Leute. Er sah ihre Gesichter: Sie waren dunkelhäutig, und aus ihren Augen sah das Elend. Er kurbelte das Fenster hinunter, um zu hören, was sie sagten. Er hörte aber nur ein Summen, wie Ätherrauschen. Doch nun begannen ihre Gedanken über ihre Augen zu flimmern wie auf zwei winzigen Fernsehschirmen. Sie dachten an Sex mit ihren Nachbarn, erdrosselten alte Tanten, verzehrten tonnenweise verbotene Früchte. Plötzlicher Bildwechsel. Er sah sich selbst in ihren Augen, und ihre Gesichter waren ihm unterwürfig zugewandt. Seine Erregung übertrug sich auf seinen Fuß, der hart aufs Gaspedal trat, so daß der Wagen plötzlich beschleunigte. Die Erregung drückte ihn nieder wie eine Last auf dem Rücken. Er beugte sich vor, bis er fast auf dem Lenkrad lag, während der Wagen an den Fußgängern vorbeibrauste, und auf einmal hatte er die Bergkuppe erreicht und sah dort zwei Kreuze im Boden stecken. Das Gewicht auf seinem Rücken wurde immer schwerer, er fühlte, wie rauh das Lenkrad unter seinen Händen war. Daran merkte er, daß es aus Holz war. Es war ein langes Stück Holz, und er hatte es die ganze Zeit auf dem Rücken herumgeschleppt.

Dr. Hake schrak aus seinen Phantasien hoch.

Er ballte die Faust und schlug sich damit dreimal an die Brust: »Bitte, lieber Gott, vergib mir — ich habe dich gelästert. Bitte vergib mir, Herr. Bitteschön mit Zucker bestreut, mit der Kirschmarmelade, die du so gern hast.«

Dr. Hake war erschrocken.

AM MORGEN NACH CARL BAUERS EINLIEFERUNG ins Krankenhaus folgte Conny einem Impuls, den sie angesichts der Familientragödie selber merkwürdig fand: Sie warf sich in volle Gala, zog eines der alten geblümten Seidenkleider ihrer Mutter an, dazu neue Strümpfe und ihre besten Pumps. Begreiflicherweise war sie ärgerlich, als sie Dr. Hakes Tür abgeschlossen fand. Da sie annahm, daß niemand im Zimmer war, klopfte sie voller Wut. Da hörte sie drinnen Papier rascheln, Bücher zuklappen, eine Schublade schlagen. Er kam an die Tür, die Augen stumpf vor Ermüdung, die Kleider zerknittert und nach Schlaf riechend.

Conny sah ihn stirnrunzelnd an. Sie sah nicht ein, wozu er sich einsperrte. Schließlich war er kein Geheimniskrämer. Es hätte ihm weniger als ihr ausgemacht, bei einer Liebesaffäre erwischt zu werden. Das nahm sie als Beweis für ein reines Gewissen. Warum also die Tür abschließen?

»Die Putzfrau wollte heute morgen hier herein, aber ich wollte schlafen. Ich habe die ganze Nacht gearbeitet, ich arbeite an meinem neuen Buch. Über Frömmigkeit und Lüge. Was die Lüge in der Seele anrichten kann. Mit mehreren neuen Gedichten«, sagte er und fügte kläglich hinzu: »Ich habe auf dem Schreibtisch geschlafen.«

Er trat einen Schritt zurück. »Komm rein.« Er drückte die Tür hinter ihnen zu und fragte: »Kennst du irgendwelche Lebenslügen, die ich als Fallstudien brauchen könnte?«

»Lebenslügen? Nein. Ich habe keine Zeit für Lebenslügen. Mein Vater ist krank.«

Dann brachte sie ihm die Neuigkeit bei, daß ihr Vater im Krankenhaus lag. Seine Reaktion rührte sie, vertiefte ihre Liebesgefühle, so daß sie ihm seinen Geruch vergab. Sie fand es schön, wie seine Wangen vor Aufregung rot anliefen. »Was! Er wird doch wohl nicht sterben?«

Er wußte, wie leicht ein Forschungsobjekt abhanden kommen kann. Namentlich Lebenslügen. Wenn das Gefäß, das sie birgt, dahin ist, lösen sich auch die Lügen in nichts auf. Nicht einmal das Wesen eines Menschen, die Erinnerung an ihn enthält einen Hinweis auf das, was zu verbergen er notwendig fand. Die Lebenslügen sind es, die die Menschen voneinander unterscheiden. Und die Kirche und die Psychiater mit ihrem Diebslatein spannen sie in ihre Schraubstöcke.

»Ich will nicht hoffen, daß er stirbt, Darling«, sagte sie. »Aber du kannst ja mitkommen und ihn besuchen, wenn du willst.«

»Unbedingt.«

Aber auch Conny besuchte an diesem Abend Carl Bauer nicht. Ronald konnte es gar nicht fassen, wie hübsch sie war mit all den Blumen und den zierlichen Pumps. Er mußte ihr den Sonnenuntergang über der Fifth Avenue zeigen. Sie kamen an einer Kirche vorbei, an der ein Schild aushing: »Pfarrer Fowler heute NICHT anwesend«, und Ronald fragte: »Willst du hineingehen?« Sie wollte nicht. Er ließ nicht locker. »Bist du eigentlich gläubig?«

»Nicht so recht.«

»Warum gehst du dann in die Kirche?«

»Der Kinder wegen.«

»Du meinst, sie haben etwas davon?«

»Sie bekommen ein bißchen Moral mit.« Sie lachte nervös.

»Dann hör mal zu«, sagte er. Er wollte wissen, ob er sie damit beeindrucken konnte. Er stand auf dem Gehsteig, die Hände gefaltet, und deklamierte eine selbstverfaßte Litanei, mit der er früher im Internat seinen Zimmergenossen geärgert hatte:

»Strato cumulus — !
Cirro Stratus,
Cumulus cirro stratus
Ciro relum.

Mammalus cumulus — !
Cirro-nebula cirro-fillum
Mammatocumulus
Cirro-velum

Nephelococcygia.«

Wie er vermutet hatte, konnte Conny sich über eine solche Blasphemie amüsieren. Stanislav hatte die Kirche nicht wichtig genug gefunden, um sich darüber lustig zu machen. Und Ronald erwies sich auch als ein Mann mit Talent für sexuelle Abwechslung. Gewissermaßen zum Vorspiel kaufte er ihr in einem schicken Modegeschäft eine zu ihrem Kleid passende Wolljacke. Stanislav hätte sich maßlos über den Preis aufgeregt und über den Wahnsinn einer freien Wirtschaft geschimpft, die den Leuten Dinge aufschwatzte, die sie nicht brauchten, schon gar nicht von der Fifth Avenue. Er hätte seine Freundin in ein Buchantiquariat an der 14. Straße geführt und ihr einen guten Roman gekauft. Wohingegen Ronald sich kurz bei Conny entschuldigte, die Verkäuferin beiseite nahm und diskret bezahlte. Und er haßte Romane.

Das war für Conny die Erotik der Normalität. Sie rief Gerda an und sagte ihr: »Ich komme heute sehr spät nach Hause. Wir haben hier einen Notfall.« Sie blieb die ganze Nacht aus.

Die Familie wand sich in Agonie wie eine verwundete Schnecke.

Es gingen viele Schreckgespenster in New York um. Der kubanische Politiker, wie ein Kind gefragt, was er sich wünschen würde, wenn eine gute Fee ihm drei Wünsche gewähre, antwortete, sein erster Wunsch wäre, eine Atombombe auf New York fallen zu sehen. Sein zweiter Wunsch wäre, eine zweite Atombombe auf New York fallen zu sehen. Sein dritter und letzter Wunsch wäre, eine dritte und letzte Atombombe auf New York fallen zu sehen. Unterdessen deponierte jemand in den städtischen U-Bahnen bescheidenere Bomben, die wahllos immer nur eine der gelben Korbbänke zerrissen, mit allen, die darauf saßen. Im Trubel eines Baubooms würfelten Politiker wie die Poltergeister mit Häusern und Straßen. In der River Avenue

1129 ging das Gespenst einer Abwesenheit um: einer abwesenden Vergangenheit; die brütende Gegenwart einer abwesenden Vergangenheit. In Carl Bauers Abwesenheit bimmelten und salutierten die Uhren, hielten die Schachfiguren ihre Stellungen an hölzerner Front, blieb der Lehnstuhl in AUFRECHT-Stellung, wurden die Kinder, die sich achtlos daran lehnten, von Gerda wegen ihrer Rücksichtslosigkeit gescholten, trommelte die ganze Nacht lang Happys Schwanz gesellig in seinem Hundebett. Er wußte, daß sich im Haus etwas verändert hatte, wußte nicht, was, deutete die Veränderung als etwas Positives, und da er zu schwach und zufrieden zum Aufstehen war, hämmerte er mit dem Schwanz auf sein Kissen.

Drüben in Manhattan erwachte Conny frühmorgens in Ronalds Bett und besah sich ihre Umgebung. Auch er war wach, er hatte noch nie eine ganze Nacht mit einer Frau verbracht. Erschöpfung hatte ihn in die Tiefen des Schlafs gezerrt, hatte ihn ertränkt, bevor er sich an dem Körper festklammern konnte, der mit ihm unterging. Schon nach ein paar Stunden hatte das fremdartige Gefühl, jemanden bei sich im Bett zu haben, ihn wieder ins Bewußtsein emportreiben lassen. Sie lag auf dem Rücken, und er sah ihre Katzenaugen merkwürdig zwischen den Laken glimmen.

Ronald stellte sich schlafend und fühlte, wie ihre Hand das Laken streichelte. Vermutlich bewunderte sie die offenkundige Kostspieligkeit: Satin. Dann lag sie still und sah sich um, und er wußte, daß ihr die perfekte Kombination der Beige- und Cremetöne keineswegs entgehen würde. (»Alles von einem echten Innenarchitekten eingerichtet, als ich aus New Haven hierher gezogen bin«, hatte Ronald ihr gestern abend anvertraut. »Wir hatten immer Innenarchitekten — wir sind eine alte amerikanische Familie.«)

Er sah, wie sie den Kopf ganz kurz seinem Kleiderschrank zuwandte und schnell wieder wegschaute. Sie war wohl sehr diskret. Diskretion ist manchmal ein Reflex bei denen, die ihrerseits etwas zu verbergen haben, dachte Ronald. Der Reflex kann ausgeschaltet werden, aber nur mit bewußter Anstrengung. Er beobachtete sie: Sie blickte zur Decke, auf das antike Zweiersofa, den unbefleckten Teppichboden, und dann verweilte sie bei seinem neuen Toaster und der Waschmaschine; sie erkannte den Wert dieser Dinge. Er bewegte sich vorsichtig. Sie wandte sich ihm zu, sah seine Augen an, nahm seinen Kopf zwischen die Hände und flüsterte: »Ordnungsliebe ist etwas Schönes. Ronald? Du bist ja richtig ordentlich!«

»Hast du was dagegen?« antwortete er lächelnd, ohne die Augen zu öffnen.

»Meine Mutter hat Ordnung so nachhaltig zelebriert, daß sogar die Natur es mit der Angst bekam. Im Herbst ließen unsere Bäume die Blätter lieber auf den Nachbarrasen fallen. Im Winter wehte der Wind den Schnee von unserm Grundstück fort, so daß wir nie eine Schaufel in die Hand zu nehmen brauchten. Aber das hier — ist wunderschön.«

Drüben in New Jersey packte Gerda derweil einen Koffer für die Kinder. »Nein, ihr geht heute nicht zur Schule. Wenn Conny nicht heimkommt und Mr. Bauer nicht da ist, bestimme ich, was hier geschieht. Und ich bestimme: Hier bestimmt euer Vater. Ich bin nur das Dienstmädchen. Ich habe genug zu tun.«

Sie wußte nicht, welchen Bus man in die Stadt nahm. Die Kinder versuchten es ihr zu sagen, aber sie hörte ihnen einfach nicht zu. »Gott hat euch Beine gegeben«, sagte sie. Sie war nicht viel größer als Dicky. Sie schleppte den Koffer und gab das Tempo auf der großen nackten Straße an, die Carl Bauers Krankenwagen vor ein paar Nächten entlanggefahren war. Sie gingen über die Brücke nach Manhattan, hoch über dem Fluß, und die Strahlen der Spätnovembersonne blitzen durch die Wolken, der Wind donnerte in den Stahlträgern. Von der Brücke stiegen sie hinab nach Washington Heights mit seinen engen, vollgestopften Straßen, dem koscheren Müll auf den Gehsteigen und der Synagoge. Dicky blieb stehen und starrte das schäbige graue Gebäude an, dessen Stufen von Unrat bedeckt waren.

»Lahme Ente!« rief Sally.

»Stell dir mal vor«, sagte er. »Wenn wir da nur einen Fuß hineinsetzen, ist es eine Todsünde. Wir brauchen nur die Treppe hinaufzugehen und über die Schwelle zu treten — ewige Verdammnis.«

Gerda drehte sich um, packte ihn am Arm und zerrte ihn weiter. »Hör mit diesem Unsinn auf und beeil dich«, sagte sie.

Als sie Stanislavs Elite-Universität erreichten, bewegte sie die Beine immer schneller, scheuchte die Kinder über die Korridore, dahin, dorthin, hysterisch in ihrer Verachtung. Endlich fanden sie sein Labor, und sie setzte sie dort auf zwei harten Stühlen ab und sagte, sie sollten für ihren Großvater beten, mitten unter den Reagenzgläsern. Sie fand den Geruch abscheulich, schlimmer als Knoblauch; bei fremdländischen Gerüchen war sie empfindlich. Ohne Stanislavs schlampigen Auftritt abzuwarten, rannte sie davon.

Er wandelte über die Gänge, wie immer tief gebeugt, die Hände hinter dem Rücken, »sokratisches Schreiten« nannte er das — es war sein Denkschritt. Die Kinder sahen, wie er eintrat, sich einmal umdrehte, ohne sie zu bemerken, und dann schleunigst wieder auf den Korridor hinauseilte. Seine Gedanken waren bei komplexen Kohlehydraten. Bei seiner zigsten Umkreisung merkte er endlich, daß er nicht allein war. Er blieb stehen und lachte schließlich leise, ergriffen von seiner eigenen Zerstreutheit.

Er tätschelte beide einmal kurz auf diejenige Wange, die ihm am nächsten war, seine Hände waren runzlig und schlaff und rochen nach Chemikalien. »Ihr seid mich besuchen gekommen!« sagte er.

»Wir wohnen jetzt bei dir«, sagte die praktisch veranlagte Sally.

»Bei mir wohnen!« rief er. »Aber das geht nicht! Ich habe so viel zu tun, ich kann mich nicht um euch kümmern.«

»Mama ist letzte Nacht nicht nach Hause gekommen«, berichtete Sally weiter. »Wir glauben, sie will wieder heiraten.«

»Sie ist schon verheiratet«, erwiderte Stanislav unbedacht. »Bitte, Kinder. Ihr müßt jetzt zu euerm Großvater zurück. Ich bringe euch zum Bus.«

Sie blieben auf den Laborstühlen sitzen und warteten geduldig, daß Stanislav zu Verstand kam.

»Wir waren heute nicht in der Schule«, versuchte Dicky zu erklären. »Und wir haben seit Stunden nichts gegessen.«

»Großvater liegt im Krankenhaus!« Es war Sally soeben wieder eingefallen. »Aber könnten wir nicht trotzdem ins Kino gehen?«

DR. MIELE FAND, es liege in der Natur ihrer Arbeit, daß Pathologen weniger eitel seien als andere Ärzte, die jätend und hackend durch den Dschungel des Menschlichen spazierten, dann und wann einen Vogel abschossen und sich einbildeten, sie seien für alles verantwortlich, was da ohnehin blüht. Dr. Miele ging im Seziersaal auf und ab, die Zigarre zwischen den Lippen, und schärfte sein Messer. Seine Leiche lag auf dem zehnten Tisch von links und hatte noch ein bißchen Zeit totzuschlagen, solange Miele dozierte. Er hatte eine Theorie: Unterschiedliche Persönlichkeiten ziehe es auf unterschiedliche Gebiete. Die Chirurgen seien die Sunnyboys, oberflächliche Pfuscher, immer auf schnelle Belohnung aus, kurz, die eitelsten und fehleranfälligsten Mitglieder der ganzen Zunft.

»Nach den Geburtshelfern«, warf Dr. Guttenberg ein.

Dr. Miele gab ihm recht und fügte hinzu, er habe auf Kinder verzichtet, weil er sich nie einem Geburtshelfer habe ausliefern wollen. Dr. Bauer und Dr. Guttenberg standen mit den Rücken zur Kühlraumtür, die jeden Moment hätte aufgehen sollen. Aber offenbar ließ der Laborgehilfe sich Zeit mit ihren Leichen, einem Doppelselbstmord auf dem Bahndamm, wie es aussah. »Laborgehilfen sind von Natur aus faul«, sagte Dr. Miele, indem er seine Klinge begutachtete. Immer noch nicht scharf genug. »Darum heißen sie auch ›Diener‹. Ist das nicht ein deutsches Wort, Dr. Bauer?«

»Sie können ruhig noch ein bißchen mit Dr. Hake spazierengehen«, sagte Dr. Guttenberg. »Ich weiß doch, wie gern Sie spazierengehen. Vielleicht gehen Sie mal mit ihm in die Klinik und spendieren ihm einen Wassermanntest.«

Dr. Bauer öffnete rasch ihren Instrumentenkasten, eine Kiste aus rohem Kiefernholz, die aussah wie ein verkleinerter Armensarg, und schloß sich Dr. Miele an. Gemeinsam gingen sie auf und ab, fachsimpelten und schärften mit einem gewöhnlichen Wetzstahl ihre Messer, wobei ihre Ellbogen schnelle Kreise beschrieben. Und das Gespräch ging hin und her wie ein Weberschiffchen: »Wer wird nach Ihrer Theorie denn Pathologe, Dr. Miele?« — »Oho«, sagte Dr. Guttenberg. »Diebe im fünfzehnten Jahrhundert. Leichenräuber von unersättlicher Neugier, heutzutage bloße Zyniker«, sagte Dr. Miele, »Leute, die das eine oder andere über die menschliche Natur wissen und lieber nicht noch mehr darüber erfahren möchten, die keinen Wert darauf legen, von dankbaren Patienten mit Lob und feinen Schnäpsen bedacht zu werden.«

»Sie sind heute so still«, wandte er sich an Dr. Bauer, indem er erneut sein Messer prüfte und »Gut« murmelte. Jetzt begab er sich zu seiner Leiche.

»Sie wissen doch, daß ich keine eigenen Meinungen habe. Meinungen sind mir viel zu kompliziert und kurzlebig«, sagte Dr. Bauer. »Aber die Leute, die welche haben, bewundere ich ungeheuer.

Mein Vater ist nämlich krank. Er hatte vorgestern nacht einen Herzinfarkt.«

»Dagegen ist keiner gefeit. Sie haben hoffentlich einen guten Kardiologen. Sehen Sie sich immer seine Daumen an. Hat er mehr als einen Millimeter Tennisschwielen darauf, gehen Sie zu einem anderen. Finden Sie es nicht ziemlich kalt hier drinnen? Ich wette, die Heizung ist mal wieder ausgefallen. Da kommt Ihre Leiche. Ich fange jetzt bei meiner an. Seht her, da kommt ja unser Sonnenstrahl! Hallo, Dr. Hake. Sagen Sie uns noch mal Ihr Gedicht auf, Dr. Hake?«

»Ich bin nicht in der Stimmung.«

»Macht nichts. Ich mag Pommery sowieso nicht.«

»Sie meinen Poesie.«

»Ich kann nichts dafür. Ich finde immer, das ist was für die Damen.«

»Lieben Sie Musik?« fragte Dr. Hake.

»Klar.«

»Das ist dasselbe.«

»Ich liebe den Tango.«

Sie hielten ihre Messer in die Höhe.

»Drüben am Park-Lane schleifen sie ihre Messer jetzt elektrisch«, sagte Dr. Miele neidisch.

Die Temperatur in der Morgue sank stetig, den ganzen Vormittag lang. Bis die Pathologen im Seziersaal ihre Autopsien abgeschlossen hatten, waren ihre Finger weiß und steif. Sie hörten die Sekretärinnen heftig um nichts und wieder nichts streiten, wie Vögel, die nur schimpfen, um sich warm zu halten. Dr. Miele trug zum x-ten Mal seine These vor, daß es einen Nobelpreis für Neugier geben müßte, und daß der Pathologe und Grabräuber Dr. Vesalius aus dem 16. Jahrhundert ihn als erster posthum bekommen sollte. Normalerweise ließen die anderen ihn ins Leere laufen, wenn er auf Vesalius zu sprechen kam, aber heute fror Dr. Guttenberg so sehr, daß er Dr. Miele widersprach und sagte, seines Erachtens dürfe der Nobelpreis nur für etwas spezifisch Menschliches vergeben werden, und neugierig seien Hunde schließlich auch.

Zum erstenmal ließ sich jetzt auch Dr. Bauer vernehmen, und ihre Stimme trällerte trotz der Kälte. Mensch und Tier unterschieden sich nur in einem Punkt, meinte sie: die Menschen wüßten, daß es keine Hoffnung gebe.

Nachdem Stanislav die Kinder in seinem Labor entdeckt hatte, blieb ihm nichts anderes übrig, als sie bei Laune zu halten. »Eure Mutter ist unmöglich«, sagte er, »ich verabscheue sie.« Er hantierte mit seinen Reagenzgläsern herum und maulte auf Polnisch vor sich hin. Sie blieben sitzen, wo sie saßen, und waren dankbar dafür, daß sonst niemand da war und mitkriegte, wie er sich zum Narren machte, indem er in dieser gottlosen Sprache mit seinen Chemikalien redete, während er mit schlaffer Hand am Bunsenbrenner herumfummelte. Ihre Ängste wurden wahr — bald flog irgend etwas durch die Gegend, und er besah sich belämmert die Bescherung und wiederholte: »Ich verabscheue sie.« Schritte waren auf dem Flur zu hören: zwei Laborantinnen traten ein, die eine mit einem Lappen, die andere mit einem Besen.

Er machte ihnen Platz zum Saubermachen und schaute befriedigt zu, die Hände hinterm Rücken. Kaum waren sie wieder draußen, sagte er: »Es ist unmöglich, hier zu arbeiten, wenn ihr beide einfach nicht imstande seid, euch zu beschäftigen. Könnt ihr nicht etwas lesen? Ihr sitzt nur da und bringt jeden normalen Menschen soweit, daß er Fehler macht.«

Er verließ den Raum ohne ein weiteres Wort. Sie folgten ihm ins Sekretariat und waren darauf gefaßt, daß er seinen Jammergesang dort fortsetzte, aber er sagte nur zur Sekretärin: »Ich gehe ein bißchen mit den Kindern fort.«

Sie hörte ihn nicht, weil sie irgendwelchen Werbespots im Radio lauschte. Das war ein Recht, das ihr um diese Vormittagsstunde niemand streitig machen konnte.

»Werbeleute sind Wohlfahrtsempfänger. Sie tun nichts und werden dafür bezahlt«, sagte Stanislav mit Blick auf das Radio, um die Kinder aufzuklären. »Amerika hat das umfassendste Wohlfahrtssystem, das es in Friedenszeiten je gab. In der übrigen Welt hat man Bettler. Hier hat man Werbeagenturen. Alles Sozialhilfe-Empfänger!«

»Dein Vater ist ein Genie«, sagte die Sekretärin zu Dicky, indem sie den Ton leiser stellte. »Wirst du auch einmal ein Genie, wie dein Daddy?« Dicky grunzte. »Damit du einen Nobelpreis bekommst?«

»Ich glaube, wir gehen jetzt lieber ins Kino«, sagte Sally.

»Meine Güte, Dr. Reich, was haben Sie für reizende Kinder! Sie werden bestimmt viel Spaß mit ihnen haben, wenigstens kommen Sie auf diese Weise mal hier raus. Amüsieren Sie sich gut. Mal was anderes als immer nur die Wissenschaft —«. Sie zog die Nase kraus, und die Kinder lachten pflichtschuldigst.

Er führte sie zum nächsten Spirituosenladen. Sie warteten vor dem Schaufenster. Die Jalousien waren heruntergelassen, aber das Rot der Innenwände sickerte durch die Lamellen. Als die Tür aufging, floß das Licht von drinnen, rot schimmernd wie Wermut, auf die Straße hinaus, auf ihre Beine, und sie atmeten die Luft, schluckten gierig den süßen Duft billiger Schnäpse. Endlich kam er wieder heraus, eine Papiertüte am Hals gepackt, und sie gingen weiter den Broadway hinauf zum nächsten Loews, gerade rechtzeitig für die Matinée.

Stanislav bezahlte die Eintrittskarten, ohne zu fragen, was im Kino lief. Dicky war beunruhigt. Im Titel des

Films war von Hiroshima die Rede, dann folgten ein paar französische Wörter, mit denen die Kinder nichts anzufangen wußten. Dicky blätterte in seinem Filmführer, herausgegeben von der katholischen Liga für Sitte und Anstand. Diese Broschüre hatte er immer bei sich, aber sein Exemplar war veraltet, und der Film war darin nicht aufgeführt. »›Hiroshima‹ — das wird wohl ein Kriegsfilm sein«, sagte Dicky. »Demnach jugendfrei.«

Sie nahmen in der Mitte des Kinos Platz, die Kinder mit pfundweise Knabberzeug ausgerüstet wie für einen langen Winter. Stanislav fand seine Kinder lästig, sie nahmen den Film nicht ernst genug. Sie schmatzten laut, rissen raschelnd die Verpackungen auf und reichten sie hin und her. Er bekam vom Ton nichts mit.

Die Kinder zappelten und kicherten. Der Film handelte von einem Liebespaar. Nicht lange, und der Mann und die Frau begannen sich zu küssen. Es war kein gewöhnlicher Kuß. Es war ein unbegreiflich langweiliger Kuß, der gar nicht mehr aufhörte. Sally war gewillt, ihn auszusitzen. Dicky geriet in Panik.

»Der kann unmöglich jugendfrei sein«, sagte er. »Bestimmt ist er begrenzt empfehlenswert.«

Der Kuß wurde immer ausführlicher.

»Er ist untragbar, ganz bestimmt. Wir sehen einen untragbaren Film!« sagte Dicky. »Wir sollten lieber gehen.«

»Ach, sei doch still, Dicky«, sagte Sally. »Nimm dir noch Popcorn. Die hören sicher bald damit auf.«

Stanislav hielt sich heraus. Er hatte die beiden aus seinem Bewußtsein verdrängt.

Dicky stand auf, eine winzige schwarze Gestalt vor den riesigen küssenden Gesichtern. »Ich mache, daß ich hier rauskomme«, sagte er. »Du sündigst, Sally. Das ist eine Todsünde!«

»In deinem Filmführer steht nichts davon, Dicky. Setz dich wieder!« Sie zerrte an ihm.

Er riß sich los.

Hinten im Kino flackerte kurz Helligkeit auf, als er durch die Tür schlüpfte. Sally lehnte sich bequem zurück und wartete auf interessantere Szenen.

Dicky war noch keine Minute fort, als im Kino die Hauptbeleuchtung anging. Der Mann und die Frau küßten sich weiter, waren aber jetzt schwerer zu erkennen. Ein paar Leute drehten sich erstaunt um. Plötzlich rannte ein Mann im Anzug nach vorn auf die große Leinwand zu. Tränen strömten ihm über die Wangen. Sally staunte über Dickys magische Kräfte.

Der Mann mußte schreien, um sich von da vorn auch für die hinteren Reihen verständlich zu machen. »Meine Damen und Herren! Auf das Heights Theatre in dieser Straße wurde ein Bombenanschlag verübt! Bevor wir nicht wissen, was dahinter steckt, werden wir dieses Theater schließen.«

Die Leute standen auf und maulten etwas von Eintrittsgeld und verdorbenem Vormittag.

Der Mann rannte wieder hinaus. Der Vorhang klappte zu wie zwei Buchdeckel über dem Paar, das sich immer noch küßte. Stanislav und Sally fanden Dicky in einer Ecke des Foyers, wo er sich mit einer Tüte Popcorn der Völlerei schuldig machte. Stanislav wollte um keinen Preis gehen, ohne sein Eintrittsgeld zurückzubekommen, und sie stellten sich in eine lange Schlange Vergnügungssüchtiger, die auf die Kassiererin einbrüllten.

Der Broadway war zugepflastert mit den Nachmittagsausgaben der Boulevardzeitungen, die über den Anschlag berichteten. Stanislav schien sich zu ärgern. »Nur weil da ein Kino zerbombt wurde, meinen die, es müßte mit unserm Kino auch was passieren!« Er hielt seine Tüte an sich gedrückt und ging sehr schnell und vornübergebeugt, und sie mußten sich sputen, um mit ihm Schritt zu halten. Sein Gesicht hellte sich wieder auf, und sein Schritt verlangsamte sich, als ihm die

Lösung für ein kniffliges Problem mit komplexen Kohlehydraten einfiel. »Wir haben zu Hause nicht mal einen Fernseher«, klagte Dicky.

In der Morgue belebte sich schlagartig das Geschäft. Die ersten eintreffenden Krankenwagen brachten die Leichen noch am Stück, und die Assistenten brachten sie im Keller unter, nachdem die Kühlfächer voll waren. »Verdammt, ist das kalt hier«, klagten sie. »Seid froh«, antwortete der Techniker. »Reines Glück oder Gott sei Dank, daß die Heizung ausgefallen ist. Wenn ihr wüßtet.« — »Da habt ihr ja ganz schön was zu puzzeln«, meinte der Beamte, der die persönlichen Gegenstände aufnahm und nach Erkennbarem suchte. Die nächste Lieferung bestand aus Kisten mit Aufschriften wie »Arme«, »Beine« und so weiter.

Oben im Sekretariat sorgten Todesnachrichten selten für Aufregung. Aber bei der Zahl der betroffenen Kinder wurde Blessed doch ganz melancholisch. Ihr Kummer war ansteckend. Die Belegschaft der Morgue versammelte sich in Alices Büro, und als das Zimmer voll war, fehlten ihnen die Worte. Dann fiel jemandem auf, daß Dr. Hake und Dr. Bauer abwesend waren. Zur Bestürzung über den Tod so vieler Unschuldiger gesellte sich der Verdacht, daß Dr. Hake und Dr. Bauer sich irgendwo ein paar schöne Stunden machten. »Wenn die beiden nicht bald wieder da sind, werden hier Köpfe rollen«, schwor sich Dr. Guttenberg. Tatsächlich waren die beiden wieder unten im Labyrinth und lieferten sich auf Connys Waschbärmantel ein heißes Match.

Zur selben Zeit saß Gerda in New Jersey über den Eßtisch gebeugt und fuhrwerkte mit einem Schraubenzieher an einem hilflos daliegenden Radio herum. Sie drückte und stemmte, und mit einem Mal regte sich der Senderwählknopf. Sie war erschrocken über ihr Werk.

Dann trug sie das Radio rasch in ihre Küche, stöpselte es ein und drehte den Knopf hin und her. Im Verlauf dieser köstlichen Reise hörte sie plötzlich die Nachricht von den 67 unschuldigen Menschen, die in Manhattan in einem Kino umgekommen waren. Sie mußte sich am Spülbecken festhalten und wollte das Radio schon wieder ausschalten, aber dann überlegte sie es sich anders. Sie war allein, und trotzige Entschlossenheit stand ihr ins Gesicht geschrieben. Sie hörte sich alles an, von der Bombe, den toten Kindern und den Verletzten, die in den Krankenhäusern der Stadt um ihr Leben kämpften.

Aus keinem ersichtlichen Grund begann das Rollo am Küchenfenster zu schaukeln. Sie sah, daß das Fenster dahinter geschlossen war. Das Rollo schaukelte, bis es an die Scheibe klopfte. Sie zählte: eins, zwei, drei ... Siebenundsechzigmal schlug das Rollo gegen die Scheibe, dann hing es wieder still. Die Toten ziehen durch meine Küche, dachte Gerda und kniete nieder, um für sie zu beten. Sie dachte sich nichts weiter dabei. Es war wie im Ersten Weltkrieg. Da hatte es in ihrer Klosterzelle auch immer ans Fenster geklopft.

Später ging ihr auf, daß sie ihre Pflicht gegenüber Carl Bauer vernachlässigte. Man mußte ihn vor der schlechten Nachricht schützen. Verbrechen deprimierten ihn ja so. Sie eilte, um sich für ihren Abendbesuch fertig zu machen, und packte sein Abendessen in einen Picknickkorb. Sein schwarzer Buick stand in der Garage. Sie hatte nie fahren gelernt. Die Herrschaften hatten darüber diskutiert. Eva hatte gesagt, in Amerika führen alle Frauen Auto, selbst Dienstmädchen, und es wäre sehr nützlich, wenn Gerda Auto fahren könnte. Aber Carl Bauer sagte: Niemals. Sie war gut auf den Beinen und maß Entfernungen in Rosenkränzen. Sie hetzte in zweieinhalb Rosenkränzen zum Krankenhaus, weil sie fürchtete, man könnte es ihm schon gesagt haben.

Er hatte noch keine Silbe gehört. Er lag auf dem Rücken und schlief, die Hände auf der Decke. Gerda würde sich opfern müssen: wenn nötig, hieß es, die ganze Nacht aufbleiben, um zu verhindern, daß jemand schwatzte. Sie postierte sich an der Tür, und als eine Schwester wegen der Messerei kam, flüsterte Gerda ihr zu: »Sagen Sie ihm ja nichts von der Bombe, Miss, das regt ihn nur auf.«

»Schon gut, Darling, keine Angst«, antwortete die Schwester. Dann wandte sie sich dem Mann zu, dem Gerda ihr ganzes Leben geweiht hatte, für den sie Gerhardt, einen buckligen Chauffeur, hatte sitzenlassen. Die Schwester nahm Mr. Bauers kostbare Hand von der Decke, als ob das gar nichts wäre, tastete nach seinem Puls und sagte: »Na, wie geht's unserm Carl, wie fühlen wir uns?«

Tragische Ereignisse schreien danach, daß sich die ganze Nation auf sie konzentriert. Wenn sie zu langweilen anfangen, um so besser. Dann schleichen sich Ritual und Routine ein, und schon immer hat ritualisierte Langeweile die Massen angezogen. Wer und warum, psalmodierten die Medien. Warum ich, warum jetzt, fragten die Opfer. Weil Freitag der dreizehnte war. Der Film hieß *Sindbad der Seefahrer,* darum. Weil ich heute früh vergessen habe, meinen Terrier Wolfgeng zu streicheln. Was daraus zu lernen ist: Wie gefährlich es ist, sich in geschlossenen öffentlichen Räumen aufzuhalten. Wie abnorm Geisteskranke sind. Wie schuldig der Beschuldigte sein muß. Sie hatten ihn sehr bald, einen netten jüdischen Jungen, frisch von der Talmudschule und nach koscheren Gürkchen riechend. Man hatte ihn gesehen, wie er sich um das zerbombte Kino herumtrieb und mit einer Spielzeugpistole die Opfer zählte, was ja nicht verboten war. Auf die höfliche Frage eines vorbeikommenden Polizisten legte er rechtzeitig für die Abendnachrichten ein umfassendes

Geständnis ab. Doch die Enttäuschung für die Polizei ließ nicht auf sich warten: Der Junge hatte von Gelignit und Trinitrotoluol nie gehört und konnte an seiner eigenen Pistole vorne und hinten nicht unterscheiden.

Die Pathologen wußten alles auf den ersten Blick: eine Explosion. Der Runzelreflex beim Knall produziert Masken: kohlschwarze Gesichter mit weißen Strichmustern. Der Explosion folgt ein Brand. Was nicht zerfetzt ist, verbrennt schnell, die Leiber nehmen Boxerhaltung an. Was nicht verbrennt, ertrinkt im Kohlenmonoxyd, das die Flammen freisetzen. Wer nicht erstickt oder verbrannt ist und sich noch bewegen und denken kann, dreht durch, rennt in Ecken, aus denen es kein Entrinnen gibt, und läßt sich zu Tode trampeln. Naja. An die Arbeit.

Die Temperatur in der Morgue sank im Laufe des Nachmittags auf die zur Konservierung von Toten optimalen vier Grad Celsius, so daß man die Leichen gleich in den Seziersaal bringen und dort lagern konnte. Die Pathologen und die »Diener« trugen Wintermäntel und Schals. Es war ein buntes Treiben unter dem zugenagelten Oberlicht, wie ein Wintermarkt eines alten Meisters, ein jeder tat das Seine zum großen Ganzen: Aufschneiden, Zunähen, Weiterreichen, Wiegen, Begutachten, Diskutieren. Immer wenn ein Fall abgeschlossen war, legten die Pathologen die Organe in einen Plastiksack, stopften den Sack in die Bauchhöhle des Opfers und nähten sie mit großen, schludrigen Stichen zu. Und ruhten sich kurz aus, bevor sie sich das nächste vornahmen. Die Polizei erledigte einen Großteil der Puzzlearbeit, die vermutlich zusammengehörigen Körperteile zu sortieren.

Dr. Hake und Dr. Bauer waren ganz bei der Sache. Sie waren gerade rechtzeitig aus ihrem tropischen Versteck zurückgekehrt und hatten so getan, als hätten sie, jeder für sich, einen bestimmten Fall in der medizinischen Bibliothek nachschlagen müssen, und als hätten sie unabhängig voneinander die Nachricht gehört. Am Eingang zur Morgue wären sie dann aus purem Zufall zusammengetroffen. In Wirklichkeit hatten sie unten im Labyrinth den Lärm gehört, als die Bestattungsfachschüler in so großer Zahl in den Übungsraum strömten, daß es sich nur um einen Massenexitus handeln konnte. Sie waren durch die Tunnel gerannt, im Hauptgebäude wieder aufgetaucht und hatten ihre Ankunft inszeniert. Während Dr. Hake seinen Chirurgenkittel anlegte, dachte er: »Carl Bauers Reaktion auf diese Nachricht ist ein wichtiges Indiz für die Vollkommenheit seiner Reue, für die Symptomatik seines Gewissens.« Und er nahm sich vor, Carl Bauer noch am selben Tag zu besuchen und ihm die Neuigkeit mitzuteilen.

Die Doktoren Bauer und Hake verließen die Morgue zu einer kurzen Pause, als die Insassen der Männerpsychiatrie soeben ihren nachmittäglichen Arzneicocktail bekamen. Sie hörten das helle Geklacker von Connys Absätzen und ignorierten das langsamere Pedal der schweren Männer-Oxfords. Schritte donnerten, Tassen klapperten, o Freude Freude menschlichen Verlangens.

Ronald legte den Arm um sie. Die Patienten brüllten vor Lust und Wut. Sie machte sich los. »Das regt sie nur auf. Sie können da nicht raus, die Armen.«

»Ich glaube nicht, daß die so arm dran sind«, meinte Ronald. »Drei Mahlzeiten täglich. Guck doch mal, wie sie vor Energie strotzen!«

»Das ist die Energie des Irrsinns«, antwortete sie. »Die habe ich auch.«

»Vielleicht werden Menschen irre, weil sie etwas verheimlichen. Wie tertiäre Syphilis. Wenn der Patient seine Krankeit von Anfang an zugegeben hätte, wäre er behandelt und nie so krank geworden. Und denk mal, er steckt sogar seine Lieben an, weil er ihnen die Wahrheit nicht sagen mag. Lügen stiften großen Schaden. Hör dir diese Narren an.«

»Aha. Und wo sollen wir unsere Heimlichkeiten und unsere Lügen loswerden? Wir könnten ja deine Schwester anrufen oder meinem Vater reinen Wein einschenken«, meinte sie leichthin. »Wenn wir nämlich so weitermachen, sperrt man uns am Ende noch zu meinen Verehrern. Dort wären wir dann wenigstens zusammen.«

Er war zu verblendet, um zu protestieren: Warum, warum, warum wollte sie ihm ihre Lebenslüge nicht offenbaren? Warum mußte er hinter ihrem Rücken herumrätseln? Warum hatte er sie eigentlich so gern? Diese Frage aufwerfen hieß mit sich selbst ins Gericht gehen. Er hatte sie gern, trotz ihrer Vergangenheit, trotz ihres Autos. Zu seiner Bestürzung mußte er erkennen, daß Connys Auto allem ins Gesicht schlug, was er schätzte — ein taubengrauer, verbeulter alter Ford! Und sie fuhr nicht wie eine Frau, geziert, vorsichtig und ein bißchen ungeschickt. Nein, sie fuhr wie ein ordinärer Taxifahrer, nur den Zeigefinger am Lenkrad, bog sie ab und ging in die Kurven, gab Gas und geriet ins Schleudern.

»Warst du in Deutschland, als die dort anfingen, die Juden zu verfolgen?« fragte er ihr Profil.

»Nein, nicht direkt.«

»Hast du jemanden gekannt, der es richtig fand, sie umzubringen?«

> »Who killed Cock Robin?« sang Conny.
> »Wer murkst die Juden? —
> Ich, sagt der Spatz,
> alles für die Katz.
> Ich murks die Juden.«

»Aber es ist mir bitter ernst damit! Sag mal, hast du je einen sterben sehen?«

> »Klar!« lachte Conny, »Who saw him die?
> Wer sah sie sterben?

Ich, sagt die Grille,
mit der dunklen Brille.
Ich sah sie sterben.«

»Du möchtest eigentlich nicht darüber reden, wie?«

»Nein, eigentlich nicht. Reden wir von Skelettrekonstruktionen. Reden wir von Dr. Ronald Hake.« Er saß verdrossen da und sagte auf der ganzen Fahrt nichts mehr.

Sie tröstete ihn: »Sieh mal, das Dumme an den Leuten ist: Jedesmal, wenn sie den Mund aufmachen, kommt ein Wort heraus.«

Als sie sich dem Vorstadtkrankenhaus näherten, wo Carl Bauer wegen seines Herzinfarkts eingekerkert war, versuchte Ronald, seine Gedanken auf das Verhör zu konzentrieren. Dieses jüngste Verbrechen konnte man, was Hitler betraf, unterteilen in zwei Aspekte: es war a) ein Bombenanschlag, b) ein kleiner Genozid. Hake mußte unbedingt sehen, wie die Nachricht von a) und b) auf den früheren Führer wirkte. Als a) mußte sie zumindest eine leichte Paranoia hervorrufen. Ein bestimmter Bombenanschlag war schließlich gegen ihn gerichtet gewesen. Beide Trommelfelle zerfetzt. Psychologisch hatte es sich so ausgewirkt, daß Hitler seine überraschende Rettung als Beweis für das Walten der Vorsehung ansah, die auf ihn aufpasse. Bei aller äußerlichen Zuversicht war Hitler danach, wie selbst Mussolini berichtete, extrem paranoid und mißtrauisch geworden. Einmal war er beim Tee so über seine Offiziere hergezogen, daß es seinem Gast, dem Duce, richtig peinlich war. Ronald schloß daraus, daß die Bombe Spuren hinterlassen haben mußte, einen Schorf. Daran gemahnt durch den heutigen Bombenanschlag würde a) die Wunde wieder aufreißen und von neuem bluten. Zu b): Wenn Hitler ein reines Gewissen hatte, würde er sich über die Nachricht von einer Massenverbrennung, an der er nicht die allermindeste Schuld trug, nicht ungebührlich aufregen.

Conny fuhr auf den Krankenhausparkplatz und fand, daß Ronald für einen Krankenbesuch recht grimmig aussah. »Du könntest wenigstens so tun, als brächtest du ein bißchen Mitgefühl auf«, sagte sie. Wenn Ronald sich konzentrierte, runzelte er immer die Stirn. Und er wußte, daß er jetzt einen intelligenten Eindruck machen mußte. Er bedauerte, daß er in Princeton nur ein Semester Psychologie gehört hatte.

Für PJ hatte das Leben eine Wende zum Uninteressanten genommen. Sie konnte dieser Tage nicht mehr damit rechnen, Carl Bauer mit Happy vorbeispazieren zu sehen. Dafür sah sie Gerda, die kein Talent für Hunde hatte, da konnte man alle Nachbarn fragen. Gerda führte das Tier immer um dasselbe Geviert, so daß es gar keine Chance hatte, sein Revier zu erweitern (das Alter beeinträchtigte wohl kaum den Territorialtrieb), und sie legte ein solches Tempo vor, daß auch der schnellste Happy — und er war für sein Alter durchaus kein langsamer Happy — keine Zeit gehabt hätte, die Stelle herauszuschnüffeln, an der seine Duftmarke am meisten hermachen würde.

PJ saß an ihrem Küchenfenster, das Kinn in die Hand gestützt, und ließ sich das schwarzlackierte Haar vors Gesicht fallen wie einen Vorhang, hinter dem sie als tagträumende Siebzehnjährige erschien. Sie erinnerte sich, wie völlig frustriert sie in Europa angekommen war, weil sie so wenig über ihren Gast erfahren hatte, obwohl sie auf dem Schiff die ganze Zeit miteinander verbrachten, beim Essen, beim Tanz, im Kasino. Sie konnte sich jede Minute mit Carl Bauer ins Gedächtnis zurückrufen und sah ihn auch jetzt wieder vor sich, wie er an der Schiffsreling lehnte und zu der schnell näherkommenden Küste Europas hinüberstarrte. Sein Gesicht war grau und hart wie ein Felsen, auf dem die rote Sonne brannte. Nach sieben Tagen zur See hatte sie lediglich zwei Seiten an ihm kennengelernt: seine Reserviertheit und seine tiefe, attraktive Traurigkeit. Und als PJ nun sechs Jahre später an ihrem Küchenfenster saß, kam sie zu der Selbsterkenntnis, daß »Traurigkeit bei Männern mich immer ganz schwach macht.«

Jedesmal, wenn PJ sich ihre Sehnsucht nach Carl Bauer eingestand, wand sie sich innerlich und fühlte, daß es vor diesem Verlangen kein Entrinnen gab. Sie wurde hilflos und kribbelig. Meist endete es damit, daß sie den Fernseher einschaltete und sich eine besonders rührselige Seifenoper ansah, um sich über deren neueste Entwicklung die Augen auszuweinen (egal was es war, glücklich, traurig, dramatisch, langweilig, es zählte nur der Grad der Rührung. Aber die Seife schäumte nur, wenn sie die Gewißheit hineinrühren konnte, daß Carl in der Nähe war.) Und heute, da sie wußte, daß Carl am anderen Ende der Vorstadt lag und dort wahrscheinlich mit seiner Gesundheit beschäftigt war — mit Sicherheit nicht an sie dachte! —, war ihr mit einer Seifenoper nicht zu helfen. Also probierte sie einen anderen Trick.

PJ putzte sich heraus. Sie machte ihr Gesicht zurecht, toupierte sich das Haar noch etwas höher und zog zur Feier des Tages ihren besten Polyester an. Sie warf sich einen Schal über die Schultern (er hätte protestiert: »Du erkältest dich zu Tode, mein Kind«) und lief zum Haus der Bauers hinüber. Sie wußte genau, wo Gerda den Ersatzschlüssel aufbewahrte: an einem Ort, dem sie Vertrauen und Achtung entgegenbrachte wie einem Grab — unter dem Mülleimer.

Mit einer Selbstverständlichkeit, die jeden spionierenden Nachbarn von ihrem guten Recht überzeugen mußte, holte PJ sich den Schlüssel und betrat das Bauersche Haus. Kaum war sie eingedrungen, da begann es vor Erregung in ihrem Kopf zu hämmern, so daß sie einen Moment lang fürchtete, einen Schlaganfall zu bekommen. Es wäre unangenehm, allein und in einem fremden Wohnzimmer einen Gehirnschlag zu erleiden. Ducky hatte den seinen in einem Einkaufszentrum gehabt. Mehr Beachtung hätte er sich bei seinem Hinscheiden nicht wünschen können. Das Druckgefühl in den Schläfen ließ nach, als sie all die Uhren sah, die sie daran erinnerten, daß sie nur zwei Stunden Zeit hatte, bevor Gerda zurückkam. Aber in diesen zwei Stunden konnte sie tun, was ihr gefiel. »Gebrauche deine Phantasie, mein Mädchen«, sagte sie sich. »Schau dir das Haus an, überlege, was du alles wirst ändern müssen. Denk an die Zukunft. Die Uhren müssen weg. Alle miteinander. Ich kann die verflixten Dinger nicht leiden.«

Sie setzte sich auf das Sofa neben Carls Lehnstuhl, legte die Hand auf die Armlehne und erinnerte sich, wie sie so mit Carl in Straßburg im Hotel-Foyer gesessen hatte. »Wo ist Eva?« PJ wiederholte jetzt, sechs Jahre später, ihre Frage und legte den gleichen Schmelz ernster Besorgnis in ihre Stimme, einen Schmelz, den man unmöglich künstlich nennen konnte. Sie *war* ja doch besorgt. Und zugleich war sie eben auch *nicht* besorgt. PJ sah Carl vor sich, wie er frisch geduscht in seinem Konfektionsanzug auftauchte. »Sie fühlt sich nicht wohl, da braucht sie etwas länger.«

»Und du, Carl?«

»Mir geht's gut, danke. Da kommt sie.«

PJ warf den Kopf herum und blickte zu Evas Foto auf dem Fernseher hinüber. Man sah ihr das Alter an: Anfang Fünfzig. Schlaffer Hals, und ein ziemliches Gewicht herumzuschleppen auf ihren zarten Fesseln. Trotzdem trug sie nur enge, auffällige Sachen. Und einen Stolz hatte sie! Großer Gott, der Stolz macht Frauen schön, und entweder hat man ihn, oder man hat ihn nicht. Das Foto zeigte sie im Dreiviertelprofil, mädchenhaft, mit völlig ausdruckslosen Augen, Augen so blau und glatt wie Samtkissen.

»Gehen wir?« fragte Eva ohne Begeisterung.

Sie fuhren mit der Straßenbahn zum Wald hinaus und gingen am Fluß spazieren. Am andern Ufer lag Deutschland, still, ruhig, die Läden voller Kuckucksuhren. PJ sprang vom Sofa und begann um den Eßtisch herumzugehen, eine Runde nach der andern, eine Reprise jenes schönen, gemächlichen Spaziergangs am Rhein. Der Rhein hatte etwas Leidenschaftliches. Der Hudson trennte nur New York von New Jersey. Darüber hatte noch nie jemand ein Gedicht geschrieben. Carl sah immerzu über die breite, brodelnde Wasserstraße nach drüben. Er war wieder ganz wortkarg geworden. Auch Eva hatte ihre Schmetterlingsschönheit eingebüßt. Sie hatte die Fäuste vor die Brust gehoben, eine richtig altmodische Geste der Gefühlsbewegung. PJ imitierte sie auf ihrem Weg um den Tisch. Fühlte sich gut an. Sie versuchte, etwas für den Rhein zu empfinden, konnte aber nur daran denken, wie toll es wäre, eine Kuckucksuhr zu kaufen. »Wir könnten hinübergehen, auf die andere Seite«, sagte sie zu Evas Foto. »Dort ist eine Brücke. Dann sind wir in Deutschland.«

Sie kehrte zum Lehnstuhl zurück, tätschelte die Lehne und schmeichelte: »Und du kannst dann Deutsch reden, ohne daß dich einer für einen Ausländer hält.«

Wie gut sie sich an Carls Gesicht erinnerte! Wie sein Blick sie durchbohrt hatte, gleich einem Dolch, der in sie eindrang, ihr Fleisch zerteilte. Ducky war so ruhig gewesen, sein Gemüt so glatt wie der Hudson an seiner breitesten Stelle, wo er geboren war. Noch nie in ihrem Leben war sie so herrlich zurechtgewiesen worden. PJ mußte sich wieder aufs Sofa setzen und atmete keuchend.

Sie sah auf eine der Uhren. Zeit für ihre Lieblingsszene, die sich am Nachmittag des folgenden Tages abgespielt hatte. PJ stellte sich neben das Sofa, legte die Hand auf den Lehnstuhlrücken und bildete sich ein, es handle sich um Carls Kopf. Neben ihr lag Eva ohnmächtig auf dem Sofa. »Bitte, Carl, beruhige dich. Eva wird schon wieder. Vielleicht muß sie nur ein wenig ruhen.« Sie stand mit geschlossenen Augen da und schwelgte, spann den Moment immer länger und länger aus, wie einen Marienfaden, bis die Uhren schlugen und sie schnell hinaus mußte.

Carl Bauer lag auf der Genesungsstation. Die Schwestern interessierten sich nicht mehr für ihn, ein Zeichen, daß er außer Gefahr war. Dreimal täglich brachte Gerda ihm in einem großen Korb die Mahlzeiten von zu Hause.

Der Pfleger schimpfte selber über das Krankenhausessen, doch diesen demonstrativen Protest nahm er übel. Er brachte die Mahlzeiten, knallte sie dem Patienten auf den Tisch und sah zu, wie Gerda sie eiligst wieder abräumte. Vibrierend vor Wut wankte die kleine Frau vor seinen Augen mit dem Tablett davon und stellte es, die Nase rümpfend wegen des Geruchs, auf die Kommode in der gegenüberliegenden Zimmerecke. Der Pfleger sah weiter zu, wie sie den Korb auspackte und mit den Utensilien, die sie mitgebracht hatte, so korrekt wie möglich den Tisch deckte — eigenes Geschirr, frische Leinenserviette und das beste Silber aus dem Hause Bauer.

»Ich hole das Tablett in einer halben Stunde wieder ab«, sagte der Pfleger. »So lange müssen Sie damit leben. Vorschrift ist Vorschrift.«

Als Conny und Ronald eintraten, war dieses Ritual gerade wieder vollzogen worden. Gerda stand am Fußende des Krankenbetts und sah dem Patienten zu. Carl blickte traurig auf seinen Teller. Die Trauer rührte daher, daß sein Zustand (hilflos und krank) mit dem Anblick von Butterkartoffeln, Rahmspinat, Zwiebelstückchen und Braten unvereinbar war. Gerda machte sich soviel Arbeit, aber er hatte nichts davon; er fühlte sich um so hinfälliger, je mehr sie ihm brachte.

Er erkannte Connys Schritt. »Papa?« sagte sie von der Tür her. Er zuckte zusammen. Er vermied es, sie anzusehen.

»Du kommst spät. Allzu spät. Ich will dich nicht sehen«, sagte er zu seinem Spinat. »Meine einzige Tochter«, sagte er zu seinem Braten. »Eva hat immer gesagt, du würdest mich im Stich lassen, wenn es darauf ankäme«, sagte er zu seiner Sauce.

Dann vernahm er einen anderen Schritt, männlich in seinem langsamen Näherkommen, und sah auf. Er vergaß seine Bettlägerigkeit und sein Gesicht strahlte. Der weiße Schnurrbart, der alles krönte, was er sagte, fing an zu tanzen, so freute er sich, einen Mann zu sehen, der seine Achtung verdiente.

»Dr. Hake!« sagte er. »Kommen Sie herein. Vielleicht haben sie eine Ahnung, warum meine einzige Tochter mich nicht schon früher besucht hat?« Er meinte das weder scherzhaft noch ironisch. Er erwartete einfach von einem Untergebenen, seinem Lieblingsadjutanten, eine Erklärung für das Verhalten seiner Tochter. Doch Ronalds Interpretationskünste versagten. Er fühlte sich völlig durchschaut. Die Erinnerung an Conny, wie sie in der heißen Schwüle des Labyrinths unter ihm zappelte, überfiel ihn frontal. Er stieß die einzige Entschuldigung hervor, die ihm in den Sinn kam: »Weil es ein schreckliches Unglück gegeben hat.«

Gerda schnappte nach Luft. Der junge Mann stand im Begriff, unermeßlichen Schaden anzurichten.

»Was ist denn passiert?« fragte Carl Bauer.

Gerdas Keuchen ging in ein Seufzen über. Nun gut, wenn der junge Mann es für nötig hielt, Carl Bauer Bescheid zu sagen, dann mußte er wohl einen guten Grund dafür haben.

Ronald war zu verdattert, um auf Carl Bauers Reaktion zu achten. Er bemerkte keine unwillkürliche Bewegung, sah nicht, ob er zuckte, ob ihm der Schweiß auf die Stirn trat, ob er zitterte. Statt dessen erinnerte

Ronald sich nur an gewisse Worte, die ihm in den Mund gesprudelt und mit seinem Keuchen eins geworden waren, als er aus dem Daunenbett ihres Körpers auftauchte — jene anbetenden Worte, die er nicht zu unterdrücken vermochte: »Ich liebe dich.«

Sein Gesicht lief rot an, und er platzte heraus: »Ein Bombenanschlag!« Und er bekreuzigte sich.

Carl Bauer tat es ihm nach.

»Wir wollten mit Ihnen beten«, schloß Ronald.

»Dann lasset uns beten«, sagte Carl Bauer.

Als der Pfleger kam, um das Tablett abzuholen, fand er drei Besucher bei dem Patienten vor, zwei auf den Knien, den dritten vor Carl Bauers Bett stehend. Sie hatten die Augen geschlossen, und ihre Lippen bewegten sich. Der Patient lag in sein Kissen zurückgesunken und starrte das kalte Essen auf seinem Teller an. Der Pfleger deutete seinen Gesichtsausdruck als postoperative Depression.

Gerda und Conny ließen Ronald später mit Carl Bauer allein.

»Laß die beiden Herren miteinander reden«, sagte Gerda. »Ich möchte die Blumen gießen.« Sie meinte die Blumen auf Evas Grab. »Ich muß mich um alles kümmern,

um Frau Bauer
um Herrn Bauer
um das Haus
um die Kinder.

Es war schlimm genug, daß ich mich um dich kümmern mußte, als du klein warst. Mußte immer so tun, als wärst du meines. Ich habe es satt. Fahr bitte vorsichtig.« Sie fuhren zum Friedhof, einem hübschen Fleckchen auf einem Hügel mit Blick auf eine Müllkippe. »Nie fragst du mich, was ich mit deinen Kindern gemacht habe«, rief Gerda. »Du weißt nicht mal, wo sie sind, oder? Du bildest dir ein, sie sitzen zu Hause und machen ihre Hausaufgaben. Irrtum!« Sie huschte um die Blumenrabatten herum. Jedesmal, wenn sie an dem Grabstein vorbeikam, blieb sie stehen, las die Inschrift und schüttelte verständnislos den Kopf. »Eva Bauer«, stand darauf, »dahingegangen am 5. März 1959 ins Tal der Liebe und der Freude.«

»Ich weiß nicht, warum dein Vater es dem Steinmetz, noch dazu einem Quäker, überlassen hat, was auf dem Grabstein seiner Frau stehen soll. Tal, was heißt hier Tal?« Sie flog davon und kehrte zurück. »Der Himmel ist kein Tal. Der Himmel ist da droben.« Sie deutete mit dem Zeigefinger.

Ronald saß am Fußende des Krankenbetts. Er begann mit a): »Vermutlich werden sie den Bombenleger erwischen.«

»Wenn nicht«, sagte Carl Bauer, der mit neu gewonnener Lebenskraft aufrecht in seinem Bett saß, »dann wird Gott ihn erwischen.«

»Wenn er seine Sünde beichtet, wird Gott ihn lossprechen«, sagte Ronald. Dann ging er aufs Ganze. »Nennen wir ihn lieber nicht Gott. Nennen wir ihn den Allwissenden, den Fabelhaften Intriganten.«

Carl Bauer erwiderte kühl: »Und warum nicht Gott? Was haben Sie gegen Gott?«

»Ich vermeide es, Gott zu sagen, denn dabei muß ich immer an einen Mann mit Bart denken, der sich mit den Vöglein im Walde unterhält.«

Carl Bauer schwieg. Ronald versuchte es mit b): »Schrecklich, so ein Massaker. Noch dazu unter solchen Umständen. Eingesperrt. Panik. Erstickung. Verbrannte Leichen. Oder können Sie sich vorstellen, daß die Opfer ein solches Ende verdient hatten?«

Carl Bauer wurde ganz blaß. »Was wollen Sie damit sagen?« fragte er. »Verdient? Sie meinen, daß diese Menschen vor ihrer Zeit, ja sogar noch vor dem Tod ins Inferno geschickt wurden? Daß irgendein komischer Kerl mit Bart sie zu etwas Derartigem verurteilt hätte? Ein Typ, der harmlose Zuschauer haßt? Na, ich muß schon sagen . . .«

»Der Mensch lebt und sündigt. So heißt es doch?« meinte Ronald, indem er ratlos auf seine Hände blickte. Kräftige Hände, nach wie vor. Verdammt, er durfte im Krankenhaus nicht rauchen. Die Pfeife pochte an seine Brusttasche, gleich über dem Herzen. Der Fall war schwierig. »Und dann sterben wir, das ist die Erbsünde, die wir nie loswerden. Aber manchen wird ein schrecklicherer Tod zuteil als anderen. Das habe ich in meinem Beruf erfahren müssen.«

»So?« meinte Carl Bauer. »Sie scheinen ja allerhand zu wissen über die verschiedenen Todesarten.«

»Wissen. Wissen«, sagte Ronald. Er liebte dieses Wort. »Wissen ist das, was uns von den Wiederkäuern unterscheidet. Ich glaube übrigens, daß unser Gott — die Macht des Schöpfers — diejenigen straft, die sich anmaßen, unser Leben zu manipulieren — die Mörder und die Ärzte und die Politiker. Wir Pathologen wollen nur wissen, *woran* jemand gestorben ist, wir wollen herausfinden, was im Innern des Menschen vorgeht, wollen die Wahrheit wissen, wir verabscheuen die Lüge.«

»Es gibt verschiedene Arten zu sterben, und manche haben mit dem Körper nichts zu tun«, beteuerte Carl Bauer. Aber Ronald hörte nicht zu, er betrachtete seine Hände und leitete die Attacke ein:

»Und ich sehe immer wieder, daß Lügen sich wie Krankheiten ausbreiten. Sie liegen auf der Lauer. Sie wirken wie Gifte, sie stören die vitalen Funktionen. Je häßlicher die Lüge, desto schlimmer die Verwüstung, die sie in den Menschen anrichtet. Es gibt Lebenslügen, die sich gegen das Denken richten und Schwachsinn verursachen, Lügen, die andere Lügen säen, die den ganzen Körper befallen und langsam alle Wahrheit verdrängen, und der Patient wird von den furchtbarsten Schmerzen zerfressen, je weiter er sich vom Stand der

Gnade entfernt. Die Lebenslüge bildet Metastasen, macht die Seele des Opfers nekrotisch und zur Liebe unfähig.

Apropos Liebe —« (Ronald ließ sich von seiner eigenen Theorie hinreißen) »auch die heimliche Liebe kann zum plötzlichen emotionalen Tod führen.

Wissen Sie, daß kein Toter so häßlich aussieht wie ein Mann, der beim autoerotischen Exzeß gestorben ist, auf ein Gerät gespießt, gefesselt und erwürgt? Weil das, was er verheimlicht hat, plötzlich ans Licht kommt, indem es ihn tötet.«

Hier unterbrach ihn Carl Bauer. »Ich fühle mich nicht wohl, Ronald, entschuldigen Sie. Glauben Sie mir, ich teile Ihre Abneigung gegen Ärzte und Wissenschaftler, die ihre Nasen in alles stecken. Wir sind derselben Meinung, Ronald. Das ist sehr tröstlich.«

Ronald war aus dem Konzept gebracht. Er suchte verzweifelt nach dem roten Faden. Er mußte diesen Kerl zum Geständnis zwingen! »Und die Politiker, Mr. Bauer?« brachte er heraus. »Was halten Sie von denen?«

Carl Bauer sah ihn an. »Ich verabscheue sie«, sagte er. Er sank zurück ins Kissen und schloß die Augen. »Lassen Sie mich nur mal eine Minute ausruhen.« Er schlief sofort ein, mit hängendem Unterkiefer. Sein Körper wirkte winzig in der weißen Wüste des Krankenbetts. Ronald fühlte ihm den Puls. Schwach, aber stetig, als ginge er Carl Bauer behutsam zur Hand auf seiner Gratwanderung zwischen Schlaf und Tod.

Später fuhren Conny und Ronald zurück zur Morgue. Ronald zündete sich sofort seine Pfeife an, aber sie brachte ihm keine Entspannung, und die Fahrt wurde ungemütlich. Conny versicherte ihm immer wieder, wie froh sie sei, daß Ronald sich mit ihrem Vater so gut verstehe. Dieses Lob frustrierte Ronald nur noch mehr. »Wir haben über religiöse Fragen gesprochen«, sagte er, »und —«

»Wunderbar!« rief Conny.

»Hör mir mal zu! Er hat eine ganz komische Einstellung zur Religion.«

»Die haben wir doch alle.«

»Ich habe den starken Verdacht, daß du gar nicht an Gott glaubst«, versuchte Ronald sie zu provozieren.

»Doch. Ich glaube an einen Gott, der aussieht wie ein Wassermolch, und immer wenn er quakt, geht in einem Kino eine Bombe hoch.«

Er fragte sich, ob sie ihn zum Besten hielt. Ihre Unwissenheit ärgerte ihn. Er preßte die Zähne so fest zusammen, daß er den Pfeifenstiel abbiß. Die Pfeife fiel zu Boden und streute den Tabak auf die Fußmatte. »Jetzt wird der Wagen wochenlang nach dir riechen«, stellte Conny befriedigt fest.

Stanislav kaufte den Kindern den *National Inquirer*. An einem solchen Tag stünde in allen Zeitungen dasselbe, sagte er. Wie in einem totalitären Staat. Die Meldungen machten ihn wütend: Gib der Presse einen Bombenanschlag, und schon hat sie einen Vorwand, den Rest der Welt links liegen zu lassen. »Krankhafte Sensationsgier«, grollte er. Doch er sah, daß das Blatt den Kindern die Zeit vertrieb. Er floh in sein Labor. Es war Samstag, da war es an der Universität angenehm ruhig. Als er zum Lunch wiederkam, probten die Kinder den Aufstand. Sie verlangten einen Fernseher. »Ihr habt eine Zeitung. Ihr habt Bücher!« schrie Stanislav. »Was wollt ihr mehr? Ihr mit eurer Fernseh-Idiotie!« Aber ihre haßerfüllten Blicke, ihre trotzig zusammengekniffenen weichen Lippen erschreckten ihn derart, daß er Conny anrief.

»Du hast mir die Kinder geschickt. Du weißt, daß ich gegen das Fernsehen bin. Du hast sie offenbar systematisch präpariert. Fernsehen ist Formalin für den Geist, es zersetzt das Eiweiß. Und dann schickst du sie mit ihren verklumpten Gehirnen zu mir.« Er schluchzte vor Wut.

Die Kinder sprangen kreischend um ihn herum und skandierten im Chor: »Tivi! Tivi! Tivi!«

»Hör doch mal«, stammelte Conny, »das ist einfach nicht wahr, wir haben gar keinen Fernseher, oder doch, wir haben zwar einen, aber wir gucken nie, das ist schwer zu erklären, du warst ja nie bei uns. Du darfst ihnen kein Wort glauben!

Es geht jetzt nur darum, daß mein Vater immer noch im Krankenhaus ist. Ich kann von Gerda nicht verlangen, daß sie sich um sie kümmert. Ich kauf dir einen Fernseher. Du bist doch nur dagegen, weil dir das Geld dafür zu schade ist. Du willst kein Geld herausrücken. Aber mit ein paar hundert Dollar kannst du sie bei Laune halten. Ich komme dafür auf. Und du kannst dann wenigstens die Abendnachrichten sehen. Du kannst die Presseschau und die Börsenberichte verfolgen. Da bekommst du gute Tips.«

Er haßte den Kapitalismus, aber solange es eine Börse gab, legte er sein Geld lieber dort an als bei einer Bank. Der Börsenbericht überzeugte ihn, denn er hatte niemanden, mit dem er über seine Investitionen reden konnte. Sie verabredeten sich in einem Kaufhaus. Es war das erstemal seit Monaten, daß Mann und Frau einander wiedersahen.

Sie nahmen es recht gelassen, schenkten einander kaum einen Blick und gingen in den vierten Stock hinauf, wo sechs Reihen Fernsehgeräte auf ebenso viele Programme geschaltet waren. Mindestens zwei davon zeugten von »krankhafter Sensationsgier«. Stanislav bebte. Er preßte die Lippen aufeinander, sie waren der letzte brüchige Damm, der die reißenden Ströme seiner Wut noch zurückhielt.

Für die Kinder war es das Paradies. Ganze Stapel von den verbotenen Früchten. Tonnenweise reiner Schund. Während die Welt ihren tristen Alltagsgeschäften nachging, wurden dort Quizspiele verbrochen, Sportler verübten ihr Harikiri auf Raten, und verrückte

Hausfrauen kommandierten die Lachmuskeln der Nation.

Plötzlich drang durch das Krakeelen und Kläffen aller Kanäle eine Stimme, ein erbostes männliches Gekreisch: »Sie werden mich jetzt sofort bedienen, damit ich hier raus kann! Oder lassen Sie sich soviel Zeit, weil ich nicht so ein Nachwuchsgangster bin wie Sie und Ihresgleichen?«

Die Kinder flitzten durch die Gänge und sahen, wie Stanislav, klein, gebeugt, schäbig wie Galizien, einen hochgewachsenen, erhabenen jungen Verkäufer zur Brust nahm, der vor ihm stand, aber über ihn hinweg auf die Reihen der Fernseher blickte, mit einem Gesicht, so leer wie Nevada.

Sie sahen Conny von der anderen Seite kommen. Lautlos, als hätte man bei ihren Schritten den Ton ausgeblendet, kam sie durch den Gang gelaufen. Sie brauchte eine Ewigkeit, bis sie Stanislav erreicht hatte, der mit geschlossenen Augen immer weiter tobte. Sie packte ihn am Arm. Es war ihre erste Berührung seit sechs Monaten. Die Geste entging den Kindern nicht. Sie waren sehr erleichtert und zugleich erstaunt über das Tempo der Versöhnung. Conny hielt Stanislav fest, als wollte sie ihn nie mehr loslassen.

Sie gingen schnell weg. Er wandte sich um und giftete weiter den Verkäufer an. »Eingebildeter Affe! Arroganter Schnösel! Nachwuchsgangster!« Der Verkäufer schüttelte den Kopf, er lächelte jetzt grimmig, und als die Kinder ihn umkreisten und seine Mokassins bewunderten, von Neid auf seinen Beruf erfüllt, schauderte ihm plötzlich, und er sagte leise vor sich hin: »Mann-o-Mann, dich haben sie vergessen zu vergasen.«

Sie holten ihre Eltern jenseits der Glastür ein, als Stanislav gerade seinen Ärmel hochrollte und die fünf dunkelblauen Flecken anstarrte, die Connys Finger an seinem weißen Arm hinterlassen hatten. »Mein

Gott, du gehörst ja selber zu diesem Abschaum«, sagte er.

»Ich nehme Sally und Dicky jetzt mit«, sagte sie. »Du bist ja zu verrückt, um auf die Kinder aufzupassen. So einen Auftritt zu veranstalten! Dich sollten sie einsperren.«

»Kannst du mich am Labor absetzen?« fragte er. »Hoffentlich kriege ich keine Blutvergiftung.«

Conny fuhr. »Wenn ich einen Unfall baue, handelt es sich um glatten Mord«, sagte sie. Sie trat auf die Bremse und sah ihn nach vorn fliegen. Ihre blonden Locken wippten lustig. Er hielt sich am Türgriff fest. Sie sah seine runzlige weiße Hand an, die den Türgriff umklammerte, und sagte: »Glaubst du wirklich, wenn du dich am Griff festhältst, fliegst du nicht durch die Windschutzscheibe, wenn ich es darauf anlege?« Und wie um den Beweis dafür anzutreten, fuhr sie fast auf den Vordermann auf, der vor der nächsten roten Ampel wartete.

Die Kinder saßen zusammengekauert im Fond. »Sagt bloß nicht, ihr habt Angst vorm Sterben!« rief sie über die Schulter. »Dicky? Sally?« Sally richtete sich auf. Wenn Mama keine Angst hatte, würde sie auch keine zeigen. Sie sah verächtlich zu Dicky hin, der die Lippen bewegte: »Heilige Maria, Mutter Gottes«, und Sally begann mit piepsender Stimme zu singen: »I wish I had that doggie in the window.«

Conny setzte Stanislav ab, und danach ließ ihre Gereiztheit nach. Sie bereute ihr Benehmen, und um das auszudrücken, fuhr sie, statt sich zu entschuldigen, viel zu langsam. Die Kinder verstanden das; sie verziehen ihr. Sie plauderte mit ihnen über die Schule und sagte ihnen nicht, wohin sie fuhr. Schließlich erklärte sie: »Ich bringe euch zu Ronald. Er hat sofort gesagt, ihr könnt zu ihm kommen. Er sagt, ihr könnt auch bei ihm fernsehen. Er hat einen Farbfernseher.

Wir sind noch immer nicht fertig. Rund sechzig Menschen zu identifizieren, das braucht seine Zeit.

Und weiß der Himmel, wozu das Ganze überhaupt gut ist.«

Carl Bauer fühlte sich besser.

Er saß aufrecht im Bett und mischte Wasserfarben auf einer Palette. Es ging ihm gut. Er hatte zu malen angefangen. Er war ganz vertieft in ein Bild von einer Alpenvilla, umgeben von schroffen, schneebedeckten Bergen. Der Arzt kam herein. »Aha, ich sehe, wir fühlen uns besser«, sagte er. »Was ist das?«

Er besah sich das Bild.

»Eine alte Berghütte in Colorado«, antwortete Carl Bauer.

Als Conny wieder in die Morgue kam, sagte man ihr, Ronald sei in die Bibliothek gegangen. In Wirklichkeit hatte Ronald eine Verabredung in der Kirche. Das Schild draußen am Anschlagbrett sagte: Pfarrer Fowler heute anwesend. Pfarrer Fowler erwartete weder ihn noch sonst jemanden. Er saß in seiner Beichtstuhlhälfte und las im Schein einer Taschenlampe die *London Times*. Er war Engländer und las nur die *London Times,* obwohl sie immer mit fünf Tagen Verspätung kam. Die Verspätung störte ihn nicht. Er faltete die Zeitung so leise wie möglich zusammen, sobald Kundschaft kam. »Ich will nicht beichten, Hochwürden. Ich möchte mit Ihnen über ein ethisches Problem sprechen, das mich beschäftigt.«

»Heute blüht das Geschäft nicht gerade. Draußen scheint offenbar die Sonne. Die Leute kommen, wenn es regnet. Also, sprechen Sie nur. Ich habe Zeit für Sie. Und Interesse. Ethische Probleme sind die Lichtblicke in meinem Beruf. In Nordengland hatte ich die Bergleute. Die kamen immer mit guten Geschichten an. Hier in der Großstadt mißbrauchen die Leute den Namen Gottes nur, wenn es um die Inflation geht. Also, sagen Sie mir, worum es sich handelt.«

Ronald faltete die Hände zu einer Kirchturmspitze, und da er seine Hände in der Dunkelheit nicht sehen konnte, drückte er die Kirchturmspitze an die Nase und roch daran. Formalin und Seife.

»Ich mache mir Gedanken über Adolf Hitler, Hochwürden, diesen Deutschen. Die Kirche lehrt, daß Gott auch den ärgsten Sünder wieder in der Herde willkommen heißt, wenn er nur bereut. Und Hitler war in mancher Hinsicht ein guter Mensch — er trank nicht, fluchte nicht, war gegen das Töten von Tieren. Wäre es Ihnen möglich, mir in aller Kürze zu erläutern, was ihn eigentlich in den Augen der Kirche zu einem bösen Menschen macht?«

»Das heißt, Sie möchten wissen, was an Hitler gut ist, und was an Hitler schlecht ist?«

»Ja, Hochwürden. Wenn es Ihnen nichts ausmacht.«

Pfarrer Fowler dachte eine Minute nach und sagte: »Ich würde es so zusammenfassen. Bedenken Sie aber, daß dies nur meine Meinung ist, nicht unbedingt die von Rom. Und sie kommt aus dem Stegreif.« Er räusperte sich und schaltete mit seiner Stimme in den ersten Gang, legte zwischen wichtigen Gedanken lange Pausen ein, ein Verfahren, das sich bei seinen Predigten über das von ihm so genannte Böse in der Welt bewährt hatte.

»Ich will mit dem beginnen, was an ihm zu loben ist.

Erstens. In den öffentlichen Reden hatte er den Mut, den Namen Gottes zu bekennen. Er vertraute auf den Segen des Allmächtigen und hatte von der Vorsehung eine ›Sendung‹.

Zweitens. Er betrachtete es als die Aufgabe seines Lebens, den Marxismus in jeder Form, besonders den Kommunismus, zu vernichten.

Das ist bedauerlicherweise alles, was mir dazu einfällt.

Und nun zu dem, was nicht an ihm zu loben ist. Dazu wäre viel zu sagen.

Erstens. Er predigte den wilden Haß und die Methoden der Gewalt, statt mit geistigen Waffen zu kämpfen. Er verfolgte hochverdiente katholische Männer mit tödlichem Haß.

Zweitens. Er predigte den Kult der Rasse und damit die Ablehnung des Christentums als einer jüdischen Importware — ohne diese letzte Konsequenz selber zu wollen.«

Pfarrer Fowler legte eine Pause ein und fuhr voll Bitterkeit fort: »Und drittens. Er war inkonsequent, schrecklich in-kon-se-quent! Sein Freund Dr. Goebbels, von Haus aus katholisch, hat sich mit einer geschiedenen Frau protestantisch trauen lassen, und Hitler selber war als Trauzeuge dabei.« Pfarrer Fowler hielt inne, dann flüsterte er: »Lange, viel zu lange, duldete er Röhm, einen notorischen Homosexuellen, in seiner nächsten Umgebung!«

Der Priester machte eine Pause. »War es das, was Sie wissen wollten?«

»Ja.«

»Soll ich jetzt Ihre Beichte hören?«

»Nein, Hochwürden. Ich bin zu sehr in Eile.«

»Zu sehr in Eile? Scheint die Sonne? Klimpert das Geld in Ihrer Tasche, daß Sie es ausgeben wollen.? Wartet Ihre Freundin auf Sie? Was soll diese Eile? Wenn Sie ein sanftes Ruhekissen für Ihre Ellbogen brauchen, müssen Sie sich schon an die Jesuiten in der 15th Street wenden. Ist das klar?«

Ronald war schon wieder auf dem Weg zur Morgue.

Er dachte an seinen Tagtraum und erinnerte sich an seinen Versuch, Carl Bauer vom Gebrauch des Wortes Gott abzubringen. Die schlichte Gläubigkeit dieses Deutschen hatte ihn überzeugt und beschämt. Auf dem Rückweg zur Morgue fragte er sich: Und wenn nun die Kirche aus Hitler einen guten Menschen gemacht hat — was dann?

Dann spräche das nur für die Macht des Katholizismus und des organisierten Aberglaubens. Der Gedanke erschreckte ihn. Ich muß diesen Fall lösen! Ich muß! Aber er hatte eine Obduktion, die auf ihn wartete.

»DRÜBEN AM PARK LANE fehlen sämtliche Gehirne«, sagte Dr. Guttenberg.

»Es war eben nicht Gottes Wille, daß die Pathologen darin herumfummeln«, sagte Alice.

»Sind sie wirklich alle weg?«

»Sie haben einen eingebildeten hübschen jungen Pathologen damit betraut, eine Kollektion für eine Alkoholismusstudie zusammenzustellen. Kein Wunder, daß ihm die Gehirne abhanden kommen«, sagte Dr. Guttenberg mit einem Seitenblick zu dem jungen Arzt. »Ich würde dafür nicht unbedingt Gott verantwortlich machen.«

»Ich glaube, Dr. Hake sieht das genauso«, sagte Blessed hinter ihrer Schreibmaschine. »Ich finde es ja ganz gut, daß ihr euch um Todesursachen und so weiter kümmert, aber der Schöpfer hat es vielleicht doch nicht gern, wenn man ein Gehirn in Scheiben schneidet wie ein altes Graubrot. Und in diesem Zustand werden sie dann von Leuten studiert, die überhaupt keine Beziehung zu Ihm haben.«

Tränen stürzten ihr über die vollen dunklen Wangen. Sie starrte auf den Autopsiebericht in ihrer Maschine.

In diesem Moment kam Dr. Bauer herein und sagte: »Habt ihr schon gehört, daß den Leichenbeschauern am Park Lane sämtliche Gehirne weggekommen sind? Trotzkis Gehirn war ja auch mal verschwunden. Erst Jahrzehnte später ist es wieder aufgetaucht.«

»Wo?«

»Dreizehntausend Kilometer weit von der Stelle, wo er ermordet wurde«, sagte sie. »In Bremen.«

»Woher wissen Sie das?« fragte Dr. Hake.

»Keine Ahnung«, sagte Dr. Bauer. »Das hat sich eben herumgesprochen, wenigstens in Cincinatti. Blessed, Sie haben seit Tagen keine Kekse mehr gebacken!«

»Ja, ich weiß«, schniefte Blessed. »Ich war nicht ganz auf der Höhe, Dr. Bauer.« Und sie setzte sich die Kopfhörer auf und tippte die Pathologen aus ihrem Büro.

»Gott«, wies sie Alice zurecht, »mag wahrscheinlich überhaupt keine Theorien.«

Unterdessen saßen die Kinder auf Ronalds antikem Zweiersofa und glotzten sich die Augen wund. Ronald und Conny kamen am späten Nachmittag und machten Abendessen, hantierten geschäftig in der kleinen Küche herum, während die Kinder vor dem Fernseher saßen. »Ronald lädt uns ein«, sagte sie mahnend.

»Danke«, antworteten die Kinder.

»Das ist doch selbstverständlich, Conny.« Lachend mixte er an der Hausbar zwei Bloody Marys.

»Ist Ronald nicht ein wunderbarer Vater?« rief Conny. »Er kann sogar Pingpong spielen! Wirklich!«

Die Kinder zählten seine Vorzüge zusammen: Pingpong, Steak zum Abendessen, ein Fernseher, der wie ein guter Freund behandelt, nicht als Feind verschrien oder zum Zeichen der Trauer ein ganzes Jahr lang stillgelegt wurde. Außerdem wirkte Conny entspannt und glücklich. Das Toilettenpapier im Bad war sogar mit Blümchen bedruckt. »Ja, als ich das gesehen habe, mußte ich es unbedingt haben. Es ist neu auf dem Markt.« Dicky sprach sein Urteil mit sorgenvoll quäkender Stimme:

»Du weißt ja, wenn du heiratest, wirst du exkommuniziert.«

Nach dem Essen schaltete Ronald den Fernseher wieder ein, und während alle gebannt eine Mordgeschichte verfolgten, verzog er sich zu einem Sessel in der Ecke und nahm sich ein Buch vor, das er gerade las, zur Theorie des gerechten Krieges.

Sally schlich sich zu ihm hin.

»Hast du schon was rausgekriegt?«

»Ich bin noch dabei.« Inzwischen fand er allerdings, daß dieser Fall keine angemessene Beschäftigung für ein achtjähriges Mädchen war. »Hör lieber auf, dir Gedanken darüber zu machen, freu dich lieber des Lebens«, sagte er. »Ich möchte, daß du dir das ganz und gar aus dem Kopf schlägst.« Sie sah ihm in die Augen, dann auf die Stirn, die von diesem tiefen Querstrich zerklüftet war. Sonst wirkte seine Gesichtshaut weich, er hatte keine Runzeln. Sie stand vor ihm, den Bauch leicht herausgedrückt, und musterte seine rauhe Oberlippe, seine schimmernden Zähne, die runde Unterlippe, das spitze Kinn. Sie bewunderte seinen großen harten Adamsapfel. Schließlich ergriff sie seine Hand und küßte sie. Sie flüsterte: »Ich glaube, ich halte es keine Minute länger aus, mit Opa unter einem Dach zu leben. Ich möchte nach Hause zu meinem Vater. Aber nicht ohne Mama. Ich möchte, daß wir wieder zusammen sind. Wie früher. Ich hasse meinen Großvater. Er ist schuld daran, daß alles schiefgegangen ist.«

Ronald errötete. Er zerwuschelte dem Kind das blonde Haar, kniff sie in ihre Stupsnase, strich ihr über den roten Mund, tippte sie ans Kinn. »Du verpaßt da drüben einen Mord.« Er wußte, daß er recht daran tat, sie aus dieser schmutzigen Geschichte herauszuhalten. Sie hatte doch keine Ahnung von Theologie.

Er sah ein, daß es an der Zeit war, offen mit Conny zu reden. Sie mußte ihm helfen. Sie war vielleicht die einzige, die ihm die Wahrheit sagen konnte. Er beschloß, sobald wie möglich mit ihr zu sprechen, am besten bei ihrem nächsten Tête-à-tête im Labyrinth.

Nachdem die Familie Bauer in ihr Haus in Fort Lee heimgekehrt war, nahm Dr. Ronald Hake wieder seine nächtlichen Studien in der Morgue auf. Die Heizung war gegen Abend in Ordnung gebracht worden, und nach und nach wurden die Räume wieder so warm, daß Dr. Hake erst seinen Wintermantel ausziehen konnte und dann den Pullover. Er saß an seinem Schreibtisch, vor sich das Foto von Carl Bauer, er empfand es als Vorwurf, daß der Mann einen geradezu beseligten Ausdruck im Gesicht hatte. Offenbar blickte er auf die Bäume und auf seine Enkelin. Das Foto war verstaubt. Er spuckte darauf und wischte mit dem Ärmel darüber.

Er erinnerte sich, was er in seinem ersten Semester über Pathologie der Gewebe gelernt hatte: Intuition ist sehr nützlich, wenn es um die Bewertung des Augenscheins geht. Aber Intuition allein führt nicht zum erwünschten Maß diagnostischer Genauigkeit. Der vage Eindruck, daß etwas »schlecht« oder »häßlich« oder »bösartig« aussieht, läßt kein endgültiges Urteil zu. Dazu bedarf es der verbalisierten Anwendung exakter Kriterien. Nur auf diese Weise lassen sich gutartige oder bösartige Erscheinungsbilder in spezifische Kategorien einordnen, etwa als Narbengewebe, squamös im ersten Grad, als Zellkarzinom oder Adenokarzinom vierten Grades.

Dabei fiel ihm das Taschentuch mit den Initialen E. B. wieder ein, und er dachte: Wie rührend, daß jemand sein Kindertaschentuch mit in die Emigration nimmt. Er studierte das Foto. Carl Bauers Geheimnis sah schlimm aus, häßlich, aber nicht bösartig. Und was ergab die Analyse?

Dr. Hake kam zu folgendem Schluß:

Die Diagnose war einfach. Carl Bauer war vom Hitlersein geheilt. Adolf Hitler existierte nicht mehr. Er hatte sich von der empirischen Person Carl Bauers verabschiedet.

Er war geschrumpft.

Hitler war ein gutartiger Tumor im Innern von Carl Bauer.

Am besten schrieb er das Ganze in Form eines Biopsieberichts nieder.

In dieser Nacht setzte er noch einmal die Feder aufs Papier.

»Klinische Vorgeschichte:

71jähriger Mann mit gut ausgebildeter Lebenslüge, die auf seine Nerven drückt und zu biliöser Disposition und hepatitischen politischen Ansichten führt. Der Patient leidet unter Anfällen von Apathie und Depression, vermag aber sonst ein normales Leben zu führen, einmal wöchentlich in die Messe zu gehen, die Sakramente zu empfangen, und befindet sich offenbar im Stand der Gnade.

Allgemeine Beschreibung:

Die Lebenslüge wurde von einer aufmerksamen Enkelin identifiziert und auf Adolf Hitler zurückgeführt. Im großen und ganzen erscheint die Versuchsperson frei von Sünde. Die Lügenmasse ist gut eingrenzbar und besteht aus Vorstellungen germanisch-arischen Ursprungs. Sie enthält multiple Herde von nekrotischem Haß. Ansichten großenteils nazistisch eingefärbt, wovon auch die uneingeschränkte Akzeptanz Gottes betroffen ist. Nur seine Liebe zu Amerika ist frei von erkennbaren Infiltrationen.

Das Neoplasma ist von Frömmigkeit eingekapselt. Diese Pseudokapsel kann den Tumor vielleicht daran hindern, wieder invasiv zu werden.

Therapie:

Von chirurgischen Eingriffen in die Pseudokapsel der Frömmigkeit, um die Lebenslüge zu untersuchen, ist abzuraten, da dies den Tumor aktivieren könnte. Es handelt sich um ein medizinisches Problem von äußerster Seltenheit. An einem Toten kann man einen Tumor in Augenschein nehmen. Im vorliegenden Falle wird der Tumor jedoch im selben Augenblick verschwinden, da das Bewußtsein verlorengeht.«

Dr. Hake sah den Bericht als abgeschlossen an und wußte nun nicht, was er damit machen sollte. Er bedauerte, daß er sich auf keine einzige Aussage des Patienten selbst oder seiner Familie hatte stützen können. Vermutlich gab es nur einen einzigen weiteren Zeugen, der über Carl Bauers Lebenslüge wirklich Bescheid wußte, nämlich Stanislav Reich. Als Jude war Connys Mann vielleicht daran interessiert, das Schweigen über die Vergangenheit seines Schwiegervaters zu brechen.

Der Gedanke, Connys Mann könnte den Schlüssel zu seinen Recherchen besitzen, ärgerte Ronald. Er begann zu schwitzen und überlegte, ob er sich vielleicht eine Virusinfektion zugezogen haben könnte. Er öffnete seinen Hemdkragen und knöpfte das Hemd auf. Es war klitschnaß. Jetzt merkte er erst, wie unerträglich heiß es im Zimmer war. Er öffnete seine Bürotür und stellte fest, daß es auch auf dem Flur nicht kühler war. Die Morgue hatte Fieber.

Als Dr. Hake seinen Arbeitsplatz verließ, war es bereits Tag, und leichter Schnee trieb die Straßen entlang. Auf seinem Weg kam er an Pfarrer Fowlers Kirche vorbei, und spontan ging er an die Tür und drückte die Klinke. Er war erleichtert, daß die Kirche offen war. Er trat ein, tauchte die Hand ins Weihwasserbecken und bekreuzigte sich. Die Tropfen fingen sich in der tiefen Furche an seiner Stirn wie in einem Rinnstein, sammelten sich dort, flossen ab und liefen ihm die Wangen hinunter wie Tränen.

Er wischte sich mit den Händen übers Gesicht, suchte sich eine Bank in der Mitte und kniete nieder. Erst schüchtern, dann immer nachdrücklicher bat er

Gott um Verzeihung dafür, daß er nicht an ihn glauben konnte. Eine Organisation, die es fertig brachte, Adolf Hitler zu heilen und aus einem verabscheuungswürdigen Tyrannen ohne ordentliches Gerichtsverfahren einen netten Menschen zu machen, verdiente mehr Respekt, als er ihr entgegenbringen konnte. »Ich glaube nur, was ich sehe, aber vielleicht ist das ein Fehler.«

Im schummrigen Licht der Kirche konnte Ronald nur mit Mühe seine feuchten Hände erkennen. Sie waren kräftiger, schwerer geworden. Es war noch nicht lange her, daß er sie zu einem Kirchturm gefaltet hatte. Gestern war er noch ein Teenager gewesen. Nun fühlte er sich zum erstenmal erwachsen und zum erstenmal zog er die Möglichkeit in Betracht, daß er, Dr. Ronald Hake, ein frommer Mensch sein könnte. Es war nur ein Probelauf, eine Selbstbespiegelung. Aber was er in diesem Spiegel sah, gefiel ihm.

UNTERDESSEN SPIELTEN SICH in Fort Lee seltsame Dinge ab. »Euer Großvater hat eine Schwester«, sagte Gerda morgens beim Wecken zu den Kindern. »Nun beeilt euch mit dem Anziehen.«

»Wie? Was hat er?«

»Eine Schwester.«

»Wie heißt sie?«

»Trude.«

»Wie alt ist sie? Wo ist sie? Wir möchten sie kennenlernen.«

»Macht bitte nicht so ein Theater.«

»Sie ist eure Tante«, sagte Conny, als sie zu ihnen ins Zimmer kam, ausnahmsweise verschlafen und ganz Mutter. Sie setzte sich zu Sally aufs Klappbett und strich ihr übers Haar. »Eure Großtante. Sie wohnt sehr weit weg. In Argentinien. Aber sie kommt uns besuchen. Du solltest ihr etwas auf der Geige vorspielen, Sally. Kannst du ein Programm für sie zusammenstellen?«

Sie konnten sich gar nicht vorstellen, daß Opa irgendwelche Verwandte haben könnte. Auf dem Heimweg von der Schule sagte Gerda: »Eure Tante kommt uns morgen für eine Stunde besuchen. Redet bitte nicht mit ihr über Religion.«

»Warum nicht?«

Sie ließen es erst mal durchgehen.

Als Conny sie am nächsten Tag zur Schule fuhr, sagte sie: »Eure Tante kommt heute nachmittag. Kein Wort über Religion, bitte denkt daran!«

Sie fragten, warum, und Conny antwortete ihnen: »Manche Leute reden einfach nicht gern darüber. Aber dafür kannst du ihr etwas auf der Geige vorspielen.«

Nicht über Religion reden?

Aber das war doch gerade der Sinn der Sache, daß man darüber reden mußte.

»Redet bitte mit eurer Großtante nicht über Religion. Sie heißt übrigens Trude«, sagte Conny. Unentwegt redete Conny darüber, daß man nicht über Religion mit ihr reden durfte. »Sagt Tante Trude zu ihr. Sie kommt den ganzen weiten Weg von Argentinien herüber. Dort wohnt sie nämlich. Sie will euren Großvater besuchen. Redet nicht mit ihr über Religion. Religion ist Privatsache.«

»Wir können es gar nicht erwarten, mit Tante Trude über ihr Verhältnis zu Gott zu sprechen«, sagte Sally, durchtrieben wie immer. »Oder ist das auch Religion?«

»Das weißt du doch ganz genau«, antwortete Conny.

»Sag's ihnen, Conny«, mischte Gerda sich ein.

»Ja, sie haben so schlechte Manieren, man kann sich nicht auf sie verlassen. Kleine Monster. Also, hört zu, Kinder: Redet mit Tante Trude nicht über Religion, weil sie da empfindlich ist, und das ist mein letztes Wort.«

»Wieso empfindlich?«

»Sie ist nicht katholisch.«

»Nicht katholisch!«

»Genau. Nun wißt ihr es. Sally, du könntest ihr eine Sonatine von Beethoven vorspielen. Keine Kirchenmusik.«

»Was ist sie denn, wenn sie nicht katholisch ist?«

»Sie ist Jüdin. Jü-din. So. Sie ist nun mal zum Judentum übergetreten. Sie hat beschlossen, an das Judentum zu glauben, so wie ihr an den Katholizismus glaubt. Das ist alles. Aber bitte redet nicht mit ihr darüber. Wir haben schon genug darüber geredet, und jetzt will ich über die ganze Sache kein Wort mehr hören.«

Die Tante sollte nachmittags kommen. Conny sagte, sie sei eine schlichte, gute Seele, und der größte Wunsch ihres Lebens sei es, einmal Disneyland zu sehen. Sie sei nur kurz nach New York gekommen. Sie werde kaum Zeit haben, ihren Bruder im Krankenhaus zu besuchen, aber das müsse sich noch herausstellen.

»Er will nichts von ihr wissen«, sagte Gerda. Es klang verärgert.

»Wenn wir zum Judentum übergetreten wären, würde er auch von uns nichts wissen wollen«, sagte Sally. »Das nennst du eine gute Seele? Eine, die zum Judentum übertritt? Na ich danke!«

Als Conny wegfuhr, um Tante Trude abzuholen, besprachen Sally und Dicky die Angelegenheit. Schwester Mary Angela hatte sich zu diesem Thema ganz klar geäußert. Wenn man als Baby ungetauft starb: Vorhölle. Aber wenn man in dem Bewußtsein starb, daß man Katholik hätte werden können: ewige Verdammnis. Die Kinder konnten die Ankunft ihrer Tante kaum erwarten. Sie hatten noch nie einen Menschen kennengelernt, von dem sie wußten, daß er, falls er nicht noch in letzter Minute konvertierte, mit absoluter Sicherheit zur Hölle fahren würde.

Die Kinder hörten Connys Auto vor das Haus rattern und gingen hinter dem Vorhang des Verandafensters in Deckung. Von dort aus sahen sie eine ältliche Frau, die für Ende November viel zu dünn angezogen war, den Weg heraufkommen. Sie lächelte ängstlich, als wüßte sie, daß sie beobachtet wurde. Die Kinder konnten den Blick nicht von ihrem Leib, den spindeldürren Armen und Beinen, von Brust und Hals und Haaren abwenden, um die sie bereits die Flammen der Hölle züngeln sahen.

Nach der Begrüßung zogen die Kinder sich auf ihr Zimmer zurück und versuchten, sich den Besuch aus dem Sinn zu schlagen. Sie hörten von unten die leiernden Frauenstimmen — einmal kam es ihnen sogar so vor, als ob die Tante weinte, man hörte so ein Gestotter und dann einen lauten Protest, bei dem die Worte »mein Bruder« fielen. Dann wurde Sally gerufen. Sally nahm ihre Fiedel und ging nach unten, während Dicky blieb, wo er war. Bald darauf ließ »Freude schöner Götterfunken« das Haus erzittern. Happy kam winselnd nach oben, und Dicky nahm ihn zu sich ins Bett und zog sich und dem Hund sein Kissen über die Ohren. Sally blieb den ganzen Nachmittag bei den Erwachsenen und hörte sie über das Wetter in Argentinien reden. Tante Trude sagte, sie sei die netteste Großnichte, die man sich wünschen könne. Nicht ein einziges Mal fiel das Wort »Religion«, weder die Tante noch Sally nahm es in den Mund, und sogar Gerda, die dazu neigte, im unpassendsten Moment auszupacken, bewahrte in dieser Frage respektvolles Schweigen.

Ronald bekam am nächsten Morgen als erstes das Opfer einer Mafia-Schießerei auf den Tisch. Mit der Begeisterung eines Erwachsenen beim Ostereiersuchen stocherte er nach den Kugeln. Er langweilte sich und war mit seinen Gedanken woanders. Schließlich ging er auf die Toilette, um sich die Hände zu waschen. Er unterhielt sich mit ihnen:

»Nur zu, Ronald, du brauchst Gewißheit. Sei ein Held. Geh und ruf Connys Ehemann an.«

»Geh und blamier dich«, sagten die Hände.

Dr. Hake hatte nicht im Zweiten Weltkrieg gekämpft, wie Dr. Guttenberg, der sich auf Cocktailpartys die Zeit damit vertrieb, daß er vom U-Boot-Krieg erzählte. Dr. Miele war Sanitätsoffizier in Korea gewesen. Damals war Dr. Hake wegen seines Medizinstudiums vom Wehrdienst zurückgestellt. Es war nicht seine Schuld, daß der Krieg endete, bevor er zu den Waffen eilen konnte. Er hatte nie eine echte Chance gehabt, sich zu bewähren. Diese Chance war ihm schlicht vorenthalten worden, was er äußerst unfair fand, denn er wußte genau, daß er einen schneidigen Helden abgegeben hätte.

Dr. Miele kam aus einer Zelle und sah zu, wie Dr. Hake ein stummes Zwiegespräch mit seinen Händen führte.

»Du kannst dich ja immer noch zur Armee melden«, sagte Dr. Hake zu sich. »Auf diese Weise kommst du um den Anruf herum.«

Aber er wußte, daß er das nicht wollte. Er hatte sein Leben der Wissenschaft geweiht, dem Streben nach Erkenntnis, der Bereitschaft, alles zu riskieren, sogar seine Würde zu opfern, wenn es sein mußte ...

Dr. Miele schüttelte verwundert den Kopf und schob sich an Dr. Hake vorbei.

»Sie sind doch hoffentlich noch klar im Kopf, Donalronald?«

... vielleicht sogar seinen Verstand ...

»Um meinen Verstand brauchen Sie sich weiß Gott keine Sorgen zu machen«, antwortete Dr. Hake kühl.

Der Gedanke an die becherklappernden Psychiatriepatienten ließ ihn zögern. Doch dann trocknete er sich die Hände ab und machte damit dem Selbstgespräch ein Ende, während die Toilettentür hinter Dr. Miele zuschlug.

... den eigenen Stolz zu überwinden, ja sogar die Eifersucht.

Und er verließ die Toilette, ging ans Telefon und wählte. »Doktor Reich, bitte.«

Die Sekretärin des Nobelpreisträgers war soeben zur Tür hereingekommen und mußte erst einmal ihre bequemen Schuhe anziehen und nachsehen, was ihr Chef gerade machte. Im allgemeinen war er vor ihr da, aber diese Tatsache versuchte sie zu ignorieren. »Professor Stanislav Reich?« fragte sie. »Hmmm—.« Sie schob ihre Pumps unter den Tisch. »Professor Reich ist in einer Besprechung, da kann ich ihn unmöglich herausholen. Ihr Name, bitte?«

Dr. Hake war zu stolz, seinen Namen bei einer Sekretärin zu hinterlassen. Er schob seine Leiche wieder ins Kühlfach und rannte zum Bus.

Professor Reich gehörte zu einem Kreis ebenso erlesener wie unterbezahlter Wissenschaftler. Die Universität hatte im Krieg frisch eingewanderte jüdische Wissenschaftler, die noch für Hungerlöhne dankbar waren, billig eingekauft. Da diese Emigranten sich ihr Laborpersonal selbst aussuchen durften, umgaben sie sich mit Leuten, die genau wie sie aus der finstersten Provinz kamen. Im ganzen Haus sprachen die Sekretärinnen noch das beste Englisch. Als Ronald sich Dr. Reichs Labor näherte, hörte er wütende polnische Stimmen.

Dr. Hake ging diesen Tönen nach und umging so die Sekretärin, die sich da lieber heraushielt. Er erkannte Stanislav Reich nach den Fotos in der Zeitung. Er war von drei polnischen Laborantinnen umringt, die mit ihren breiten Gesichtern, weißblonden Haaren und kurzen dicken Beinen offenbar alle einer Meinung waren. Dr. Reich war umzingelt. Es sah ungemütlich für ihn aus. Die Gruppe bemerkte Ronalds Eintreten, hörte aber nicht auf, Dr. Reich ins Gewissen zu reden. Endlich hob Stanislav die Hände vor die Brust, als wollte er eine Tür aufstoßen, jagte sie auseinander und trat auf den Besucher zu.

Ronald spürte, wie er, immerhin ein Absolvent von Yale, in der Gegenwart eines Nobelpreisträgers, eines Forschers, keines kleinen Mediziners, in sich zusammenfiel. »Dr. Hake«, stellte er sich vor: »Biologe aus Princeton, Dr. med. von Yale. Ich möchte mit Ihnen über Conny reden.«

»Conny!« Die polnischen Frauen hinter Stanislav fingen das Wort sogleich auf und warfen es einander zu.

»Stach«, sagte schließlich die eine, »wir sind deine ältesten Freunde auf der Welt und haben immer zu dir gehalten, obwohl du ein schrecklicher Chef bist, rücksichtslos, denkst nie an einen Geburtstag, wie es sich hier gehört. Nie im Leben! Aber trotzdem bitten wir dich: kehr zu ihr zurück! Du bist ja schon ganz vergammelt! Wir pfeifen auf dein Nobel-Dingsbums. Deine Kleider, Stanislav! Nie denkst du an deine Kleider! Komm, Bronya, Wanda, gehen wir. Der Herr bringt wahrscheinlich eine Nachricht von seiner närrischen kleinen Frau. Und so ein Hemd trägt er, und da sollen wir für ihn arbeiten! Der Sekretärin ist es egal, wie er aussieht, weil er jetzt ein großer Mann ist, und er läuft mit Haferflocken auf der Weste herum.«

»Do widzenia, Stanislav. Wir schließen jetzt die DNS-Reaktion ab.«

Sie küßten ihn auf die Wange.

»Kehr zu ihr zurück.«

»Sei ein guter Junge.«

»Deine Mutter würde schreien, wenn sie es wüßte. Ich höre sie förmlich.«

»Wenn sie nicht tot wäre.«

»Der Tod hat ihr manches erspart.«

Sie flatterten hinaus. Stanislav seufzte. Ohne Ronald anzusehen, fragte er: »Was kann ich für Sie tun?«

Er drehte sich um und ging aus dem Zimmer. Ronald folgte ihm. Stanislav verfiel in seinen Denkschritt, den Kopf leicht gesenkt, den Körper gebeugt, die Hände hinter dem Rücken und einen Plastiklöffel zwischen den Fingern. So lief er auf dem Flur auf und ab, und Ronald hatte Mühe, mit ihm Schritt zu halten. Die Stimme drohte ihm zu versagen.

Ganz plötzlich blieb Stanislav wie angewurzelt stehen und sah auf seine billige Uhr. »Zeit zum Lunch. Ich gehe jedenfalls in die Kantine. Wenn Sie sich mir anschließen wollen . . .«

Sie gingen wortlos ein paar Treppen hinunter und kamen über mehrere Korridore in die Kantine. Stanislav rückte in der Schlange vor, ohne Ronald einen Blick zu gönnen, und überlegte lange, bis er sich für einen »Gesundheitsteller« entschied. Dann schnappte er sich ein paar zusätzliche Servietten und meinte: »Wissen Sie, ich habe leider vergessen, mir Kleenex zu kaufen.«

Er bezahlte sein Essen und setzte sich auf einen Fensterplatz.

Er mahlte das Essen klein wie ein Müllwagen. Ronald konnte Conny nur bedauern, daß sie es zehn Jahre ihres Lebens mit einem Mann hatte aushalten müssen, der so schlechte Tischmanieren hatte.

»Dr. Reich, ich bin Connys wegen gekommen«, wagte er endlich zu bemerken.

Stanislav blickte kurz auf und sagte mit vollem Mund: »Wegen meiner Frau.«

»Ja. Ich bin ein Kollege von ihr aus dem Städtischen Krankenhaus —«

»Ach, einer dieser Aasgeier sind Sie«, sagte Stanislav. Er wich zurück, schluckte einmal und starrte Ronalds Hände an. Offensichtlich überlegte er, ob Ronald sich nach dem Umgang mit ansteckendem Gewebe gewaschen hatte.

»Ich mache mir Sorgen wegen ihres Vaters.«

»Wie bitte? Was hat denn Connys Vater mit Ihrem Beruf zu tun? Er ist doch noch nicht tot, oder?«

»Wenn er es wäre, hätte ich diese Sorgen nicht. Nein. Ich brauche Ihre Hilfe. Sie kennen die Familie Bauer sehr gut.«

»O ja«, sagte Stanislav. »Ich hole mir jetzt ein Dessert. Entschuldigen Sie. Das Dessert ist hier ausgezeichnet. Und gar nicht teuer.«

Er stand auf und stellte sich ans Ende der Schlange. Nach einer Weile kam er mit einem Riesenstück Sahnetorte und weiteren Servietten zurück. »Auf Kosten des Hauses. Ich habe keinen Cent dafür bezahlt. Schließlich habe ich gerade den Nobelpreis bekommen!« Er aß mit Genuß. Die Schlagsahne landete an seinem Kinn und blieb dort hängen.

»Ist Ihnen schon aufgefallen, daß Connys Vater Antisemit ist?« fragte Ronald.

»Sie meinen, er mag keine Juden? Aber das ist für einen Deutschen seiner Generation doch ganz normal«, sagte Stanislav.

»Ich weiß nicht, ob das so normal ist.«

»Was wollen Sie von mir?« fragte Stanislav. »Bringen Sie mir eine Nachricht von meiner Frau? Oder was? Sie kommen doch nicht hierher, um mit mir über Connys Vater zu reden, denke ich. Er ist krank, ich weiß, und ich habe ihn nicht besucht. Ich hasse Krankenhäuser.« Sein Kinn war schneebedeckt wie beim Rasieren.

»Sprechen wir von Ihrer Tochter Sally«, sagte Ronald. »Ein sehr liebes und kluges Kind, das muß ich sagen. Sie hat mich um Hilfe gebeten. Sie meint, Ihr Herr Schwiegervater könnte in Deutschland ein ganz übler Nazi gewesen sein.«

»Ein übler Nazi?«

Ronald gestattete sich ein Lachen, mehr ein gehustetes Kichern, das die Enthüllung nach oben beförderte. »Ja. Eigentlich befürchtet sie sogar das Schlimmste. Ein Mann, der sehr viele schwere Verbrechen begangen hat. Ein richtiger Führer. Genauer gesagt —«

»Jetzt reicht es mir aber«, sagte Stanislav. Er stand auf und ließ seinen Kuchen stehen. »Wer sind Sie überhaupt? Connys Kollege? Nein! Ein Spitzel sind Sie!«

Er wiederholte es laut, so daß alle die erlauchten Professoren in der Kantine es hören mußten, mit seinem polnischen Akzent: »Zpitsęl. Egelhąwta. Zpitsęl!«

DER PRIESTER HATTE ALLE JUNGEN der Mittelstufe vor dem Unterricht in der Haupthalle antreten lassen. Sie standen unordentlich im Kreis herum und fragten sich, was er ihnen Wichtiges mitzuteilen hatte.

»Jungs«, sagte er, »einige Eltern haben mir zu Gehör gebracht, daß ihre Söhne keine vollständige Beichte ablegen, daß sie

eine Todsünde weglassen,

und das bedeutet dann, daß ihre Seelen nicht rein sind, wenn sie zur Kommunion gehen!

Also, Jungs, ich habe auch schon gemerkt, daß manche von euch große Schwierigkeiten haben, mir

eine ganz bestimmte Sünde

zu beichten. Und so habe ich entschieden, daß es im Sinne unseres Herrn ist, euch zu helfen, damit ihr über diese Sünde reden könnt, die Sünde —«

er machte eine Kunstpause, und ihre Herzen rasten vor Angst und Scham

»— der Unkeuschheit.«

Erröten ringsum. Auch der Priester wurde rot.

»Von nun an, Jungs, könnt ihr, wenn ihr mit mir über Unkeuschheit reden wollt, einfach ›Haifisch‹ sagen. Dann weiß ich, was gemeint ist. Ist das klar? Haifisch. Ich glaube, das wird es euch sehr viel leichter machen.«

»Haifisch«, begannen die Jungen leise zu üben, »Haifisch, Haifisch.«

PJ WAR VON DEN BAUERS NIE ins Schlafzimmer geführt worden. Sie warf einen kurzen Blick auf den schlichten Kiefernschrank, den Gebetsschemel, den billigen Perserteppich auf dem Boden, die Uhr an der Wand. Sehr schön war das ja alles nicht. Sie sah wehmütig auf das Bett. Es war sehr breit. Einmal, in Straßburg, als die beiden Frauen auf Carl warteten, der zur Toilette gegangen war, hatte Eva in einem Anfall von Vertraulichkeit ihr gegenüber angedeutet, es habe ihr nie direkt Spaß gemacht, mit ihrem Mann zu schlafen.

Die ganzen Jahre hatte er es verlangt, und sie hatte sich gefügt. Eva hatte es nicht so ausgedrückt. Sie hatte gesagt — PJ erinnerte sich genau an die ätzenden Worte —: »Carl möchte im Urlaub immer — du weißt schon. Es wird mir so leid. Ich brauche meinen Schlaf mehr als er.«

Das Bett hatte zwei Seiten, auf dem einen Kissen stand Evas Foto, das andere war aufgeschüttelt und zum Gebrauch bereit. Auf dem Nachttisch lagen ein Gebetbuch und ein Rosenkranz.

PJ legte sich auf Carls Seite. Sie fühlte, wie sie in die durchgelegene Matratze einsank und stellte sich vor, wie ihr glänzendes schwarzes Haar auf dem weißen Kissen wirken mußte. In diesem Falle auf Eva. Sie kippte Evas Foto um. Eva drückte ihr Gesicht ins Kissen, während Carl sich zu ihr, PJ, legte. Die Betten waren unbequem, französisch. Unmögliche Wurstkissen. Er verausgabte sich, meine Güte, und wie! Kraft Kraft Kraft. Eva hatte wahrscheinlich die ganze Zeit zu ihm hingeschielt, den Kopf ins Kissen gedrückt. Es machte ihr offenbar überhaupt nichts aus. Sie beschwerte sich nicht. Einfach pervers! So was gab es also wirklich! Nein, halt, einen Moment! PJ kämpfte mit sich. Sie durfte Phantasie und Wirklichkeit nicht durcheinander bringen. Soweit war es nicht mit ihr gekommen.

PJ erinnerte sich sehr deutlich, wie sie einmal im Bad zwischen ihren beiden Hotelzimmern fast zusammengestoßen wären. Beide nackt. Er mochte sich ihr nicht zeigen, glitt seitwärts wieder aus dem Bad in sein Zimmer zurück. Wirklich bezaubernd. Sie hatte sich ihm auch nicht zeigen wollen.

Dieser Vormittag in Straßburg war warm und schwül gewesen. Das Hotel hatte ihnen ein Picknick eingepackt. All diese französischen Sachen! »Ist sie nicht herrlich, die Stadt meiner Ahnen?« hatte PJ gefragt. »Und jetzt wollen wir hingehen und auch einmal die eure sehen. Gleich da drüben, auf der anderen Seite des Rheins. Wir können zu Fuß hinspazieren.«

»Wie kommst du darauf? Keiner von uns ist in Deutschland geboren«, sagte Eva.

»Wir kommen nämlich aus Österreich.«

Sie war mit ihnen durch die lichten Wälder am Fluß gegangen. Sie hatte das Gefühl, die Gegend zu kennen, obwohl sie kein Wort Französisch sprach. Das war ererbt. Mit sicherem Instinkt, den sie zum Teil einem Blick auf die Landkarte an der Hotelrezeption verdankte, führte sie die beiden den ganzen Weg bis zur Brücke, ohne ein einziges Mal den Schutz der Bäume zu verlassen. Sie ahnten nichts, weich und willig traten ihre Füße auf der warmen Erde auf, bis sie an eine Weggabel kamen (Guckt mal! Gehen wir doch einmal da entlang und sehen, wohin wir kommen!), und dieser andere Weg führte sie ganz plötzlich aus dem Wald hinaus auf eine Lichtung, ins helle Sonnenlicht, das vom Fluß zurückgeworfen wurde, so daß es ein paar Sekunden dauerte, bis die Augen sich daran gewöhnt hatten, und dann sahen sie, daß sie direkt vor der Brücke mit dem Grenzübergang am anderen Ende standen.

»Kommt, Kinder! Wir gehen hinüber«, sagte sie.

Eva war zusammengebrochen. Ihre Beine hatten einfach nachgegeben. PJ warf sich jetzt auf Carls Bett herum und tätschelte Evas Foto den harten Rücken. Sie hatte ausgesehen wie ein gestrandeter Wal. Im geblümten Kleid. Carl massierte ihr die mollige Rückenflosse. Er hatte so unglücklich dreingeschaut, daß PJ gezwungen gewesen war, Eva einfach liegenzulassen und sich zuerst um den erschrockenen Ehemann zu kümmern.

Abends hatte Carl dann zu PJ gesagt, Eva sei offenbar krank. Er wolle mit ihr nach Hause. Sechs Jahre später warf PJ sich, wimmernd in der Erinnerung, auf dem Bett herum und ertrank in Carls Kissen. Dann hörte sie den Wagen vorfahren. PJ huschte ans Fenster und sah das Taxi, dessen Fahrer soeben Carl vom

Rücksitz half. Sie beeilte sich nicht mit dem Weglaufen, sie verspürte den Wunsch, ertappt zu werden, aber Gerda und Carl waren so langsam. Bis sie einander die Eingangsstufen hinaufgeholfen hatten, war PJ schon zur Hintertür hinausgeschlüpft, hatte den Schlüssel an seinen angestammten Platz unter der Mülltonne gelegt und war in ihrer Küche beim Kaffeekochen. »Ich hätte sie ohne weiteres ausrauben können«, sagte sie bei sich, »aber ich habe es nicht getan. Auch eine abgefallene Protestantin hat ihre Prinzipien.« Das war auch gut so. Sie war ihren Erinnerungen bis ans Ende der Reise gefolgt. Die Bauers hatten den nächsten Zug nach Cherbourg genommen. PJ hatte sich geweigert, ihre Schiffskarten herauszurücken, und Carl hatte zwei neue Passagen kaufen müssen. Sie waren in der billigsten Klasse gereist, die Ärmsten.

CARL BAUER TRAT INS HAUS, und die Uhren schlugen und salutierten mit den Zeigern. Die Schachfiguren erwarteten ihn geschniegelt und gestriegelt, Armeen, die auf hölzernen Schlachtfeldern in Stellung gegangen waren. Sie hatten keine Bewegung riskiert ohne ihren Feldherrn. Der Hund wedelte sich den alten Schwanz fast vom Leib. Der Plastiklehnstuhl stand in AUFRECHT-Stellung und stellte seine Dienstbereitschaft zur Schau. Freudig flackerte das Flämmchen vor Evas Porträt, und das Glas schimmerte, so daß ihr Lächeln frisch wirkte, wie neu. Das Telefon klingelte.

»Hier Stanislav. Ah, du bist wieder zu Hause! Freut mich sehr zu hören. Ich habe erfahren, daß du krank warst. Da wollte ich mich nach deinem Zustand erkundigen.«

»Danke für die Neugier«, sagte Carl kurz angebunden. »Wie geht's deiner Wissenschaft?«

»Sehr, sehr, sehr gut. Ich wünsche euch allen das Beste«, antwortete Stanislav und legte auf. Keine Manieren.

»Das war Stanislav«, sagte er zu Gerda. »Er sollte lieber vor der eigenen Haustür kehren«, sagte er. Seine Stimme bebte hörbar, und sie starrte ihn entsetzt an.

»Ja. Das regt Herrn Bauer nur auf, nicht wahr? Er sollte nicht anrufen. Immer diese Anrufe!«

»Hat er schon öfter angerufen?«

»Weiß ich nicht. Ich war ja nicht immer hier. Aber ich glaube, ja.«

»Und wo sind die Kinder?«

»Natürlich in der Schule. Ich glaube, Herr Bauer sollte sich jetzt ein Weilchen hinlegen.«

Ronald kehrte nicht zu seiner Arbeit zurück. Er spürte eine aufkommende Migräne. Er ging nach Hause, zog sich aus und nahm Zuflucht unter der Bettdecke. Nach ein paar Stunden klingelte es an seiner Wohnungstür.

Conny hatte sich aus der Morgue geschlichen, um zu sehen, was mit ihm los war. »Ich hatte plötzlich das Gefühl, daß es dir nicht gut ging. Es ist mir nur so eingefallen. Du bist gegangen, ohne das Kühlfach richtig zu schließen, und wir sahen, daß es deine Leiche war. Schlampigkeit ist nicht deine Art. Da konnte ich mich nicht mehr konzentrieren, solche Sorgen habe ich mir gemacht. Ist das nicht komisch? Telepathie.«

Sein Kopfweh war wie weggeblasen. Er zog sie aus und nahm sie mit all der Leidenschaft, die ihr Ehemann mit seiner herablassenden Manier in ihm angestachelt hatte. Danach war sein Selbstbewußtsein wiederhergestellt. Er wußte, daß Stanislav diese Schau nicht noch einmal abziehen konnte. Blitzartig kam ihm eine Eingebung, wie er dem Fall Bauer ein für allemal auf den Grund kommen könnte. Conny lag dösend neben ihm. Er weckte sie sanft auf und sagte: »Ich möchte dich fragen, ob du mich heiraten willst. Aber bevor ich dir einen Antrag mache, möchte ich, daß du mir deine Familiengeschichte erzählst.«

Er sagte das einfach so hin, und es erschien ihm auch durch und durch vernünftig, daß der Sohn eines Geschäftsmanns aus Greenwich sich nach dem Vorleben seiner künftigen Braut erkundigte.

Conny lag still da und verriet weder mit dem Körper noch mit ihrer Miene die allerkleinste Überraschung, weder über den Heiratsantrag, noch über die verlangten familiären Auskünfte. Sie blieb einfach liegen, in seine Arme gekuschelt (er zog die Arme nicht weg, damit er ihre Körpertemperatur fühlen konnte, wenn sie redete, und sofort jede Veränderung — Schwitzen oder Zittern — spürte, wenn sie sich auf die buntgewürfelten Gefilde der Lüge begab). Daß sie nichts anhatte, war keine Garantie dafür, daß sie die Wahrheit sagte, dachte Ronald; im Gegenteil, sie würde das ausnutzen, und wenn sie etwas verschleiern wollte, würde sie sich an bestimmten Stellen der Geschichte an ihn drücken, als ob ihn das ablenken könnte!

»Du wirst dich wundern: Ich stamme aus russischem Adel.«

»Warum hast du mir das nicht schon früher gesagt?« fragte Ronald, ohne ihr ein Wort zu glauben.

»Ich wollte dich nicht neidisch machen.«

»Was für Titel?«

»Die habe ich längst vergessen. Titel haben nichts zu bedeuten.«

»Doch. Titel sind das Wichtigste. Also fang mit den Titeln an. Du sagst, ihr hattet welche.«

»Graf Bauer.«

Ein paar Sekunden, nachdem sie das gesagt hatte, mußte sie kichern, und obwohl er nicht darauf einging, warf sie sich mit Begeisterung auf die Geschichte:

»Im neunzehnten Jahrhundert mußte ein Urahn meiner Mutter, ein gewisser Kisselow oder so ähnlich, auf seinem Schimmel vor einem Kosakenaufstand fliehen. Er ritt über Sümpfe und Flüsse bis an die Donau. Dort ließ er sich in einem richtigen Schloß nieder und sah in aller Ruhe zu, wie der Zar stürzte und ein neuer eingesetzt wurde, der kein bißchen besser war, und nach emsiger Fortpflanzung, die nicht ohne Verschwägerung mit den Einheimischen abging, lebte er glücklich bis an sein seliges Ende.

Ich glaube, das war sein Problem: Langlebigkeit kann Familien zugrunde richten. Mit fünfundsechzig Jahren legte Kisselow sich einen religiösen Tick zu; er kleidete sich in Lumpen, die er vom Schneider machen und dann von seiner Lieblingsdogge zerreißen ließ; er lief halluzinierend im Park herum, und nach einem Gespräch mit einem hübschen, fanatischen Priester auf dem Marktplatz vermachte er sein Schloß einem Mönchsorden.

Sonst«, sagte Conny, »würde ich heute in einem Schloß wohnen.«

»Du kannst das etwas schneller abspulen«, sagte Ronald. »Wenn du nicht einmal ihre Namen kennst. Bitte nicht zu viele unerhebliche Details. Ich will nicht unterwegs von jedem Blatt kosten. Ich bin doch keine Schnecke.«

»Unerheblich? Was ist daran unerheblich, ein Graf zu sein, Darling?«

»Mach schon«, sagte Ronald. »Wie ging es weiter?«

Conny murmelte nur noch. »Ich bin müde«, klagte sie. »Habe ich dich zu Tränen gelangweilt, du Ärmster? Und ich dachte, als Amerikaner würdest du es gern hören, daß wir früher mal ein Schloß hatten.« Sie kuschelte sich an ihn. Ronald rüttelte sie. Sie öffnete die Augen und machte einen halbherzigen Versuch, ihn zu verführen. Er drückte sie sanft weg und setzte eine strenge Miene auf. »Jetzt weißt du doch alles«, beschwerte sie sich. »Was willst du mehr?«

»Fang bei deinen Großeltern an«, sagte Ronald.

Sie blieb stumm.

»Ich würde deine Familie in der unteren Mittelschicht ansiedeln. Nicht ganz im Keller. Erdgeschoß mit guter Aussicht auf die Gosse. Vielleicht war dein Großvater Zöllner oder so was.«

»Schlimmer.«

»Schlimmer! Wie hieß er denn?«

»Peter Bauer.«

»Und was hat er gemacht?«

»Er war Künstler. Ich nannte ihn Opa Peter. Er war so eine Art Spezialfotograf. Sein Ruf hat meinem Vater arg zu schaffen gemacht. Er reiste durch ganz Europa, von den Alpen bis zur Ostsee, und machte mit seiner Spezialkamera Familienbilder für die Bauern. Sie legten ihren besten Sonntagsstaat an, zwanzig oder dreißig auf einmal, und durften eine Stunde lang freundlich lächeln, während er unter dem Kameratuch hantierte. Dann kratzten sie ihr Geld zusammen, um ihn zu bezahlen, und er ging das Bild entwickeln. Ich habe Opa Peter angebetet. Die Bauern haben ihn nie wieder gesehen. Er hatte gar keine Platte in der Kamera.«

»Großer Gott!«

»Er war herrlich. Mein Vater hat sich fürchterlich für ihn geniert. Meine Mutter wollte mich als Kind nicht auf seinem Schoß sitzen lassen, weil sie Angst hatte, ich könnte mir eine Krankheit von ihm holen. Sie kam aus einer viel feineren Familie. Richtig feine Leute.«

»Was haben die gemacht?«

Sie schwieg. Er wartete. Nach einer Weile sagte sie: »Das weiß ich nicht mehr.«

»Wie hieß deine Mutter mit Mädchennamen?«

»Weiß ich nicht. Kannst du dich etwa an den Familiennamen deiner Großmutter erinnern?«

»Coombs.«

»Ah, Coooooombs«, imitierte sie ihn.

»Ja. Stummes B nach dem M.«

»Na gut. Beim Namen meiner Großmutter sind eben alle Buchstaben stumm.«

Ronald ließ nicht locker. »Was war denn der Vater deiner Mutter für ein Mensch? Das mußt du doch noch wissen.«

»Klein, kahlköpfig und sehr religiös.«

»Und deine Großmutter, seine Frau?«

»Eine Mamma. Stark. Es waren starke Frauen in dieser Familie, und immer wurden sie von ihren Männern enttäuscht. In meiner Familie ist die Enttäuschung zwischen Mann und Frau sozusagen Fleisch geworden.« Er ließ es zu, daß sie das Thema zu wechseln versuchte. »Alle Männer wünschen sich eine starke Mamma, und alle Frauen wünschen sich einen starken Ritter. Ist dir schon aufgefallen, daß es mehr starke Mammas als starke Ritter gibt?«

Er hakte sofort ein: »Was heißt das, stark? Hatten sie viele Kinder? Dann hätte dein Vater viele Vettern und Kusinen haben müssen. Kannst du dich an deine Tanten und Onkel erinnern?«

»Meine Güte, ich kann diese Fragen gar nicht alle beantworten. Ich habe ein schlechtes Gedächtnis für Namen und Gesichter. Vielleicht habe ich auch dich bis morgen früh vergessen.«

»Weil ich dir diese Fragen stelle? Komm, Darling«, sagte er beschwörend. »Bring es hinter dich. Ich möchte es wissen. Ich will dich schließlich heiraten. Das sind so Fragen, die man hierzulande stellt.«

»Ich muß jetzt wieder zur Arbeit«, sagte sie, indem sie sich aufsetzte. »Leider werde ich dich da enttäuschen müssen. Ich kann mich verdammt an gar nichts erinnern.«

Sie betonte das »verdammt«, und es schockierte ihn, eine Frau ordinär reden zu hören. »Schon gut«, sagte er.

»Alles Wichtige weißt du ja«, sagte sie.

»Weiß ich nicht.«

»Was weißt du nicht?«

»Warum ihr aus Österreich weggegangen seid.«

»Weil wir eine Bank überfallen haben, und da hat der Sheriff gesagt, wir müßten bis Sonnenuntergang das Land verlassen haben.«

Er sah sie böse an, wie sie da auf seinem Bett saß.

»Ich weiß nicht, warum. Eines Tages haben meine Eltern ihre Sachen gepackt, und wir sind weg.«

»Wann war das? In welchem Jahr?«

»Kurz nach dem Krieg.«

»Du hast mir mal gesagt, es war vor dem Krieg!«

»So? Dann habe ich eben Unsinn geredet.«

»Und warum sind sie weg? Österreich ist doch ein schönes Land, Gebirge, alte Kirchen, richtige Küche. Sie müssen einen guten Grund gehabt haben, da wegzugehen.«

»Danach habe ich sie nie gefragt. Ich war ein sehr wohlerzogenes Kind und habe meine Eltern nie ins Verhör genommen. Ich habe sie packen lassen. Und dann haben sie mich für ein paar Tage zu Gerda nach Hause geschickt. Gerda ist unser Mädchen, du kennst sie ja. Gerda hatte eine kleine Berghütte.«

»Wie Heidi.«

»Genau wie Heidi.«

»Und du hast nie gefragt, warum? Wie romantisch.«

»Doch, doch, ich habe gefragt. Nach ein paar Tagen da oben habe ich gefragt, warum meine Eltern ihre Sachen packten, was denn los sei. Da war sie sehr böse auf mich.

›Sei nicht so ein Angsthase‹, sagte sie und hat mich bei den Schultern gepackt.« Conny umfaßte ihre nackten Schultern. »So, mit ihren rauhen Händen, und dabei hat sie mich angeknurrt: ›Dummer kleiner Angsthase‹, und hat mich geschüttelt und geschüttelt. ›Sie fahren nach Amerika.‹«

Nach diesem letzten Satz legte Conny sich wieder und brach in Tränen aus. Tränen der Erschöpfung, dachte Ronald. Er bekam kein weiteres Wort aus ihr heraus. Ihre Tränen durchnäßten das Kissen. Er hielt sie weiter in den Armen und hoffte, durch die Tränen werde die Wahrheit vielleicht gleich mit herausgespült. Aber sie wollte kein Wort mehr reden. Sie hat gerade eine ganze Familie erfunden, dachte Ronald, kein Wunder, daß sie erschöpft ist.

Dann bewunderte er diese Erfindung, wie gut sie war, und kam zu dem Schluß, daß Geheimniskrämer wohl die besten Geschichtenerzähler seien. Darum hasse ich Romane, dachte er: nichts als dicke, häßliche Lügen. Nie werde ich so was Blödes lesen!

Ein paar Stunden später packte Dr. Hake die Wut. Sie war nichts weiter als eine hundsgemeine Lügnerin. Lügner, die ganze Familie! Lebten hier im Speck. Wie die Maden. Verdauten Fakten und sonderten Märchen ab. Und so was will mich heiraten! Warum rückt sie nicht einfach mit der Wahrheit heraus? Die Kirche äußert sich sehr deutlich zur Frage der Lüge — wenn sie die Würde eines anderen antastet, ist die Lüge eine Todsünde. Und hier wird meine Würde verletzt.

Conny war wieder zur Arbeit gegangen und hatte die Nachricht überbracht, daß Dr. Hake eine starke Migräne habe und heute nicht mehr komme. Dr. Guttenberg wollte wissen, wie Dr. Bauer an diese Information gekommen sei. Hake habe sie angerufen und gebeten, ihm ein Medikament zu bringen, sagte sie, und sie habe es ihm gebracht. Dr. Guttenberg fragte: »Lag er im Bett?« und Dr. Bauer lachte kurz und sagte: »Ehrlich, Dr. Guttenberg, das habe ich nicht nachgeprüft. Ich habe geklingelt und das Zeug vor die Tür gestellt. Ich wollte ihn doch nicht in Verlegenheit bringen in seinem Seidenpyjama. Er wird die Migräne schon nicht simulieren, falls das Ihre Sorge ist.«

»Sie sehen Seidenpyjamas durch geschlossene Türen?«

In diesem Augenblick betrat Dr. Hake das Polizeirevier 109 in Manhattan. Er hatte jetzt sein weißes

Arztjackett an und sah darin so respektabel aus wie jeder andere Arzt. Im Gegensatz zu den meisten Leuten, die ein Verbrechen melden, war er sehr entschlossen und gefaßt und bat um ein Gespräch mit dem Reviervorsteher.

Reviervorsteher Ignatius war mit seinen Gedanken bei dem Bombenleger. Er wollte nicht gestört werden. Aber der Wachhabende meinte, er sollte doch besser mit dem Doktor reden, denn dieser sei Gerichtspathologe und habe einen Tip für ihn. Dessen ungeachtet behandelte Ignatius den Doktor von oben herab. Von Tips hielt er nicht viel, in seinen vierzig Dienstjahren waren ihm viele zu Ohren gekommen, aber kaum einer hatte sich als brauchbar erwiesen. Meist waren es nur Lügen oder Gerüchte, und er behandelte sie nach einem einfachen Rezept: Er übergab sie der Presse. Auf die Presse war Verlaß. Die Presse ging der Sache immer auf den Grund.

Dr. Hake sagte betont vertraulich: »Ich wünsche keine offizielle Ermittlung. Ich brauche nur Ihre Hilfe.« Er legte seine Berichte auf den Tisch. Der Polizist warf einen Blick auf das Papier, New York City Morgue. Irgendeine Diagnose über Adolf Hitler, in unverständlicher Medizinersprache. Diese Ärzte hatten vielleicht Ideen! »Schreiben Sie mir bitte Namen und Adresse dieses Mannes auf«, sagte er und schob dem Doktor ein Formular zu.

Dr. Hake schrieb in großen Druckbuchstaben. Dann widmete er sich seiner Pfeife, was den Polizisten mehr beeindruckte. (Wie gekonnt der Bursche sie stopfte und in Brand setzte!) Der Polizist betrachtete die Pfeife, das Formular, seine Hand ließ sich auf dem Telefonhörer nieder, als er die erste Rauchwolke durchs Zimmer segeln sah, und dann wählte er, ohne hinzusehen, eine Nummer. Wie ein Pianist, der sein Stück auswendig kennt, hatte der Polizist die Nummer in seinem dicken, roten Zeigefinger. »Mr. Parker?« fragte er.

»Jim Ignatius. Wir bekommen hier eine Meldung über einen Mann, der Adolf Hitler sein könnte. Ja, genau, der Diktator, dieser Deutsche. Angeblich tot — richtig, aber wie man weiß, läuft er wahrscheinlich immer noch frei herum. Nehmen Sie sich den alten Knacker mal vor, River Avenue (er blinzelte auf das Formular) 1129. In Fort Lee, gleich über die Brücke. Klingt brauchbar. So was kriegt ihr Burschen ja viel schneller heraus als unsereiner.«

Als er auflegte, sah Ronald ihn mit schiefgelegtem Kopf an. »Wer war das?«

»Der *National Inquirer,* Doc. Alles, was Sie wissen wollen, liefern die Ihnen in ein paar Stunden.«

Ronald fluchte und ging.

Die ersten zwei Reporter fanden das Haus ohne weiteres. Reihenhaus aus rotem Backstein, ein ideales Versteck. Sie sahen es sich von allen Seiten an, dann klingelten sie. Gerda öffnete.

»Mister Bauer liegt krank zu Bett. Was wünschen Sie?« fragte sie feindselig.

»Nur ein paar Fragen, Mrs. — äh —«

»Miss Schmidt.«

»Miss Schmidt, können Sie uns sagen, woher Mr. Bauer stammt? Ist er Deutscher?«

»Nein, natürlich nicht. Was wollen Sie von Mr. Bauer?«

Sie gingen lieber, bevor sie wütend wurde.

»Bestreitet, daß er Deutscher ist.«

»Was soll sie schon sagen!«

»Schwamm drüber. Wir müssen die Nachbarn fragen.«

Die Nachbarn waren schon unterwegs. PJ hatte den Vormittag damit verbracht, sich herauszuputzen. Es war Dezember. Es war Mittwoch. Es war IHR TAG. Diesmal würde sie durch die Haustür eintreten, nachdem sie geklingelt hatte. Sie trug ein schlichtes Kleid, nichts Extravagantes, grün wie der Rasen am Ufer des

Rheins, als Make-up höchstens eine Spur von Rosé-Lippenstift und ein gutes Parfum. Es hatte Nerven gekostet. Achtzehn Monate Warten. In Sachen Liebeskummer war sie eine Kapazität.

»Dürfen wir Sie nach Ihrem Namen fragen?«

»Patrician June La Ville«, antwortete sie. »Sie machen doch sicher eine Umfrage. Nach bevorzugten Marken? Kinder, Kinder, heute ist mein Tag. Gibt es Gratisproben?«

»Nein, nein, Madam. Mein Name ist Brad. Das ist Jeff. Wir wollen nur ein paar Erkundigungen über Ihren Nachbarn einziehen. Vielleicht schreiben wir etwas über ihn. Ach ja, es laufen da gewisse Gerüchte um, vielleicht können Sie uns was darüber sagen ...«

Ihr Gesicht wurde so weiß, daß man nur noch den rosé geschminkten Mund sah. Gleich würden sie nach einer Frau fragen, die man bei den Bauers hatte einbrechen sehen, ohne daß sie etwas mitgenommen hatte. Sicher wollten sie wissen, was die Einbrecherin dort gemacht hatte. Schon wollte sie sich umdrehen und weglaufen, da überlegte sie es sich anders und blaffte: »Dumme Gerüchte, bestimmt. Gerüchte haben mich meiner Lebtag nie die Bohne interessiert. Also.«

»Wir haben gehört, daß der Mann, der hier wohnt, dieser Mr. Carl Bauer, Deutscher ist. Stimmt das?«

Sie hielt inne. Neugier begann in ihr zu schnüffeln wie ein Hund. »Deutscher? Aber ja, er ist — das heißt, nein, darin ist er sehr eigen. Nehmen Sie sich in acht! Er ist Österreicher. Was ganz und gar nicht dasselbe ist. Nun fragen Sie mich bitte nicht, warum. Ich war nie da. Wir waren zusammen in Frankreich. Er, seine inzwischen verstorbene Frau, Gott hab sie *selig,* und ich. Aber nicht in Deutschland. Da wollte er nicht hin. Wenn Sie mich fragen, hatte er eine Heidenangst davor. Sie verstehen, er wollte nicht dorthin zurück. Ja, er ist eine Art Deutscher, das schon. Ich weiß auch nicht recht.«

Sie musterte die beiden Männer von oben bis unten. Gut gekleidet, seriöses Auftreten. »Warum fragen Sie?« Sie traten von einem Fuß auf den andern. Es war kalt hier draußen. Endlich sagte der größere der beiden, der sich als Brad vorgestellt hatte: »Sehen Sie, wir gehen nur einem Gerücht nach, um uns zu vergewissern, daß nichts daran ist. Es heißt — dieser Kerl sei ein gewisser Hitler, Sie verstehen? Adolf Hitler. Also was ist, kennen Sie ihn gut?«

PJ starrte in die Kälte. Dann löste sich ein Laut aus ihrer Brust, ein Grollen, ein Ächzen, sie spitzte die Lippen, und heraus kam: »Uuh uuh uuh«, wobei sie den Kopf vor- und rückwärts warf.

»Schon gut, nun beruhigen Sie sich doch«, sagten die Reporter. Brad legte ihr den Arm um die Schulter. »Da muß wohl doch was dran sein«, sagte er zu seinem Kollegen. »Kommen Sie, ich bringe Sie ins Haus.«

Dicky war in seinem Schlankheitskurs, Sally in der Violinstunde. Das Schicksal hatte seine Pläne sorgfältig ausgeheckt. Die Journalisten umstellten ein fast leeres Haus. Die Fotografen hielten die Ausgänge besetzt, falls er versuchen sollte, zu fliehen. Langsam tröpfelten die Nachbarn herbei. Brad kam von PJs Haus zurück und sagte: »Ich habe ein paar prima Zitate über diese Europareise. Sie sagt, wenn er Hitler ist, erklärt das alles. Es war ein Schock für sie. Jetzt packt sie und will zu ihrem Sohn nach Tucson ziehen. Aber sie hat mir ihre dortige Adresse gegeben, falls wir sie brauchen.«

Im Haus wurde Happy nervös. Er stupste mit der Nase an Gerdas Beine und winselte. Sie gab ihm ein paar auf die Nase und konzentrierte sich aufs Abendessen. Sie machte Knödel für Carl Bauer. Willkommen zu Hause!

Carl sollte eigentlich oben im Bett liegen, aber der Mensch muß auch mal auf die Toilette. Ein Blick aus dem Badezimmerfenster, und er bemerkte den Auflauf.

Er kam die Treppe herunter, langsam, leise, in Bademantel und Pantoffeln. Er erreichte Connys Veranda, ohne daß Gerda ihn sah. Er spähte durch die Vorhänge. Darauf hatte einer der Fotografen gewartet. Das Blitzlicht flammte auf, ein heller Schein drang in die Innereien des Hauses. »He!« rief ein Journalist, »da ist Hitler!«

Sie schossen ein paar gute Bilder von dem durch die Gardinen spähenden Gesicht, den runden, knallblauen Augen, dem komischen Hitlerschnurrbart, den roten Wangen.

Carl Bauer fühlte sich vom Verhängnis gejagt. Er ging zur Haustür. Jetzt hörte ihn Gerda. Sie ließ ihren letzten Knödel ins Wasser fallen und eilte, um zu sehen, was er vorhatte. Bevor sie ihn daran hindern konnte, riß er die Tür auf. Schon zuckten ihm die Blitze ins Gesicht: Hitler in Bademantel und Pantoffeln, leicht veränderte Figur, klar, aber er ist es. Guck dir den Schnurrbart an.

Carl machte kehrt, als die Reporter die Treppe stürmten. Er knallte ihnen die Tür vor der Nase zu, aber da war Happy schon hinausgeschossen und machte sich mit Knurren und Schnappen unbeliebt. Derweil sank sein Herr in sich zusammen, welkte dahin, verdorrte. Er sagte: »Bitte, allmächtiger Gott, laß mich deinen Ratschluß wissen.« Vielleicht mag Gott ja keine Auskunft geben über sich und seine Ratschlüsse. Die Vorsehung ließ Carl Bauer unter den Händen seines Dienstmädchens sterben, während Happy vergebens versuchte, seine Ehre zu verteidigen.

Die Zeitung ging noch am selben Abend in Druck. Am darauffolgenden sonnigen, jahreszeitlich kühlen Morgen war sie an den Kiosken: »Hitler in Fort Lee entdeckt!« Weihnachten wütete in den Schaufenstern. Ronald sah die Schlagzeilen auf dem Weg zur Arbeit. Er blieb mitten auf der Straße stehen, stocksteif, nur seine Lippen zuckten im Selbstgespräch, wie bei all den andern armen Irren, die sich an ihm vorbeidrängten. Aber bei ihm war es nur ein Anfall von Stolz. Akute Selbstzufriedenheit wirkt wie Bronchienverengung, erzeugt Druck in der Brust, Pochen in den Ohren, Gehirnschwellung, nach einigen Minuten gefolgt von Gliedertremor — er rannte zum Bus. Zurück in die Vororte. Durch Harlem, wo die Nachricht keinen interessierte, zum Shtetel, wo sich keiner die Mühe machte, Zeitungen auf englisch zu lesen. Ronald erreichte das Haus in der River Avenue, während die Reporter sich noch von einer langen Nacht am Schreibtisch erholten. Gerda hatte Weihnachtskerzen über den Hartriegelstrauch vor dem Haus gespannt. Er läutete, o welch ein schöner Morgen. Er strotzte vor Mut. Jetzt werde ich die Sache ein für allemal klären. Ich habe heute morgen die Zeitung gelesen! Unglaublich! Er wollte ganz bescheiden auftreten, nicht zugeben, daß die In-vivo-Entdeckung sein Verdienst war.

Gerda setzte ihn an der Haustür von dem Trauerfall in Kenntnis. Sie trug Pfaffenschwarz, aber ihre Miene war gefaßt, als wäre sie gegen Leid immun. Es überraschte sie nicht, ihn zu sehen, sie ließ ihn ins Haus und paßte nur auf, wohin er sich setzte. »Setzen Sie sich, wohin Sie wollen, nur nicht auf Mr. Bauers Lehnstuhl. Conny kommt gleich zurück. Sie ist im Beerdigungsinstitut.« Gerda hielt vor dem Lehnstuhl Wache, damit er es nur ja nicht wage, ihn zu benutzen. Er setzte sich auf das Pioniersofa, und sein Blick wanderte automatisch zum Fernseher, dem Tunneleingang zur amerikanischen Psyche. Noch immer dunkel. Zwei Kerzen flackerten darauf. Ein *National Inquirer* lag auf dem Kaffeetischchen. Der Besucher griff danach und hielt sich das Blatt vor die Augen. »Den hat uns jemand in den Briefschlitz gestopft. Wahrscheinlich PJ«, sagte Gerda, die noch immer vor dem Lehnstuhl stand, falls der Gast es sich doch anders überlegte.

»Und was meinen Sie dazu?« fragte er. Er erwartete Dementis, die Lügen der Primitiven. Sie stierte ihn an, ihr Schnabel ging auf und zu. Sie stotterte, und als die Worte endlich herauskamen, hämmerte ihr Mund die Vokale: »A-a-a-a-als sie nach Amerika gingen, habe ich ihnen alles beigebracht. Ich habe ihnen beigebracht, wie man betet, wie man die Hä-Hä-Hände faltet, so, ich habe es ihnen gezeigt, ich habe ihnen die Ko-Ko-Ko-Kommunion erklärt, Jesus, die Hostie. Alles habe ich ihnen beigebracht. Sie wurden auf eigenen Wunsch getauft. Es sind gute Katholiken. Die besten Katholiken, die ich j-j-je gekannt habe.«

Sie setzte sich nun selber auf den Lehnstuhl, ließ sich aufgeplustert darauf nieder, breit und brütend. Sie wandte keinen Blick von ihm. Er sah auf seine Hände, bewunderte das blaue Blut, das ihm vom Handgelenk bis in die langen Finger strömte. Sie saßen da und schwiegen. Gerda rührte sich nicht, als Conny und die Kinder ins Haus kamen. Vielleicht war sie schwerhörig: der Lehnstuhl stand mit dem Rücken zur Tür. Conny kam herein, sah Ronald, sagte aber nichts. Sie ging zu Gerda, bückte sich und küßte sie mit einer Zärtlichkeit, die seltsam wirkte, wie verwundet. Etwas, das zerschellt war und heraufgefischt wurde vom Grund eines emotionalen Ozeans, wo es jahrzehntelang verschollen war, eine Zärtlichkeit, die Ronald gänzlich fremd war und die ihn verbitterte, eine Liebe, die sie nie für ihn empfunden hatte.

Sally und Dicky schwiegen. Sie trugen eine stumpfe Wachsamkeit zur Schau, als hätten sie es aufgegeben, die Situation zu begreifen, obwohl sie weiter nach irgendeinem Fingerzeig Ausschau hielten. Conny setzte sich auf die Armlehne des Lehnstuhls, dessen Polsterung quietschte. Sie breitete die Arme aus, und selbst Dicky gestattete seiner Mutter, ihn auf ihren Schoß zu ziehen, während Sally es Conny gleichtat und sich auf die andere Lehne setzte. Nachdem sich so die ganze Familie auf Carl Bauers Lehnstuhl versammelt hatte, starrten sie alle Ronald an. Conny sagte:

»Ich möchte meinen Kindern etwas erzählen. Und du darfst zuhören.«

Und sie erzählte die Geschichte ihrer Familie, liebevoll und zutraulich, so daß die Männer und Frauen, von denen sie sprach, wie Geister, die aus der Erinnerung aufstiegen, sich im Wohnzimmer zu versammeln schienen. Conny ließ sie selbst zu Wort kommen, sie gab ihnen nur ihr Stichwort, wie eine Souffleuse.

Sie erschienen, einer nach dem andern, in der Reihenfolge ihres Abtretens.

Als erster gegangen war Peter Bauer, Carl Bauers Vater, gegangen in seinem Künstlergewand: weites Hemd und Hose und Barett. Er war schon siebzig, das unbekümmerte Gegenstück zu seinem Sohn, als man ihn nach einer seiner Eskapaden verhaftete.

Er hatte den Auftrag bekommen, für den Bürgermeister einer benachbarten Kleinstadt ein Familienfoto zu machen. Er war mit dem Geld getürmt. Das war kurz nach dem Anschluß, da machte man mit kleinen Gaunern kurzen Prozeß, besonders, wenn sie Juden waren.

»Ja, Juden«, wiederholte Conny, während ihr Großvater im Wohnzimmer Walzer tanzte und sich über die Bredouille, in die er geraten war, nicht im geringsten bestürzt zeigte.

Dann kam Evas Vater, seine Bibel fest unterm Arm. Er war klein und kahlköpfig und religiös, genau wie Conny ihn Ronald beschrieben hatte. Er war ein Rabbi, Rabbi Breslauer. Er hielt sich aufrecht wie ein Mann von Bedeutung, stets schien er über eine Menschenmenge hinzublicken, die auf sein Wort wartete. Aber es war leicht, in Linz ein bedeutender Mann zu sein, besonders wenn man, wie er, aus Wien gekommen war, um hier die Synagoge zu übernehmen.

Dann kam seine Frau, mit Evas blauen Augen und blonden Haaren, und klagte, sie könne die Macht, die ihr in der Provinz zukam, gar nicht genießen, weil sie die Wiener Oper so vermisse. Die Breslauers kamen in ihrem besten Staat und sprachen davon, wo sie ihre Familienerbstücke verstecken könnten, und ob nicht ein gutplazierter Freund eine kleine Rettungsaktion organisieren könnte. Sie blickten auf die Bauers herunter, die seit Generationen mit Kesseln und Pfannen handelten, nahe Verwandte orthodoxer galizischer Juden, die eher Polnisch als Deutsch sprachen, aber irgendwie einen Notar und zwei Zahnärzte hervorgebracht hatten.

»Ich habe einmal in der Stadt, aus der Stanislav stammt, meine Verwandten besucht«, sagte Conny.

Als die Kinder überrascht aufsahen, sagte sie: »Ja, euer Vater und ich haben manches gemeinsam.« Sie sah, daß sie nichts verstanden, und meinte: »Ist ja egal, was wir alles gemeinsam haben.«

Die Familiengespenster bewegten sich behutsam auf Zehenspitzen, als versuchten sie, kein Geräusch zu machen.

Conny fuhr fort: »Die Menschen sind überall gleich. Toleranz langweilt sie. Ich halte das den Österreichern nicht vor. Toleranz ist ein ziemlich langweiliges Gesellschaftsspiel. Mein Großvater Breslauer hat sechs junge Männer einen ganzen Abend vor dem Gähnen bewahrt. In seiner Synagoge. Sie haben ihn totgeschlagen.

Meine Familie war ja so dumm. Sie dachten alle, wenn sie sich nur unauffällig genug verhielten, wenn sie nur keinen Muskel rührten, würde niemand von ihnen Notiz nehmen. Aber natürlich konnte ihnen jeder anmerken, daß sie atmeten.

Wir dagegen hatten Gerda.

Gerda hat meine Eltern zur Auswanderung überredet.

Gerda war katholisch, sie kannte sich aus mit der menschlichen Gemeinheit.«

»Rede nicht so, Conny«, sprach Gerda dazwischen.

Conny setzte von neuem an. »Gerda hatte in Wien als Haushälterin bei den Breslauers angefangen. Sie war so entschieden dagegen, daß meine Mutter den Sohn eines Schwindlers heiratete, wie nur jemand sein kann, dessen Meinung nicht gefragt ist.«

»Du sollst nicht so reden, Conny.«

»Aber mein Vater hat sie herumgekriegt. Er war in jeder Hinsicht seriös und hatte in Linz ein eigenes Architekturbüro. Als ich zur Welt kam, hat Gerda die Dienste des Rabbis verlassen. Sie ist zu uns gekommen und hat sich um mich gekümmert.«

Gerda sagte nichts, die Kerzen auf dem Fernseher flackerten in ihren Augen.

»Nachdem mein Großvater in seinem Tempel ermordet worden war, hat sie meinen Eltern Taufscheine besorgt und uns in ihrem Glauben unterwiesen. Ich erinnere mich an einen Sabbatnachmittag, als Gerda uns allen zeigte, wie man das Kreuzzeichen macht. Und wir gehorchten ihr alle aufs Wort.

Meine Eltern ließen mich bei ihr, als sie nach Dänemark fuhren. Von dort gelangten sie nach England und dann nach Amerika. Sie reisten per Bestechung und Gebet. Tante Trude wählte andere Verkehrsmittel und einen anderen Weg. Wenn ihr einmal älter seid, werde ich euch erzählen, was sie alles tun mußte, um nach Argentinien zu kommen.«

»Ohne uns. Ohne uns«, flüsterte die übrige, nur in der Erinnerung im Zimmer versammelte Familie.

»Ich blieb bei Gerda, bis der Krieg zu Ende war, dann sind wir nach Amerika nachgekommen. Inzwischen hatte ich niemand mehr außer Gerda — die

Bauers und die Breslauers haben kein Glück gehabt. Nicht einer von ihnen ist eines natürlichen Todes gestorben. Wir wollten der nächsten Generation die Scham des Wissens ersparen. Nicht alles Wissen ist erstrebenswert.«

Ronald Hake stand auf, und die Geister stoben auseinander. In seinem Geburtsort war der Tod etwas Individuelles gewesen, ein Anlaß, um miteinander zu konkurrieren. Er mußte am Lehnstuhl vorbei, um zur Tür zu kommen, und Sally griff nach seiner Hand. Er entzog sie ihr und hoffte, daß seine Miene keine Scham verriet. Kurz bevor er die Tür erreichte, fiel ihm das Foto ein, das Sally ihm gegeben hatte. Er wollte nichts mehr damit zu tun haben. Er kehrte um. Als er ihr das Foto gab, sah er, daß er es ruiniert hatte, damals, als er darauf spuckte, um es zu reinigen. Die Nässe hatte es gelb und braun verfärbt. »Tut mir leid«, sagte er und ging.

Er brauchte ein paar Stunden, über einen vermuteten Kunstfehler gebeugt, um sich darüber klar zu werden, wie er sich verhalten sollte. Er beschloß, die Frauen aufzugeben. Er würde Dr. Bauer von nun an kühl begegnen und versuchen, seinen Fehler zu vergessen. Ja, von nun an hatte Dr. Hake sein eigenes kleines schmutziges Geheimnis, das er, verpackt in mehrere Schichten Aberglauben, hüten mußte: eine fromme Lüge.

INHALT

Sie sind am Ende der Lektüre einer ERFOLGSAUSGABE der ANDEREN BIBLIOTHEK angelangt. Diese ERFOLGSAUSGABE wurde auf modernen Produktionsanlagen hergestellt und unterscheidet sich deutlich vom Erstdruck.

Was ist die ANDERE BIBLIOTHEK?

Die ANDERE BIBLIOTHEK ist, wie die Frankfurter Allgemeine Zeitung schrieb, »eine Buchreihe, die ihresgleichen sucht«. In ihr erscheinen seit Anfang 1985 »ebenso gute wie schöne Bücher«, Monat für Monat ein Band; ausgewählt und herausgegeben von Hans Magnus Enzensberger unter dem Motto: »Wir drucken nur Bücher, die wir selber lesen möchten.«

In der ANDEREN BIBLIOTHEK wurden bedeutende literarische Entdeckungen wie der Roman »Die letzte Welt« von Christoph Ransmayr oder die Erzählungen »Fromme Lügen« von Irene Dische vorgestellt. Isaak Babels berühmte Erzählungen sind in der ANDEREN BIBLIOTHEK ebenso zu finden wie die frivolen »Blitzlichter« der Brüder Goncourt (in der brillanten Übersetzung von Anita Albus) oder Seumes »Spaziergang nach Syrakus im Jahre 1802«.

Die ANDERE BIBLIOTHEK ist längst auch zum Liebhaberobjekt für Sammler, Bibliophile und leidenschaftliche Leser geworden. Sie wird von Franz Greno kunstvoll ausgestattet und in der handwerklichen Tradition Gutenbergs nach den Regeln der ›Schwarzen Kunst‹ in der Nördlinger Buchdruck-Werkstatt gedruckt. Jeder Band bietet individuelle Typographie. Es wird eigens für die ANDERE BIBLIOTHEK entwickeltes holz- und säurefreies Papier der Papierfabrik Niefern verwendet.

Jeder Band der ANDEREN BIBLIOTHEK wird im Buchdruckverfahren vom Original-Monotype-Bleisatz auf der Condor Schnellpresse gedruckt; wenn die Erstauflage vergriffen ist, wird der Bleisatz eingeschmolzen.

Die limitierte Buchdruck-Ausgabe der ANDEREN BIBLIOTHEK ist in zwei Varianten erhältlich:

1. Normalausgabe

Hiervon werden in der Regel zwischen acht- und zwölftausend Exemplare aufgelegt.

Ausstattung: Solider, schöner Einband mit eigens gefertigten Überzugspapieren, bewährter Fadenheftung, Lesebändchen, Rückenschild mit goldener, geprägter Schrift. Die Buchbindearbeiten besorgt G. Lachenmaier in Reutlingen.

Jeder Band der Normalausgabe kostet 36 DM.

2. Leder-Vorzugsausgabe

Die Leder-Vorzugsausgabe ist numeriert und auf 999 Exemplare limitiert.

Ausstattung: Flexibler Einband aus lindgrünem, rein pflanzlich gegerbtem, ostindischem Ziegenleder — von Hand ausgeführt bei G. Lachenmaier in Reutlingen. Fadenheftung, Lesebändchen, Rückenschild mit goldener, geprägter Schrift. Im Kolophon numeriert.

Jeder Band der Leder-Vorzugsausgabe kostet 128 DM (im Abonnement 98 DM).

Die Bände beider Ausgaben sind sowohl einzeln als auch im Abonnement in jeder guten Buchhandlung erhältlich. Der Verlag erteilt gern weitere Auskunft:
Eichborn Verlag, Sachsenhäuser Landwehr 293,
D-6000 Frankfurt am Main 70, Tel. 069/68 1079,
FAX 069/68 4497.